6小时
成为实力带货主播

张哲言/编著

清华大学出版社
北京

内容简介

本书以深入、专业的视角，聚焦直播带货中最重要的两个角色——主播和运营，全面解析如何在激烈的竞争中脱颖而出，同时带领读者学习直播行业的方方面面，从基础技能到高级技巧，系统化地进行教学与分享。在主播方面，本书详细讲解了话术能力的培养、镜头前的表现力以及如何与观众互动等内容。通过专业的方法和技巧，帮助读者提高直播效果和观众黏性。在直播运营方面，本书深入探讨了直播间数据分析、货盘逻辑、直播间操盘策略等高级技能。通过丰富的实战案例，展示如何优化直播流程、提升销售转化率和扩大观众群体等内容。

本书通俗易懂，阅读时间仅需 6 小时，即可快速掌握直播行业的大量核心知识，无论是理论还是实践都极具价值。本书适合所有志在从事电商直播的新人、一线从业者、电商公司、品牌公司和达人博主等进行系统学习，也可以作为相关院校的教材和辅导用书。

版权所有，侵权必究。举报：010-62782989，beiqinquan@tup.tsinghua.edu.cn。

图书在版编目 (CIP) 数据

6 小时成为实力带货主播 / 张哲言编著 . -- 北京：
清华大学出版社，2025.3 (2025.6重印). -- ISBN 978-7-302-68723-8
Ⅰ . F713.365.2
中国国家版本馆 CIP 数据核字第 20257ET437 号

责任编辑：陈绿春
封面设计：潘国文
版式设计：方加青
责任校对：胡伟民
责任印制：丛怀宇

出版发行：清华大学出版社
网　　址：https://www.tup.com.cn, https://www.wqxuetang.com
地　　址：北京清华大学学研大厦 A 座　　　邮　　编：100084
社 总 机：010-83470000　　　　　　　　　邮　　购：010-62786544
投稿与读者服务：010-62776969, c-service@tup.tsinghua.edu.cn
质 量 反 馈：010-62772015, zhiliang@tup.tsinghua.edu.cn
印 装 者：三河市君旺印务有限公司
经　　销：全国新华书店
开　　本：188mm×260mm　　　印　　张：11.75　　　字　　数：385 千字
版　　次：2025 年 5 月第 1 版　　印　　次：2025 年 6 月第 2 次印刷
定　　价：79.00 元

产品编号：105688-01

序

直播带货看上去很简单，似乎任何公司，甚至个人都能做。但其实越是看似简单的事情，越需要深厚的功底。从主播的表现、运营的细节，到产品的选择，每一个细小环节的调整，都可能对最终的效果产生巨大的影响。

本书分享了大量可供参考的标准化技巧，比如如何快速提升主播的直播能力，如何科学选品，如何有效运营整个直播间等。这些实操经验和技巧，或许很多团队经过一定的实践后也能摸索出自己的流程，但如果从业者们能在起步阶段就参考这本书的指导，相信他们可以大大减少前期的试错成本，提升效率，为团队带来更直接的成效。

对于真正做直播带货的从业者，提供切实有效，能够"拿来即用"的方案，而不是给予"假大空"的理论，是我推荐本书的首要原因。

而本书真正让我惊喜的地方在于技巧背后的逻辑。直播电商，实际上是底层销售逻辑的体现。任何想要白手起家的企业或者个人，都无法逃脱销售这个难度不低的板块。

"你的产品卖给谁？如何找到他们？他们又凭什么被你打动？"这一点，在书里体现得非常到位。讲述直播行业的带货技巧的同时，背后的种种销售思维，也拆解得非常清晰。

我是一个互联网领域的连续创业者，见过非常多在某一领域拥有极强专业能力的人，而在此之外，还能同时拥有销售思维的人却很少。这也是很多人在事业上没法进一步升级的原因，没有销售意识，少了整体经营的思维，就很难从员工转型变成老板。

我经历了 B2C、转型移动互联网、直播电商各个阶段，经过我花出的市场费用超过五亿元，服务电商客户进行市场投放的预算超过百亿，我发现真正从实战得来的经验几乎很少在市场中流通。一是行业内的人不愿意公开分享，毕竟是自己"吃饭的家伙"；二是要做到体系化地完整表达及总结，本身也不是易事。电商人经常是忙着赚钱，花一两年的时间写一本书，多少有些"吃力不讨好"。

哲言能够把从大量实战中总结出来的经验写成此书，让我感受到了真正的价值所在。不仅仅于直播带货这一个单一的渠道，于所有销售相关领域，都可以详细研读本书中的技巧，表面上看一些技巧只是在讲主播卖货的话术能力，实则是站在"买方"心理的角度，为主播们提供更深层的销售引导方式。

总的来说，这本书不仅是一本直播带货的操作指南，更是关于销售本质的深度洞察。它帮助读者从表面走向深层，从单一技巧迈向整体思维。无论是刚刚入门的新人，还是在行业中摸索前行的从业者，都能在书中找到适合自己成长的知识和灵感。

优矩控股　董事局主席

前言

很多朋友认识我，都来自于小红书上"艾姐是主播"这个账号。

2023年3月，我在小红书上开启账号，0粉发布的第一条视频，点赞就破万了。

20天后，粉丝数破万，不到一年，全网粉丝数破10万，变现超过百万元。

在开始做知识分享类账号之前，我已经操盘过上百个直播间了，包括瑞幸咖啡、海底捞、周黑鸭、喜茶、躺岛、田园主义、我的天呐等。整体带过的项目总GMV，早已破亿。类目从衣食住行、日用百货到本地生活类的线索收集、线上服务类的虚拟产品等，都有涉猎。

如果说自媒体是这个时代"个体"最好的放大器，那么直播带货就是"个体"商业价值最直观的体现。

为什么写这本书？

如果你已经是一名电商从业者，你可能已经注意到，市场上真正关于直播的专业书籍寥寥无几。

我从2019年就曾经尝试过运营自己的带货直播间，中间经历了多次失败，从而觉得直播门槛太高、太难，不是普通人能做成功的。但其中很多失败的原因，我现在总结下来，都是在一些极其基础的行业基本功上没有做到位。

失败并不是因为市场有多难、竞争有多激烈，当时的我甚至谈不上跨入了这个行业，而是反复在最基础的环节屡屡碰壁，比如：什么都不准备就盲目开播，接着果不其然地发现没有流量；比如用户进来了，却不知道怎么更好地将其留住；也不知道哪些产品是更适合直播展示的等等。

这也为我在6年后的今天，写下这本书种下种子。如果当时能有靠谱、通俗易懂的入门学习方式，我想我的时间成本就能大量减少。

我希望可以帮助到正在看这本书的你，以减少宝贵的学习时间成本。

为什么非要做直播？

在不做直播的前几年里，其实我已经在短视频广告行业做到内容总监的岗位了，再回过头，做自己没有做出过一点成绩的直播行业，说实话，没人愿意从头再来。

那为什么还要做？因为，直播是离钱最近的地方。

我深刻地明白，在公司即使个人能力再强，也依然是生产线上的一颗螺帽，能力的提升和收入的增长都存在明显的天花板。

直播虽然难做，但起码能让人看见机会。所以，我选择在2021年放弃以前所拥有的一切，扎入直播带货这个崭新的领域。当然，当时运气也非常好，遇到了职业生涯中最好的老板和直属上级。

在此，我特别要感谢我的前公司老板（也是本书的推荐序作者）以及我的直属领导。

他们愿意给予我信任、提供试错机会，并且承担我试错的成本。这样的信任和支持，在现实中极为罕见，需要巨大的勇气和远见。

我的直播操盘思路，正是在上千万元乃至过亿元的投流费用和运营成本中，一点一点建立起来的。小成本运营成功的项目和团队很多，但业务体量扩大后，依然能够保持其稳步前进，这样的经验、机会可遇而不可求。

直播，让我看到了赚钱的可能性。

曾经有两件事，让我无比印象深刻。

第一件事是，我做直播接触到的第一个日用品品牌。我们在合作的不到半年时间里，仅仅靠着直播，就从一个新锐白牌做到了行业头部品牌。

第二件事是，我曾经带过一个完全没做过直播的"小白"主播，学习能力很强，个人条件也足够优秀，带了不到半年，她在第二年"双11"时自己找了厂家合作卖衣服，"双11"期间的业绩就破了千万元。

包括在我选择主做小红书之后，我见证了不少商家用不到一年的时间，完成从0到100的突破。效率之高，令人难以置信。

当然，这条路上也肯定充满了无数失败的案例。但我认为，能够让人看到可能性，这本身就足以激励人心。毕竟，如今社会很多行业的发展空间已经趋于饱和，例如纸质媒体和微信公众号，曾经辉煌一时，但如今已经很难再现昔日的光彩。

这本书提供什么？

直播电商行业，与其他互联网行业有着本质的区别。我见过许多主播和团队，他们或拥有极强的个人卖货能力，或具备极具竞争力的产品，但在直播行业中，单方面的优势往往还不够。

直播电商的市场行业变化非常快，所以更需要综合的能力，包括直播间的运营销售能力、产品端的选款测品能力、账号端的内容创作能力、售后端的协调维稳能力以及对于市场的整体应变能力，缺一不可。

许多人热衷于追求直播的套路和方法，但在直播行业已经火热了近10年的今天，凭借某一个单一的技巧就能成功，是不现实的。

因此，在本书中，除了详细分享各种实战技巧之外，我还深入讲解了关于这些技巧的底层逻辑及市场规律。我更希望读者在深入了解这些技能之后、能够在灵活运用的基础上推陈出新，拥有自己应对行业的核心运营能力。直播行业，无论你是主播、是员工、是创业者，依靠他人，永远会被"割韭菜"，只有自己真正"会"了，才是最强大的竞争力。

最后，祝愿每一位朋友都能得偿所愿，在直播行业取得耀眼的成绩。也希望未来的某天，我们可以成为现实中互相较量、互相成就的友人。

配套资源及技术支持

本书配套资源请用微信扫描右侧的二维码进行下载。如果在配套资源的下载过程中碰到问题，请联系陈老师（chenlch@tup.tsinghua.edu.cn）。如果有技术性问题，请用微信扫描右侧的技术支持二维码，联系相关人员进行解决。

配套资源

技术支持

作者

2025年3月

目录

■ 第 1 章　真正的电商直播 / 001

　1.1　专业的电商直播行业 / 002
　　　1.1.1　系统了解直播发展 / 002
　　　1.1.2　平台的区别与特性 / 003
　　　1.1.3　搜索电商和兴趣电商 / 005
　1.2　定位专属直播平台 / 006
　　　1.2.1　商家自我情况梳理 / 006
　　　1.2.2　个人自我情况梳理 / 008
　　　1.2.3　自我情况梳理要点总结 / 010

■ 第 2 章　如何进入直播行业 / 012

　2.1　如何招聘主播岗 / 013
　　　2.1.1　全职主播与兼职主播 / 013
　　　2.1.2　新人主播必问的 4 大问题 / 015
　　　2.1.3　主播面试全流程 / 017
　　　2.1.4　商家面试主播注意点 / 018
　2.2　如何创建属于自己的电商直播账号 / 018
　　　2.2.1　直播账号的建立 / 019
　　　2.2.2　无货源选品 / 022

■ 第 3 章　新人主播的直播前准备 / 025

　3.1　建立正确的直播间认知 / 026
　　　3.1.1　主播是直播间成败的关键吗 / 026
　　　3.1.2　直播间三大错误认知 / 027
　3.2　主播播前准备 / 030
　　　3.2.1　主播必须了解的违禁规则 / 030
　　　3.2.2　如何克服"镜头羞耻感" / 033
　3.3　播前 SOP / 035
　　　3.3.1　主播岗开播前 SOP / 036

3.3.2 直播间运营开播 SOP / 036
3.3.3 开播前道具准备 SOP / 037

第 4 章 主播基础话术能力 / 041

4.1 如何深度了解产品和挖掘卖点 / 042
4.1.1 产品信息的归纳与总结 / 042
4.1.2 产品的附加价值属性 / 044

4.2 如何将卖点转变为利益点 / 046
4.2.1 卖点筛选 / 046
4.2.2 卖点转换利益点 / 048

4.3 如何写出直击人心的痛点 / 049
4.3.1 寻找痛点的 3 个技巧 / 049
4.3.2 痛点"3 兄弟" / 053

4.4 成交话术 / 054

第 5 章 构建完整的直播间话术 / 057

5.1 基础产品话术框架搭建 / 058
5.1.1 巩固你的基础话术框架 / 058
5.1.2 增加基础话术的质量 / 063

5.2 整体话术框架搭建 / 066
5.2.1 整体话术结构搭建 / 066
5.2.2 常见话术框架问题 / 068

第 6 章 主播表现力 / 070

6.1 表现力的系统训练 / 071
6.1.1 会说话的眼睛 / 071
6.1.2 有情绪的声音 / 074
6.1.3 表情与肢体 / 075

6.2 表现力的短期"捷径" / 076
6.2.1 第一步：模仿训练，从小到大 / 076
6.2.2 第二步：精练话术，练习复盘 / 077
6.2.3 第三步：每日复盘，持续进步 / 077
6.2.4 针对型练习法 / 077

6.3 逻辑能力的"刻意练习" / 077
6.3.1 逻辑框架的金字塔原则 / 078
6.3.2 逻辑框架的 PREP 法则 / 078
6.3.3 如何练习逻辑能力？ / 079

第 7 章　直播运营逻辑 / 080

7.1　直播间获取流量的机制是怎样的 / 081
- 7.1.1　推流机制 / 081
- 7.1.2　影响推流的重要指标 / 082

7.2　流量区别 / 084
- 7.2.1　付费流量和免费流量 / 084
- 7.2.2　付费流量 VS 免费流量入口区别 / 085

7.3　揭秘运营中的常见误区与真相 / 088
- 7.3.1　起号相关 / 088
- 7.3.2　账号相关 / 089
- 7.3.3　付费相关 / 090
- 7.3.4　货盘相关 / 090

第 8 章　绘制人群画像 / 091

8.1　人群画像为何重要 / 092
8.2　如何定位直播间人群 / 093
- 8.2.1　步骤一：定位产品 / 093
- 8.2.2　步骤二：套用模型 / 095
- 8.2.3　步骤三：数据自查 / 097
- 8.2.4　步骤四：数据反证 / 098
- 8.2.5　步骤五：匹配话术 / 101
- 8.2.6　注意事项：用户标签的反向使用 / 101

第 9 章　高薪运营必备：对标能力 / 102

9.1　明确对标目的 / 103
9.2　对标的前期准备 / 104
- 9.2.1　如何选择对标的直播间 / 104
- 9.2.2　如何寻找对标直播间 / 105

9.3　系统化对标的具体步骤 / 107
- 9.3.1　向下对标 / 107
- 9.3.2　同频对标 / 108
- 9.3.3　头部对标 / 110

9.4　保姆级对标流程：话术拆解 / 110
- 9.4.1　逐字话术拆解 / 110
- 9.4.2　统一分析整理 / 112

第 10 章　直播电商的货品逻辑 / 114

10.1　货盘认知 / 115
- 10.1.1　货盘归纳表 / 115
- 10.1.2　货盘的重新分类 / 116

10.1.3　货盘的分支分类 / 122
10.2　爆品逻辑 / 123
　　10.2.1　市场分析 / 123
　　10.2.2　自我分析 / 125
10.3　直播间如何排品 / 127
10.4　直播间如何测品及转款 / 128

第 11 章　高薪运营和主播必备：数据复盘 / 130

11.1　单场和长期数据复盘 / 131
11.2　基础版数据复盘 / 131
　　11.2.1　基础直播数据区 / 132
　　11.2.2　商品数据区 / 134
　　11.2.3　流量来源区 / 136
　　11.2.4　流量走势区 / 136
　　11.2.5　用户画像区 / 137
11.3　专业版数据复盘 / 138
11.4　付费数据复盘 / 143
11.5　长期数据复盘 / 144
　　11.5.1　长期复盘的准备工作 / 144
　　11.5.2　长期复盘三步走 / 145

第 12 章　小红书直播及数据复盘 / 147

12.1　小红书直播 / 148
　　12.1.1　直播流量逻辑 / 148
　　12.1.2　小红书独有的曝光模式 / 149
12.2　小红书的长期数据复盘 / 153
　　12.2.1　小红书的转化漏斗 / 153
　　12.2.2　小红书的数据记录 / 154

第 13 章　直播间如何留人、如何互动 / 155

13.1　直播间留人的核心 / 156
　　13.1.1　直播间留人基础 / 156
　　13.1.2　主播留人技巧 / 157
13.2　直播间互动的核心 / 161
　　13.2.1　互动的前提与基础 / 161
　　13.2.2　互动技巧总结 / 162
13.3　主播的自我复盘 / 164

第 14 章　不同阶段的直播团队搭建 / 165

14.1　做直播的所有准备工作 / 166
14.1.1　直播的全部准备工作 / 166
14.1.2　直播间的人员配置 / 168

14.2　靠谱员工到底如何招聘 / 170
14.2.1　直播人员面试基础方向 / 170
14.2.2　人员面试细节 / 171
14.2.3　团队管理细节点 / 172
14.2.4　直播提成逻辑 / 177

第 1 章　真正的电商直播

　　如果用一个词形容直播电商，那么一定是竞争。

　　直播行业发展至今，已然不是一个蓝海市场。作为一个操盘过上百个直播间的幕后操盘手，我不会跟读者说，直播有多么简单。今天的直播更像是一场零和游戏，你如果能赚钱，那么就意味着你的同行要少赚钱。

　　在这样的环境下，如果我们还想在直播领域有所发展，第一步，必然需要系统地了解行业。

　　本章将从专业的角度带领大家认清行业，并根据目前的行业情况来定位自身优势。

1.1 专业的电商直播行业

个体也好，商家也罢，在刚进入直播行业时，很容易进入以下两个极端的状态。

第一种：在焦虑中恐惧。看到身边人或同行拿到了不错的结果，心里也认为直播是必做的渠道，所以想尝试直播，但就是踏不出第一步，对直播有天然的恐惧。

第二种：盲目试错，先做再想。忙活了一段时间后发现，自己在直播领域收效甚微，顿时感觉直播太难做。

无论大家以何种身份进入直播行业，首先要对行业和自己有一个清晰的定位，做定位的核心目的是，找到自我的优势项，而后借助平台的杠杆力量，将这些优势项放大。你的优势可以是产品、个人客观条件、内容创作能力、直播能力等，优势决定了我们做直播电商的上限有多高。

举两个简单的例子，如果你是商家，你的产品比市面上体量最大的同行还要便宜且质量更好，那么即使你没有专业的直播团队，做直播卖货也一定不会差。

如果你是个人，你是先天的"衣架子"，穿任何衣服都能让衣服看起来挺括有型，那么即使你不会直播技巧，也能做得不错。

如果我们没有这些显而易见能拉开差距的优势怎么办？我们可以带着思考来学习本章的内容。

同时，先问自己以下几个问题，阅读完毕后，再思考一遍，相信你当下就会有不一样的感受。

- 我了解直播行业吗？我对直播行业有怎样的认知？
- 我该如何选择平台及适合自己的直播模式？
- 我有哪些做直播的优势？
- 我该如何进行直播的整体定位？

1.1.1 系统了解直播发展

我们首先来了解直播行业的发展历程。

- 2016年3月，以女性消费群体为主的电商购物网站——蘑菇街，率先推出直播功能。
- 2016年5月，淘宝推出了淘宝直播功能。
- 2016年，京东开始发布达人扶持计划。
- 2018年，辛巴家族在快手迅速崛起。
- 2020年4月1日，罗永浩在抖音上进行第一次带货直播，3小时销售额破亿，创下了当时抖音平台的直播销售额记录。
- 2021年末，抖音推出本地生活直播业务，本地商家可以直接在直播间上架支持线下消费的虚拟券品，各大全球连锁品牌纷纷入驻，直播带货的业务范围进一步拓宽。
- 2023年，小红书平台开启笔记带货、知识付费挂车等功能，并推出全新的"买手电商"理念，开始大力扶持、发展直播赛道；同年"双11"前后，董洁、章小蕙直播销售额单场破亿，同时对于内容创作者，无论新人或老博主，都开启空前的直播流量扶持。

从直播行业的发展历程上来看，最早推出直播功能的蘑菇街最早离场；入局较晚的抖音平台，反而后来者居上；较晚入局的小红书直播，也找准了自己的直播细分赛道。

电商直播行业从一开始只能进行实物商品的购买，发展到如今可以买卖各行业知识付费类产品、各种线上服务以及本地生活的线下到店服务等，观看直播已经成为很多用户衣食住行的一种习惯。

除了头部主播，也有大量低粉账号或新号可以做到单场几十到百万的销售额。以抖音平台为例，2025年3月31日单场破十万销售额的部分账号如图1-1所示。

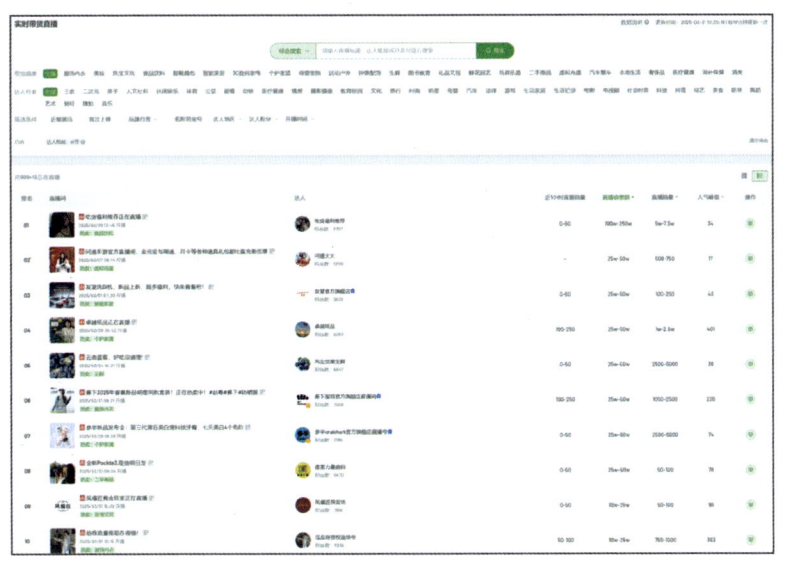

图 1-1

直播只是电商的一种销售渠道，电商直播是对于产品（货）、团队（人）、运营能力（场）的三方考核。这三方面都有优势，直播就可以把优势成倍地放大，加快拿到结果的速度；如果三方面都没有优势，那直播的红利也不会如天上掉馅饼般砸在我们头上，提前入局、提前准备、积极学习、跟上时代，是非常重要的。

1.1.2 平台的区别与特性

在直播竞争日益激烈的今天，不同的直播平台都有各自的特点与定位，选择适合自己、适合团队、适合产品的平台尤为重要。

如零粉丝起步做账号或者开店，在小红书平台的流量就比抖音更加容易获得，但前提是产品及出镜人与平台的调性适配。例如我的学员之一，账号名为"小黄在努力（继承家业版）"的小红书博主，她在小红书的第一个月就达到了新号单场 GMV 破万的成绩，如图 1-2 所示。

图 1-2

以抖音为首的直播电商平台具有更高的发展上限,每月都有低粉账号做到直播月销千万的量级,2025年2月单月破千万销售额的账号如图1-3所示;虽然直播销售额千万量级的低粉账号,在用户基数较小的平台几乎不可能达成,但细心观察会发现,头部平台的直播发展越来越趋向于品牌化,初创团队或新人想要拿到大结果几乎不太可能。

图1-3

无论商家还是以主播为职业的个人,在开始直播前,都需要选择适合自己现阶段情况的直播平台。各电商直播平台的特点如表1-1所示。

表 1-1

平台名称	用户特性	平台特性
抖音	庞大的用户基数，日活跃用户 8 亿，全年龄段人群	以兴趣电商为主；庞大的用户基数，成熟的电商体系；无论是通过平台提供货品渠道（精选联盟），还是销售自己的品牌、产品都有成熟的电商生态闭环，但同时也有较大的竞争压力
快手	日活跃用户 4 亿，"老铁文化"，用户黏性强，有相对多的三、四线城市用户	以兴趣电商为主，内容上更加"接地气"，电商整体链路成熟
小红书	日活跃用户 3 亿左右，用户质量较高，同时拥有数量不小的海外用户	"搜索电商"和"兴趣电商"的结合体，笔记带货、直播带货处于增长期，各赛道都有极大的发展空间；对账号整体的风格、审美、质感的要求较高，非常适合有价值的高客单品或者本身具有不可替代性的产品。 由于直播商业化进行得较晚，目前小红书平台相对来说，有更多的红利机会，但是由于用户基数相对较小，也容易产生流量紧缺的情况
视频号	背靠微信庞大的用户数量，通过独有的群分享、朋友分享等方式进行内容传播，视频号直播用户以小镇用户、佛系中老年群体为主	由于极佳的"地理位置"，让商家可以更容易触达到同类型的用户，适合有私域沉淀的商家或个体。 更适合追求复购、需要做服务的品类及赛道，是提前布局私域流量、引导用户二次复购、培养用户忠诚度的极佳选择

1.1.3 搜索电商和兴趣电商

很多人会有这样一个疑惑：同样都是做直播，为什么有的直播间是"岁月静好"式的，可以更加专注于产品本身的讲解，有的直播间则是"锣鼓喧天"式的，拥有很强的节奏感或者套路感呢？

所有的电商平台可以划分为两个大类目：兴趣电商和搜索电商。淘宝、京东、拼多多都以搜索电商为主；上文提及的短视频平台，则以兴趣电商为主。

这两种模式之间有巨大的差异性，也正是这些差异，导致了不同的直播间售卖形式。

1. 消费习惯区别

消费者如果有明确的购物需求，一般会上购物平台进行搜索从而购买。

兴趣电商则是用户没有明确的需求，看到感兴趣的就顺手下单，类似于抖音、小红书、快手、视频号等都属于兴趣电商。用户来到这些平台上，本身目的并不是为了购物，只有当用户对某一样物品产生兴趣，才有进一步下单的可能性。

2. 流量区别

由于不同平台的用户消费习惯存在显著差异，这些差异决定了不同平台的流量分发机制。

搜索电商的直播间更像是被动接受流量的渠道。

大部分情况下，点进淘宝的直播间，是因为有了某一类需求，或者想看这件产品的某个细节信息。所以，多数淘宝、京东的直播间，主播都会以讲品、塑品话术为主，没有过多的种草话术，也不会给用户讲故事或者进行才艺表演，以达到吸引用户停留的目的，因为大部分用户来到直播间就带着非常明确的购物需求，用户感兴趣的是产品本身，所以主播的核心话术和动作围绕产品展开即可。

兴趣电商的直播间，只有能让用户产生兴趣了，才可能获得平台分发的流量，很多直播间送手机、直播间才艺表演等直播方式，都是为了先让用户留下来，只有用户留下来了，才有后续购物的可能性。

兴趣电商的直播间，如果不付费购买流量，不做短视频吸引自然流量，也不做任何直播间的运营玩法，只是单纯地像搜索电商直播一样，安安静静地讲品，几乎是没有做起来的可能性的，因为用户就不会在直播停留。

3. 平台工具区别

兴趣电商平台中操作直播后台的中控岗位是较为忙碌的。商品的件数、秒杀活动、直播间福利、优惠券等，都需要现场设置；很多时候还需要控制官方账号回答评论区问题、利用水军小号在评论区评论，从而营造出浓烈的购物氛围。

搜索电商直播间中操作直播间后台的中控岗位则会轻松很多，只要提前设置好直播所需要的商品链接，主播甚至可以在直播的过程中自己进行后台操作，同时完成主播工作。

综上所述，兴趣电商是流动型流量，主要是能否让别人对你或产品的任何一方面先产生兴趣；搜索电商是稳定流量，主要靠产品、店铺带动。就兴趣电商而言，直播间要想尽一切办法抓人眼球，主播逼单、促单技能一个不能落下；搜索电商，则更加专注于产品本身的竞争力。

同时于主播的专业能力来说，兴趣电商平台对于主播的综合能力要求会高于搜索电商平台；相对来说，兴趣电商平台的主播成本及薪资也会高于搜索电商平台。

1.2 定位专属直播平台

平台的选择往往决定未来直播之路的难易程度，未来各直播平台会越来越垂直化、细分化。

如何定位自己适配的平台呢？在这一节中，将根据这几年上千个学员的经验总结，帮助想要进入直播行业却没有方向的读者，清晰自己的路径。

1.2.1 商家自我情况梳理

如果你是有货源的、有供应链或者是知识付费赛道的商家个体，可以参照表 1-2 所示进行自我情况的梳理。

表 1-2

序号	用户特性	回答
1	（1）我的产品是什么？ （2）跟同行比，业内的高客单还是低客单产品？ （3）产品、赛道本身是否有一定门槛？ （4）性价比、质量如何？ （5）最大的竞争力是什么？ （6）产品整体是什么风格、调性？ （7）产品端和同行业比最大的问题是什么	
2	（1）产品的人群画像是怎样的？（消费能力、地区、年龄、性别等） （2）目标用户更倾向于哪些购物软件？ （3）TA 们的购物行为有什么特点（是否喜欢囤货、有无喜好购物时间节点或淡旺季、是否喜欢多处比价等）	
3	和我同价位的同行，他们都在什么平台取得了多大的成绩	
4	目前我有哪些资源沉淀？（线上店铺、私域、会员、自媒体账号等）	
5	（1）我是否深度了解自己产品的制作过程？ （2）在自己的专业赛道上，是否拥有持续不断的专业内容输出能力？ （3）我是否有团队帮助我做内容？ （4）未来是否有做个人 IP 的规划？ （5）想做直播的原因是什么	

续表

序号	用户特性	回答
6	（1）我的直播能力如何？ （2）如果没有直播过，平时镜头表达力如何？ （3）我本人的说话逻辑如何？ （4）本人有哪些性格或者视觉特点？或者别人经常用哪些词语夸我	

为了方便大家更好地理解与应用，接下来为读者展示我的线下课学员的回答，如表 1-3 所示。

表 1-3

序号	类别	问题	回答
1	产品类	（1）我的产品是什么？ （2）跟同行比，算业内的高客单还是低客单产品？ （3）产品、赛道本身是否有一定门槛？ （4）性价比、质量如何？ （5）最大的竞争力是什么？ （6）产品整体是什么风格、调性？ （7）产品端和同行业比最大的问题是什么	（1）我是 15 年的茶叶卖家，线下有门店，也有 10 年左右线上经验，经营了一家淘宝店铺。 （2）跟同行比，算低客单产品。 （3）产品本身就是高端茶叶，所以有一定的门槛。 （4）性价比很高，因为我们自己利润很薄，质量是不错的，也是可控的，因为茶都是我们自己茶农上山采的，炒茶过程也是我们自己监督的。 （5）最大的竞争力就是我们的性价比和质量，我们老客户回购率很高。 （6）产品本身是比较接地气和务实的风格，不是走华丽礼盒送人的路线。 （7）上新速度慢，因为全流程都是自己把控，所以一年也不会出太多款新茶，包装上也不太会做门面功夫
2	用户类	（1）产品的人群画像是怎样的？（消费能力、地区、年龄、性别等） （2）目标用户更倾向于哪些购物软件？ （3）TA 们的购物行为有什么特点？（是否喜欢囤货、有无喜好购物时间节点或淡旺季、是否喜欢多处比价等）	（1）产品购买人群以南方人为主，广东和云南的最多，因为我们自身在云南本地也比较有名，人群的消费能力大都在中产阶级以上，30+、35+ 的男性居多。 （2）目标用户刷抖音的比较多，因为之前有一些客户问过我们有没有抖音号，其他平台的好像没有人问过我们。 （3）喜欢囤货；每年春茶上新是旺季，不太会到处比价，更喜欢认准一家店就不换了
3	同行分析	和我同价位的同行们，他们都在什么平台取得了多大的成绩	抖音上比较多，做得好的月销在 3000 万以上；小红书会有双平台同时播的同行
4	资源分析	目前我有哪些资源沉淀？（线上店铺、私域、会员、自媒体账号等）	一家运营了 10 年的淘宝店铺，有 5 万左右的会员，私域没有太经营，有一两千个顾客，自媒体账号有一个 1000 粉的新号暂时没有运营
5	自我分析	（1）我是否深度了解自己产品的制作过程？ （2）在自己的专业赛道上，是否拥有持续不断的专业内容输出能力？ （3）我是否有团队帮助我做内容？ （4）未来是否有做个人 IP 的规划？ （5）想做直播的原因是什么	（1）非常了解，每一个环节都比较清楚。 （2）可以。 （3）现在暂时没有，未来可以有。 （4）有这个想法。 （5）店铺肉眼可见新客户在变少，现在超过一半都是老客户在进行购买，之前也雇主播进行直播，但是后续主播总是自己加客户，就决心还是要培养自己的直播能力
6	直播能力	（1）我的直播能力如何？ （2）如果没有直播过，平时镜头表达力如何？ （3）我本人的说话逻辑如何？ （4）本人有哪些性格或者视觉特点？或者别人经常用哪些词语夸我	（1）比较一般，淘宝开播过一段时间，不是很理想，但是也有不少老粉是愿意买单的。 （2）表达力一般。 （3）逻辑力一般。 （4）比较有亲和力，什么事情都亲力亲为

根据这个学员的情况，可以大致得出一份专属定位表。

- 产品本身具有竞争力，所以可以去大平台竞争，有更高的发展空间。
- 目标用户本身需要具备一定的消费能力和品茶习惯，所以不需要泛流量，前期可以通过短视频或直接小额付费找准精准流量。
- 产品口感随月份变化而有区别，所以在旺季可以进入日播，淡季则可以销售周边全年性应季产品或者安排一月一次的大场促销类型；全年的SKU（Stock Keeping Unit，最小存货单位）要做不同的细节规划。
- 产品包装是弱点，但也可以作为差异化分支，用来做人设及人设型话术。例如，我们家为什么几乎不做那种很高档的礼盒包装？不是做不起，是羊毛出在羊身上，一个高档礼盒定制的费用，你们可以自己去阿某巴巴这种批发渠道上看，一个盒子加设计费摊到每一个产品上成本就要多出100元，咱如果是自己喝、想喝好，普通包装完全够用了，该省省该花花，真正对自己好的时候，一点不含糊，外在的表面功夫我确实不太愿意做、也不会做，如果茶的质量喝不出那些精美包装的、4位数的品质你来找我。
- 私域的运营需要重新布局，平台的流量是平台"给"你的，私域的流量才是自己的。
- 有打造IP的潜力，主做抖音的同时，其余的兴趣电商平台可以同步发内容。
- 主播能力还需要锻炼，可以先在淘宝店铺日播作为练习，一定要等练到拥有了基础、合格的基本直播能力后，再进入大的直播电商平台，并考虑是否多平台开播。
- 放大自己主理人和亲和力的特点，在寻找对标直播间时，可以扩大赛道，如服装、美妆等行业的直播间都可以大量观察和自己特性相同的主播，去模仿、锻炼自己的镜头表现力。

1.2.2 个人自我情况梳理

如果目前没有货源，但是想进入电商直播行业，也可以根据表1-4所示去进行自我梳理及定位。

表1-4

序号	类别	问题	回答
1	自我分析	（1）我有什么特别的身份或者社会属性？ （2）我有哪些证件、学历、技能？这些技能给我带来了什么不一样的改变？ （3）我的长相如何？别人通常用什么词语来描绘我的长相？我的外貌，或者造型上有没有哪些能让人一眼就记住的特点？ （4）我有什么样的独特爱好？ （5）我更倾向于哪个平台的哪种直播方式？ （6）我的个人表现力如何？语言逻辑能力如何？ （7）有没有短视频或相关的内容创作能力	
2	选品分析	（1）我对哪些产品是极度了解的？ （2）我的专业、技能对于我的产品是否可以进行赋能？ （3）我想要把产品卖给什么样的人群？或者我觉得自己更适合卖什么样的产品，它的人群是什么样的？（越细分越好，切莫"我想把产品卖给大学生、卖给宝妈"，而是要定位"卖给怎样的大学生、怎样的宝妈"） （4）我想做的这个赛道，是否属于大众化产品？是否是大部分用户都能进行购买的产品？ （5）我在日常生活中，使用场景频次最高的产品有哪些	
3	资源分析	（1）我有哪些可以支持我直播带货的资源？ （2）我是否有一个环境良好的拍摄或直播场地	

接下来为读者展示另一位学员的回答，如表1-5所示。

表 1-5

序号	类别	问题	回答
1	自我分析	（1）我有什么特别的身份或者社会属性？ （2）我有哪些证件、学历、技能？这些技能给我带来了什么不一样的改变？ （3）我的长相如何？别人通常用什么词语来描绘我的长相？我的外貌，或者造型上有没有哪些能让人一眼就记住的特点？ （4）我有什么样的独特爱好？ （5）我更倾向于哪个平台的哪种直播方式？ （6）我的个人表现力如何？语言逻辑能力如何？ （7）有没有短视频或相关的内容创作能力	（1）我是一个三胎妈妈，曾经是世界500强企业的人力资源部总监。 （2）我的沟通谈判技巧娴熟，多年的人力资源经验让我习惯性做什么都以数据和表格的方式呈现。 （3）长相属于甜美型，平时也比较有活力，大家都不太相信我是35+的三胎妈妈。 （4）我平常喜欢收集动漫周边，喜欢粉粉嫩嫩的小物件，这些与我的年龄和曾经的职业都不太相匹配。 （5）小红书直播，因为我平时刷小红书的时间最多，同时我也觉得小红书直播是我唯一能坚持下来的，播抖音需要强大的情绪和体力，我可能做不到。 （6）表现力中规中矩，语言逻辑能力较强。 （7）有1年左右的自媒体短视频拍摄经验
2	选品分析	（1）我对哪些产品是极度了解的？ （2）我的专业、技能对于我的产品是否可以进行赋能？ （3）我想要把产品卖给什么样的人群？或者你觉得自己更适合卖什么样的产品，它的人群是什么样的？（越细分越好，切莫"我想把产品卖给大学生、卖给宝妈"，而是要定位"卖给怎样的大学生、怎样的宝妈"） （4）我想做的这个赛道，是否属于大众化产品？是大部分用户都能进行购买的产品？ （5）我在日常生活中，使用场景频次最高的产品有哪些	（1）母婴用品，家里所有涉及孩子的产品，我都会自己做功课，用Excel表格进行多方对比。 （2）有时候遇到一些不知名的厂家，我会去查这家公司的组织架构和公司信息，通过公司信息来辅助判断该公司的靠谱程度。 （3）跟我一样的多孩家庭，有一定的经济基础，但是没时间、精力去做功课、挑选出孩子衣食住行方面，质量最好的用品的家长。 （4）不属于大众化用品，不是大部分用户都能购买的产品。 （5）护肤产品、母婴产品、家居日用品
3	资源分析	（1）我有哪些可以支持我直播带货的资源？ （2）我是否有一个环境良好的拍摄或直播场地	（1）有一个3000粉左右的小红书账号，同时也有一些本地的母婴交流群。 （2）家里可以直接进行拍摄或直播，有别墅精装质感；我有很多孩子从小到大用过的各品牌的产品，可以做很多类似于化妆品的"空瓶分享""香水墙分享"，我可以做"宝妈墙分享"，家里专门有一个仓库，里面堆的都是娃从小到大用过的产品

根据以上内容，可以总结出一份更加详细、落地的个人定位总结。

- 该学员有浓烈的个人特点，变现产品与个人经历、个人背景匹配。
- 视觉效果上，可以着重突出反差效果，配合小众的兴趣爱好，保留"小女生"特色和"理工科妈妈"的矛盾感。
- 话术风格上，比起描绘使用产品后的个人心理感受，更适合专业化角度深入讲品，提前做好产品端的功课，以数据和各种调查报告为直播特点，打造"功课型"直播间。
- 同时建立"靠谱"型人设，每件产品的调研及背后功课都可以各种Excel表格形式展现并随单赠送，让同款妈妈们以肉眼可见的方式用得更放心。
- 产品和内容都更加适配小红书平台，同时可以利用原有的私域母婴群流量做一些私域的引流，承接小红书直播间用户的回流，用私域群内抽奖的方式，打造直播间"铁粉"。
- 小众高端款的产品，可以直接在小红书选品广场中进行与品牌商家的合作，小红书的品类少但精；

而一般泛流量大众品，则更适合抖音，抖音的精选联盟产品多而泛。

- 以母婴用品为主线变现产品，支线产品可以拓展带货高端护肤品、家居用品等。

如果做完定位表，发现自己似乎没有比较突出的个人优势，那么前期试错周期和成本可能会非常高，或许可以考虑先以副业为主进行尝试，或者做助播、中场控、主播等直播行业工作，从 0 做起，深层接触直播行业，有意识地寻找、积攒自己的优势，以 3~5 年为一个爆发目标周期，再考虑自己创业、全职投入。

直播行业瞬间爆发、短期高变现的外表下，其实也意味着异常激烈的行业竞争。

1.2.3　自我情况梳理要点总结

无论商家或者个人，在做直播带货前的自我梳理时，还需要注意 3 个重点。

1. 利他性

所有的定位和梳理都要建立在利他的角度上。

"他"指目标用户，用户想要什么、缺什么样的产品、会被哪些优势所打动。

如"我是一个宝妈，我觉得我有很多育儿的好物可以分享。"这就是自我角度出发的逻辑。

再对比下面这个逻辑：

"我是一个宝妈，作为一个新手家长，我在育儿这件事上花了许多冤枉钱，踩了无数的坑，关键钱还是次要的，更重要的是孩子遭了罪，所以现在孩子大了，我要跟大家分享我这 5 年的经验和所有用下来好用的产品，为的就是不让大家也跟我走一样的弯路。"

虽然都是宝妈带货，都是分享好物，但推销的逻辑完全不一样，核心区别就在于"利他性"。对于自我优势的归纳总结，重点要放在：我能给他人带来什么价值上，而不是我喜欢什么、我觉得什么好用。

2. 多平台、多渠道的布局

选中一个赛道以后，不能死磕这一个平台，还要尽可能寻找其他机会，分散风险。

我有一个在淘宝上做大健康养生赛道的学员，几年前曾是整个淘宝销量前 10 的卖家。近几年的销量逐年递减，直到今年感觉可能要撑不住了，才想要试试转型做自媒体平台和接触直播行业，然而前期的起步阶段非常困难，因为各平台成型的同行商家，已经不在少数，并且这些年也没有积累太多的私域资源。如果能提前意识到多平台、多渠道布局，可能局面就会有不一样的转机。

做多平台、多渠道布局时，可以问自己两个问题。

（1）我的产品是否是高复购产品？是否是重售后或者服务类型的产品

如果是，可以提前布局私域流量。例如我于 2023 年发布 6+9 小时视频课时，没有在公域平台进行任何传播，仅仅是在几个微信群里进行了课程预售，当周的每一天，该私域销售的课程销售额都能过万。同时也顺利地拿到了第一波用户好评，这样后续公域平台的新用户再下单时，看到真实的购买记录和学员反馈，也会更容易放心购买，如图 1-4 所示。

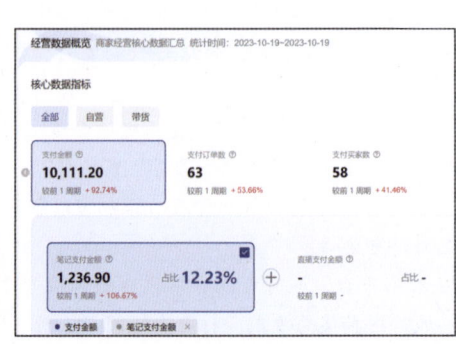

图 1-4

平台给的流量流失率很高。今天内容做得好、直播播得好、愿意付费，那么平台给你流量；今天内容做得不好、直播也播得不行，还不愿意付费买平台流量，那平台就不给你流量。

而私域的流量，复用率是极高的；作为回馈，你的私域粉丝也可以得到价格更低、性价比更高的产品。但是要注意，任何平台对于私域引流行为都是明令禁止的，我们在进行引流时，需要提前去研究、规避实时的平台政策。

（2）我做的赛道和平台，未来1~3年会发生怎样的变化

小红书2023年整体电商体量在百亿左右，而抖音、快手、视频号等平台的直播都步入千亿市场，这难道就说明小红书的电商没有发展前途吗？现阶段体量小，对于有声量的大品牌而言，是不太会进入的，但是反过来看，这是不是中小个人型商家的机会呢？

追求风口的同时，还需要根据以上的自测表去考虑：自己的团队、产品是不是能追得上、是否匹配平台的调性，或者提前去为了未来的市场及赛道准备相应的资源。

3. 一切以变现为目的

很多商家或者个人想做直播，问得最多的问题就是"我直播间人数怎么做上去？我怎么把流量、粉丝量做上去？"其实高流量并不等于高变现，我曾经对接过一位抖音上拥有40万粉丝的博主，单场直播仅仅能卖几百元的销售额。

与其追求流量和人数，不如追求转化和用户质量。比如，许多高定饰品、玉石类的直播间，实时平均在线人数只有几十人，但一场直播的成交金额却能突破百万元，这就是流量利用率高的表现。

那如何吸引精准流量？如何引导精准流量的转化？这些专业型的技能，在本书后续的内容中会一一呈现。我们在一开始，首先要拥有变现意识，即：我要吸引哪些用户？这些用户是否有能力为我后续的产品买单？举个简单的例子，如果你后续想要直播变现的产品是：高客单的化妆品、护肤品，那么前期在账号打造上，就不能以拍摄网络流行的变装类或者仿妆类视频为主，即使它们会给你带来更多的流量，而是应该考虑更有专业性的护肤、彩妆技巧口播等内容方向，因为被这些内容吸引的人群，相比变装类吸引的人群会更加精准，也更有消费的欲望和能力。当然，具体问题还是需要具体分析，这里的例子，只是为了辅助大家理解这个最核心的变现逻辑基础。

第 2 章　如何进入直播行业

主播作为直播生态中最重要的"产品代言人"兼"销售者",这个角色让行业里出现了一个矛盾:很多新人刚入行时总是踩坑不断,而另一边商家又常常招不到合适的主播。

无论读者现阶段是否从事主播职业,都建议通过全面了解直播市场来提升行业认知。本章为读者介绍如何最大程度减少行业入门成本。

2.1 如何招聘主播岗

本节为读者介绍全职主播与兼职主播的区别、新人主播必问的4大问题以及主播面试全流程等内容。

2.1.1 全职主播与兼职主播

同其他行业一样，新人主播工作一般通过常用的招聘软件进行招聘，如图2-1所示。

图 2-1

主播岗位一般分为全职和兼职两种模式。

全职就是长期和某一家公司签订劳动/劳务合同，达成长期的雇佣关系。

如果是较为高薪的主播工作，或者想招聘更有经验的主播，一般会通过本地的商单群、主播群等私域渠道进行招聘，如图2-2所示。直播群中，不同的项目对于主播的风格、经验、客观条件会有明确的要求。

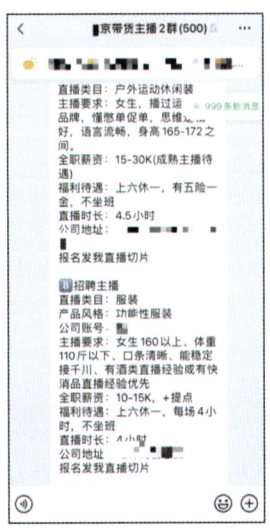
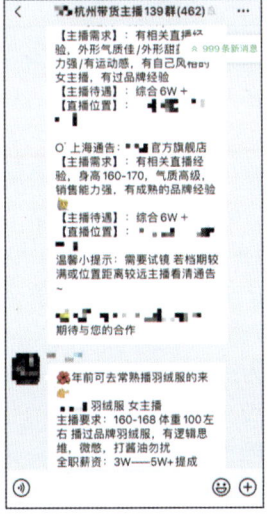

图 2-2

兼职是主播只在某一个公司进行一场或几场固定次数的直播。

兼职的合作流程为，通过各种私域或公域渠道发布项目信息，包括详细的薪资待遇及对于主播的能力要求，如图 2-3 所示。主播选择适合自己的项目，按照相应的渠道进行联络，发送自己的个人基本资料和过往直播间的上播视频，如果对方觉得合适，就会进一步要求你去公司面试或者试播，试播一般不会超过 1 小时，能力强的兼职主播，可以适当要求试播费用。普通兼职主播在试播和面试环节一般是没有额外费用的。

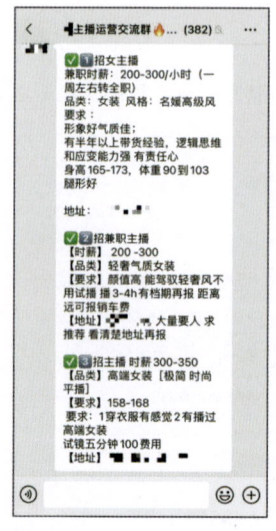 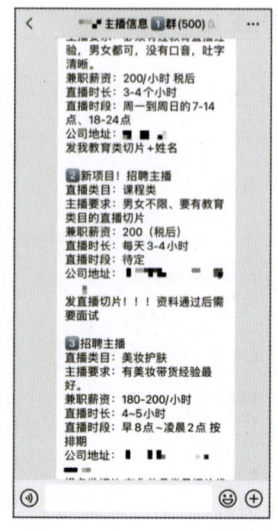

图 2-3

主播岗位的上班制度、薪资结算方式、稳定程度和普通工作有很大的区别。接下来从薪资待遇、合同年限等方面介绍全职主播和兼职主播的区别。

（1）薪资待遇

全职主播薪资一般为固定底薪加提成的模式。提成根据不同赛道和不同的公司运营情况而定，没有行业标准值，利润低、销量大的产品，给到销售额的千分之一左右；利润高、销量低或者账号起号初期的，为了激励主播给到销售额的百分之二左右，都是正常的。

兼职主播时薪为 50 元~500 元，品牌越正规、名气越大，给的薪资越高，同时对主播外形及风格要求也会更严格。大多数兼职主播是无其他提成的。

（2）合同年限

做全职主播的新人主播一般没有签约时间限制，如要离职，试用期提前 3~7 天通知公司，正式工提前 1 个月通知公司。如果遇到新人主播需要签长期合同、合约的情况，需要额外注意，谨慎对待。成熟主播在对接成熟品牌公司或团队时，如果互相认可，一般可以签约 3~5 年，在这个年限内，主播不可以擅自给其他产品带货，有的对于自媒体账号也会有一定限制，需要提前在合同上沟通清楚。

兼职主播无时间要求，一般约定好上播时间后，双方不得临时取消。如果取消时间特别近，例如 14 点开播，公司 13 点通知兼职主播取消合作，可以要求赔偿一定的车补路费作为补贴。如果是主播临近时间点取消兼职工作，如不能拿出证明的特殊原因，可能会在本地区的行业内受到名声信誉方面的影响。

（3）合同类型

全职主播的劳动合同较为正规，各种条款、责任、规章制度、福利等也都在合同中有较为清晰的展现，更推荐新人主播寻找有正规劳动合同的公司进行合作；劳务合同在行业中也较为常见，但是要注意签约了劳务合同后，公司承担的风险和义务会大打折扣，例如工伤等风险自行承担的可能性会大大上升；经济合同和合作合同需要谨慎对待，部分经济合同中会有较高的主播违约金条款。

大部分兼职工作不会刻意去签合同，所以兼职主播会有一定概率遇到后续薪资结算的问题。尽可能在接兼职时对公司的实力、口碑以及项目的稳定程度要有大致判断。

（4）福利待遇

全职主播：越正规的公司，相应的五险一金及其他福利待遇也会越齐全；除劳动合同以外的合同，一般情况下不享受公司普通员工的福利待遇。如果下播时间很早或很晚，可以提前问清楚有无车补。

兼职主播：大多数情况下，不享受公司或者用人方的任何福利待遇。

（5）上班时间

全职主播的排期固定，主播岗位通常情况下不需要坐班，完成主播工作后即可下班。如遇到需要强制坐班（不上播的时候，也需要在公司做其他工作）的公司，需提前考量工作量是否能接受，因为主播上播的 3 小时工作量会比普通行业上班 3 小时的工作量更加耗费精气神。

兼职主播的时间会自由很多，但是排期极其不稳定。容易经常性昼夜颠倒，时间不规律。

（6）工作强度

大部分情况下，全职主播只需要负责上播和下播后复盘的工作，但是上播话术准备、平台直播新规实时跟进等直接关联上播内容的工作，也属于主播分内工作；部分公司会额外给主播安排产品拍摄、短视频脚本撰写等非直播间相关的工作，需提前沟通了解。

兼职主播一般是提前 15~30 分钟到场，按照约定的时间正常直播，下播后简单复盘 10~15 分钟，即可视为完成兼职工作。如果直播当场数据较差，有可能会被当场叫停换人，所以兼职主播对主播个人的能力要求还是较高的。如果是大型直播活动，可能会要求提前 1~2 小时候场，或者需要提前 1~2 天去培训，若培训时间较长，可以适当沟通一定的费用。

2.1.2 新人主播必问的 4 大问题

直播行业相比其他行业，具有 3 个特性：高回报、高风险、不稳定。提前对行业形成自己的专业认知，再根据自己的实际情况做出相应的行动很重要。

电商主播在入行前，这 4 大问题是入职前必须要考量的。

1. 薪资方面

- 每月发薪日期。需确认提成是否与薪资一起发放，如果不是，要确认提成的发薪周期。（这里需要注意，电商有结算周期，即用户下单以后，要经过一段周期，才会把货款打给卖家；一般是 21~30 天，所以提成不与当月薪资一起发放可以视作正常情况，一般提成的发放不会超过 3 个月。）
- 提成薪资的结算方式。一般提成金额是以月度 GMV（Gross Merchandise Volume，一定时间段内的成交总额）扣除掉相应时间内所有的退款金额为准，以防恶意下单刷提成的情况出现；也有部分公司，会扣除投流（付费花钱去买平台的流量）销售额，才是最终结算的提成金额，流程如图 2-4 所示。

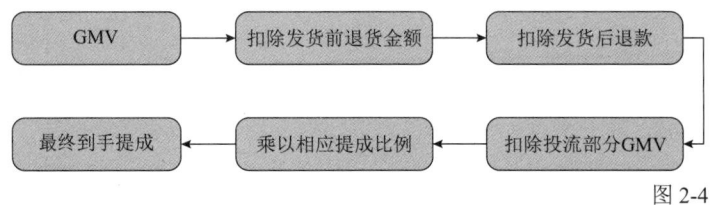

图 2-4

- 有无 KPI 要求，KPI 要求是否关联绩效部分工资，是否有末位淘汰等筛选制度，试用期薪资如何结算。

2. 福利方面

- 月休情况。一般直播行业都是月休 4 天左右，双休工作较少。
- 排班情况。如果经常晚班要提前沟通车补问题，很多直播基地位置偏远，可能距离市中心都要几十公里以上。

- 国家法定假日是否休息，如果不休息，薪资怎么算？一般情况而言，法定节假日都是直播的黄金周期，大部分公司不休息，所以该部分薪资如何结算也需要提前做好沟通以及心理准备。
- 是否享有全职员工的正常福利待遇，如五险一金、团建、公司节日礼包等。

3. 工作内容

（1）赛道

- 主播需要尽可能选择与自己客观条件、风格相匹配的直播间。平时较爱化妆、染发、做美甲的女性，可能就不太适合做教育类的直播间，更适合美妆类直播间；平时说话就比较温柔风的，可能就不太适合"卖场型"直播间。
- 在决定去一个公司前，尽可能多方位了解你未来可能要上播的账号，除了条件、风格保持一致外，新人尽可能不选择新号去直播。
- 新人选择更加大众的赛道，对于经验的积累会有不错的帮助。

直播行业目前热门的10大赛道如图2-5所示。

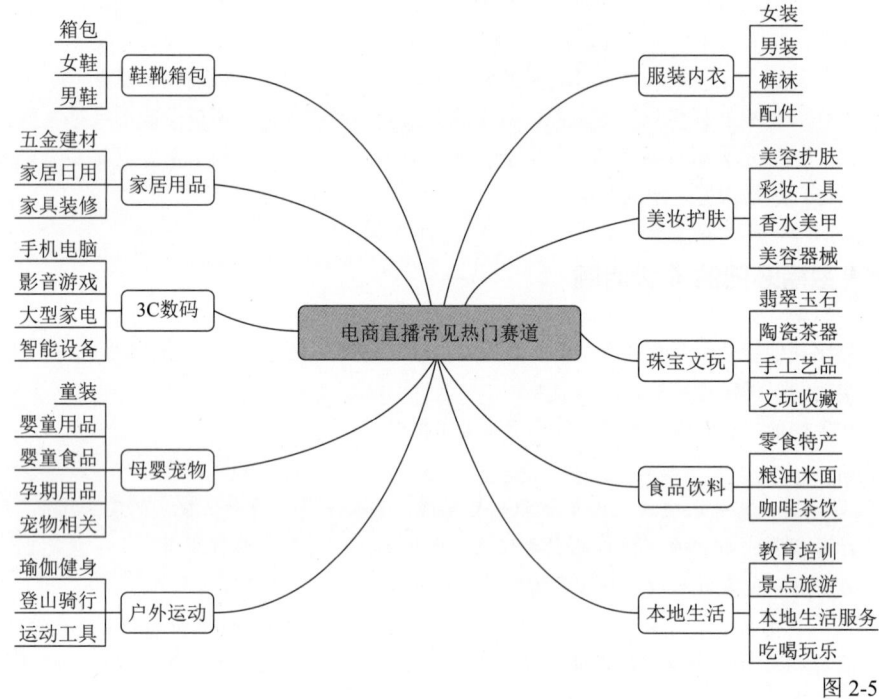

图2-5

（2）工作量

- 大部分直播间为单人直播的形式，但也有不少品牌直播间会有双播的形式，双播的工作量会比单播少很多，同时坐播（即为坐着直播）也比站播要轻松很多。
- 普遍情况下，全职主播每天播一到两场，每次2~4小时。每次的上播时间如果太短不易找到状态，上播时间太长则体力容易跟不上。同时也需要注意两场直播的交替时间，部分公司也会出现早上播一场，晚上播一场的情况。
- 除了主播工作，部分公司还会额外要求主播配合其他部门的工作，例如短视频拍摄、产品物料的拍摄、协助其他场次直播等，也需要提前沟通清楚。如果是要求坐班的公司，一般主播都会有除直播外的额外工作。

4. 发展方面

（1）学习空间

- 是否有足够的学习空间，例如拥有周期性的培训，上播前会有相应的产品培训，下播后会有专业运营做直播复盘，同时也有项目 PM（Project Management，项目经理）根据情况置顶周、月、季度的目标及规划。

- 播一千个没有数据波动的小号，不如播一个能看到数据变化的成熟账号；如果公司不能提供足够的学习空间，那么尽可能选择一个成熟的直播账号或者团队，也足以让有天赋的主播自我成长。

（2）发展空间

- 一个直播项目，各部门的人员配置越齐全，则新人自我成长的空间就越大。退一万步说，即使公司没有相应的培训和学习机会，主播依然可以通过向运营、投手、视频部门请教的方式得到成长，新人前期尽可能把快速学习成长放在首要位置，不要浪费时间成本。
- 现阶段的工作是否拥有长期发展的空间，也是主播需要自我考量的因素。一般主播有 3 个较好的发展方向，一是靠专业技能吃饭，成为有能力的高薪主播，帮助商家卖货，从而分提成；二是有了主播技能之后，再进行创业，例如做自媒体或者自己找供应链；三是深耕直播行业，转型项目管理人员，从"体力活"，转变为纯"脑力活"。

以上所有问题整合如图 2-6 所示。

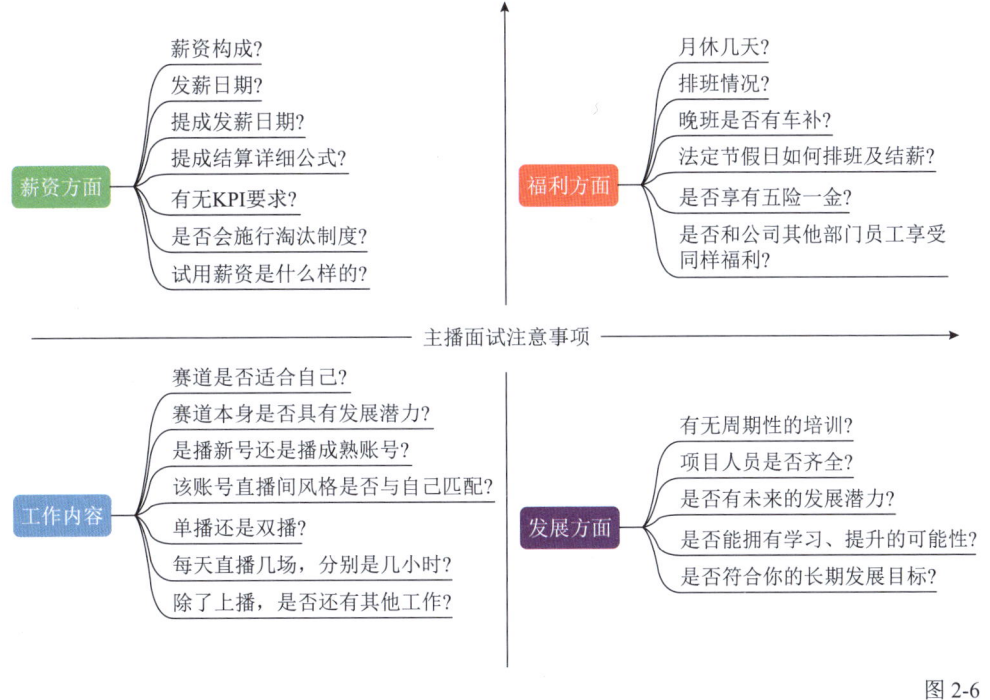

图 2-6

2.1.3 主播面试全流程

接下来介绍主播的面试流程。

1. 线上沟通，提交个人资料

初始步骤通常包括主播在线上向公司的人力资源部门提交个人资料，包括个人简历、个人模卡（MOKA，模特的说明书、身份证，包含模特本人的身型数据以及数张有代表性的个人照片）、上播录屏。

上播录屏的风格和赛道要尽可能与面试公司的需求接近，如果是没有录屏的纯新人，建议根据所面公司的产品、类目，提前练习好自己的上播话术，用手机录制一段 5~10 分钟的话术，尽可能做到自然、流畅、有表现力、有情绪张力。

2. 线下面试邀请

在评估了主播的资料后，HR 部门通常会安排一次线下面试。

这是一个双向的过程，不仅是公司评估主播的机会，也是主播了解公司文化和工作环境的好时机。

3. 面试中的沟通

在面试过程中，除了讨论主播的基本情况和背景外，HR 通常会询问主播直播经验、特长以及及时应对能力，如果是有运营能力和起号能力的成熟主播，一般会有项目负责人进行专业上的深度沟通。这里要注意，主播是否有经验，其实不仅仅体现在面对镜头时的状态上，也体现在主播对于项目的细节了解程度上。

4. 现场试播环节

大部分直播公司会要求主播进行现场试播，以评估主播的实际表现。

试播可以有不同的形式。

① 使用现有账号试播：主播可能会被要求在现有的直播账号上进行短暂的试播，通常为 5~30 分钟，试播时长一般不会太久。

② 空场景试播：另一种形式是在一个空的直播间进行现场试播，让主播展示其即兴表达和互动能力。

在试播过程中，主播的上播风格、表现力、控场能力、话术能力都是重要的评估因素。

2.1.4　商家面试主播注意点

在面试主播的过程中，以下 3 个核心点可以帮助招聘方更快、更准地挑选出优质主播。

（1）主播是否具有快速学习的能力

很多"小白"主播，外形气质等客观条件很不错，但播了 1~3 年，依旧是新人的薪资；而有的主播客观条件一般，却能 3~6 个月薪资翻几倍，区别就在于是否能快速学习和快速吸收。

很多人其实天生不适合做主播，因为直播行业的变化太快，可能今天能爆单的运营玩法、直播话术，明天就不起量了，又要研究新的打法。

灵活、灵动的主播，会更能跟得上行业的变化。

（2）是否吃苦耐劳

与其他行业不同，直播行业会经常性遇到突发事件且工作时间也不稳定。

突然加播、改班次都是正常情况，当天账号如果爆量，突发性连播数十小时也是有可能的。

所以，要求主播有很强的配合意识，能够吃得了苦的主播，才可能在这个行业里拿到好的结果。

（3）是否管得住、舍得给

主播的管理讲究技巧，既不能太严厉，但同时又不能没有规矩、没有约束。

有一些重要环节，例如：主播肖像权的使用、保密协议、直播间规章制度、奖惩措施等，需要在一开始提前以合同的形式明确沟通。

而优质的主播，要舍得给他利润。

管住之后要舍得，舍得之前，千万要管住。

如何创建属于自己的电商直播账号

如果拥有自己的线下供应链，有自己的手工制品，想要做知识付费或者自己本身没有货源，想要帮其他商家带货，应该怎么操作呢？

2.2.1 直播账号的建立

大部分的直播平台上，可以将电商直播账号分为两种：达人带货和小店卖家。接下来以小红书平台为例，为读者展示直播账号怎样建立。如果做其他平台遇到了一些开店、开号问题，可以直接去找对应平台的相关人工客服，都会得到一个详细的答复。

1. 第一步：开店

如果是卖自己的产品，可以开通自己的个人店铺，一些简单的类目，只需要身份证即可在电商平台上开通店铺。而一些特殊类目，例如涉及功效型的产品，则必须要有营业执照、注册蓝 V 账号才可以正常售卖。

截至笔者发稿日期前，个人版店铺，不涉及特殊行业，可实现一张身份证 0 粉开店卖货，门槛非常低。开店后，按照步骤上传商品链接，即可开始卖货，如图 2-7 所示。

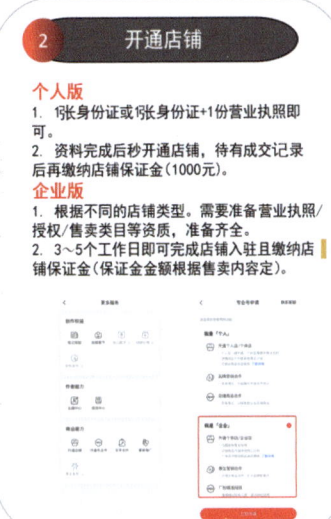
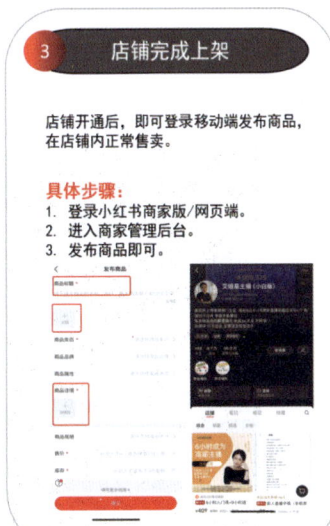

图 2-7

2. 第二步：开通自播权限

企业号商家直接登录"专业号平台"，点击"直播管理"，申请开通自播权限即可，如图 2-8 所示。

个人号打开小红书 App，在 App 主界面右下角点击"我"按钮，接着点击界面左上角的三条杠，在"创作中心"中选择"主播中心"选项，即可申请直播权限，如图 2-9 所示。

图 2-8

图 2-8（续）

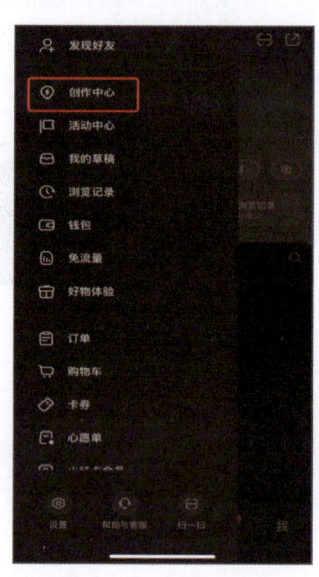

图 2-9

3. 第三步：建立直播计划

登录直播管理平台或者登录商家管理后台，创建直播计划，选择店铺内商品，完善开播前准备工作即可，如图 2-10~图 2-12 所示。

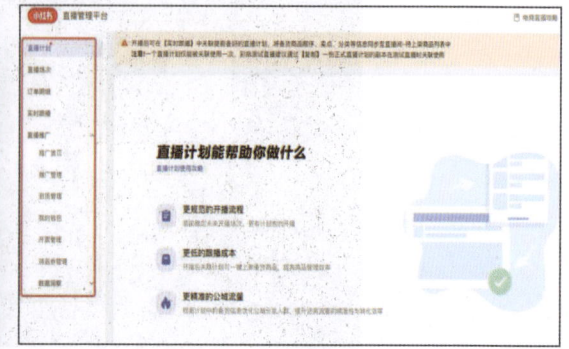

图 2-10

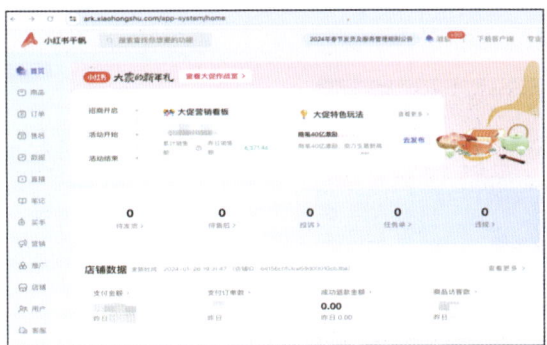 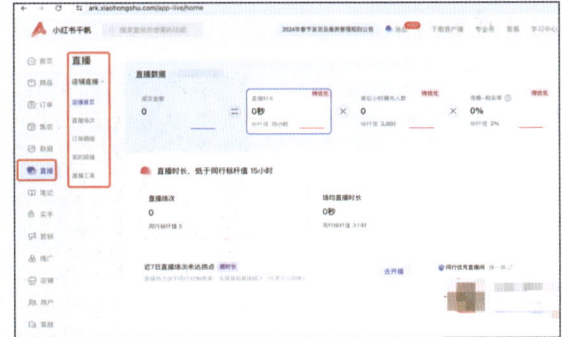

图 2-11

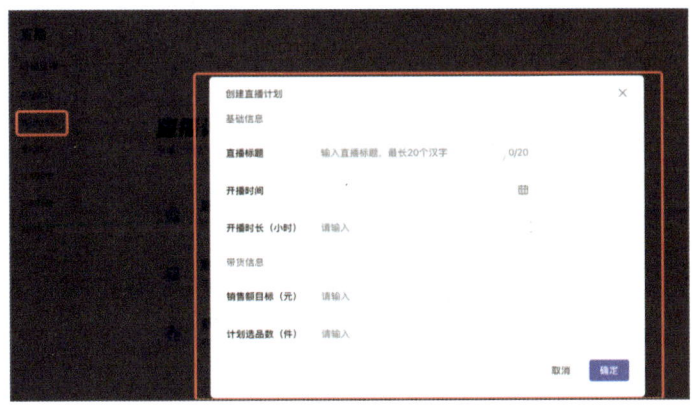

图 2-12

完成直播账号建立之后，可以通过后台设置直播间专属功能，如抽奖、专属优惠券等，操作简单，同时各平台也有官方的细节步骤教学，如图 2-13 和图 2-14 所示。

图 2-13

图 2-14

2.2.2 无货源选品

如果自身没有货源,可以通过平台提供的官方货源进行选品。

拥有 1000+ 粉丝后,点击"我"按钮,接着点击左上角三条杠,在"创作中心"中选择"买手合作"选项,再选择"选品中心"选项,如图 2-15 和图 2-16 所示,就可以开始短视频挂车或者直播带货。

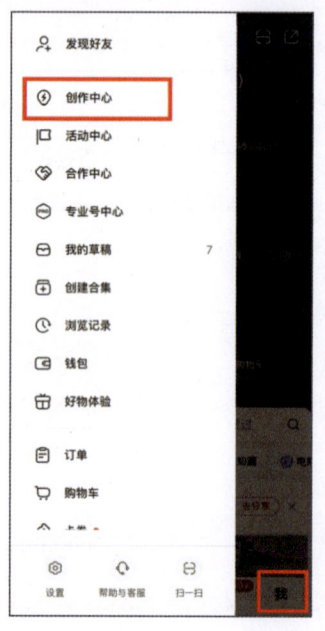 

图 2-15

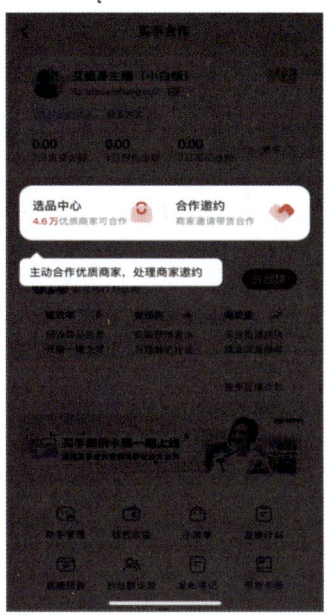

图 2-16

各电商平台的选品中心都有非常细分的产品类目，如图 2-17 所示。

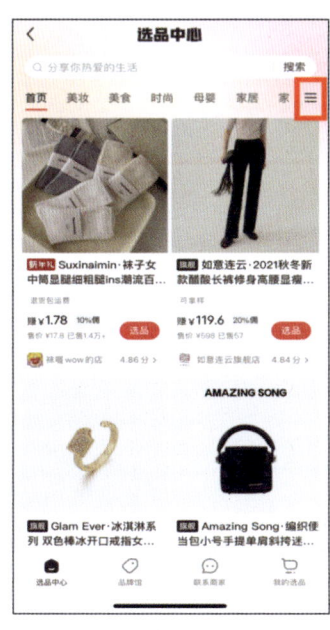
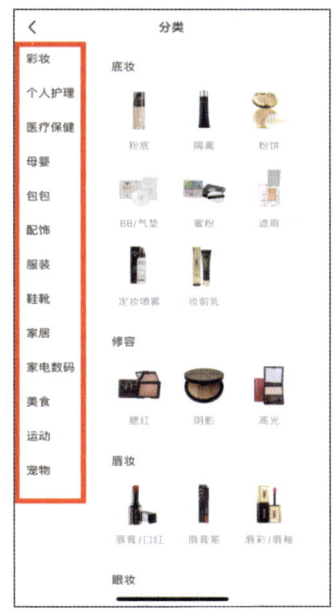

图 2-17

在选品上，有以下三个重点。

1. 人群属性及消费能力匹配，定位目标人群

同为护肤美容类产品，家用电子美容仪和小型美容仪的受众群体完全不一样，小型美容仪的购买者大多为普通上班族或者大学生；价格将近 5 位数的家用型美容仪则更多是有消费能力的中年女性购买，同时仪器本身也会更大、更占空间。在人群定位的同时，选择与自己的直播背景、自己的长相气质、账号调性更为贴合的产品，会事半功倍。

2. 选择靠谱的商家

比起佣金的高低，商家的服务分及售后很重要。用户因为相信你而选择了该产品，那么当该产品出现问题时，用户也会有很大概率直接来找你。售后环节是新店及低分店铺较容易出现问题的环节，尽可能与商家提前沟通好售后标准及细节。

3. 尝试建联，争取额外福利

佣金的幅度及产品赠品、机制，可以与商家沟通后调整。一般情况下，会有目标协议，例如卖出多少货，商家端补贴相应的赠品或者额外的优惠机制等。

大部分用户对于产品的价格和赠品是较为敏感的，如果能拿到头部博主机制或者破价福利机制，直播间的流量及成交率都会有大幅提升。

新博主前期可以通过少拿佣金的方式，与商家沟通更多的福利。

第 3 章　新人主播的直播前准备

　　无论是自播的商家还是主播,都要尽可能重视每一场直播,特别是起号阶段的直播。

　　直播带货和短视频带货的不同之处在于,如果一篇笔记或者短视频的播放量不行,我们可以再准备下一篇;但直播,每一场数据都会在一定程度上影响下一场数据,场场关联。

　　开播前的准备至关重要。

3.1 建立正确的直播间认知

在真正开始直播之前，我们需要建立一些关于直播间最基础的认知。

3.1.1 主播是直播间成败的关键吗

你认为一个直播间没有人气，卖不出去东西，主播占到多少因素？

其实并不是主播的个人能力很强，就一定能卖得出去东西。由于平台的比价机制、大数据推送等原因的影响，如今直播行业更比拼全方位的竞争。

一个完整的直播间，需要中控、场控、助播、运营、策划、主播、投手、货品管理员、直播间搭建团队以及短视频拍摄团队，如果是自营店铺，还需要一个售后团队。

- 中控负责直播间的跟播，在开播过程中根据直播间的策略进行后台操作，例如上下架链接、商品的弹窗、营销工具的实时使用等，如图 3-1 和图 3-2 所示。

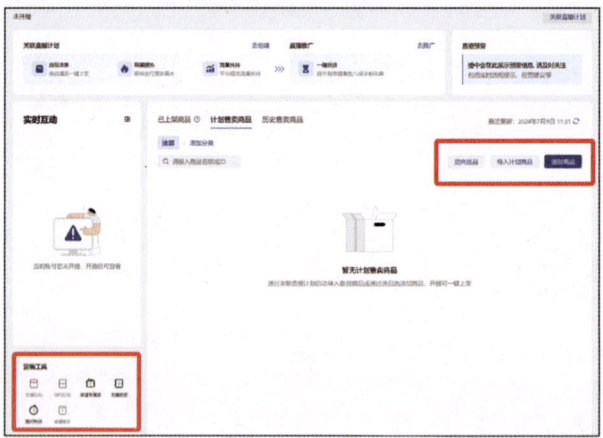

图 3-1

图 3-2

- 场控负责维护直播间的氛围，例如主播上厕所或者状态不好、喝水等期间，都需要场控来衔接直播间氛围。助播负责协助主播的所有事宜，包括递品、接话、帮主播垫词等琐碎的事务，助播有时候也需要作为副播代替主播上播。
- 运营是把握全局的角色，通过直播间的数据情况，对直播间进行调整，下播以后对所有岗位进行分析复盘，并且要对最终盈利情况负责。
- 策划负责给整个直播间做内容支持，如618、"双11"等年度大厂的主题策划，同时也需要跟客户对接方案，一般是存在于直播代理公司。
- 主播负责上播工作，对产品进行实时的讲解和售卖。
- 投手是专门负责直播间付费流量投放的人员，好的投手能够提升投放效率，前提是直播间有相应的承接能力，再好的投手也没有办法做到强迫用户在直播间下单。
- 货品管理员常见于做服装等SKU（Stock Keeping Unit，一个产品最小的出库单位）较多的品类，通常全品类的达人团队，也有自己的货品管理和选品团队，专门去对接不同品牌的SKU。
- 直播间搭建团队负责直播间的置景、灯光、收声等视觉、声音效果，让直播间整体效果处于最佳状态。
- 短视频拍摄团队负责为账号调性输出相应的内容，以及为投流部门产出投流视频。
- 售后团队负责产品所有售后、发货、出入库的工作。

直播间的人数越少，剩余的人员需要承担的工作就越多。

越是精简的团队，对于人员能力的需求就越高，确实存在单打独斗式做出成绩的个人，但这并不意味着直播间就不需要投流、不需要高质量的场景搭建、不需要做直播间的策划和货盘管理，该做的内容还是一样要做。

回到刚开始的问题，直播间的成败，主播到底占多少因素？

主播是一个必须要做好的基础岗位，但并非主播做好就一定能爆量。直播间的人、货、场，三者是缺一不可的。

3.1.2 直播间三大错误认知

（1）直播前不做内容上的准备

直播前，主播需要准备好每个产品的话术框架。如果对产品较为了解，对于自己的话术能力比较有自信，可以做成基础手卡的形式，如图3-3和图3-4所示，通过电视大屏或者平板电脑，展示在自己能看到的地方，当成自己的"提词器"。

图 3-3

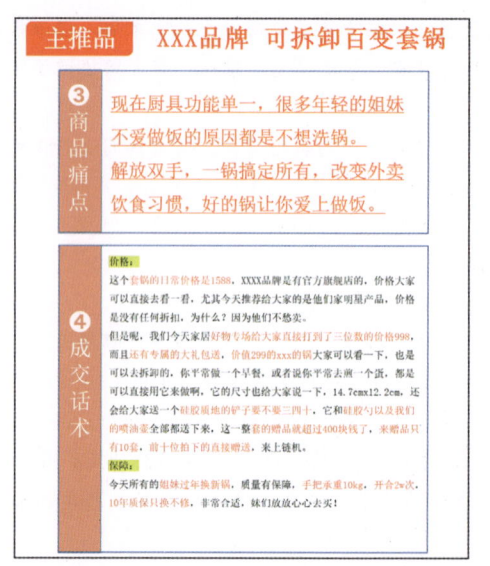

主推品　　XXX品牌　可拆卸百变套锅

③ 商品痛点

现在厨具功能单一，很多年轻的姐妹不爱做饭的原因都是不想洗锅。
解放双手，一锅搞定所有，改变外卖饮食习惯，好的锅让你爱上做饭。

④ 成交话术

价格：
这个套锅的日常价格是1588，XXX品牌是有官方旗舰店的，价格大家可以直接去看一看，尤其今天推荐给大家的是他们家明星产品，价格是没有任何折扣，为什么？因为他们不贵卖。
但是呢，我们今天家居专场给大家直接打到了三位数的价格998，而且还有专场的大礼包哦，价值299的xxx的锅大家可以看一下，也是可以去拆卸的，你平常做一个早餐，或者说你平常去买一个菜，都是可以直接用它来做啊，它的尺寸也给大家说一下，14.7cmx12.2cm，还会给大家送一个硅胶质地的铲子等不等三四个，它和硅胶勺以及是我们的喷油壶全部都送下来，这一整套的赠品就超过400块钱了，来赠品只有10份，前十位拍下的直播赠送，来上链接。

保障：
今天所有的姐妹过年换新锅，质量有保障，手把承重10kg，开合2w次，10年质保只换不修，非常合适，妹们放放心心去买！

图 3-4

（2）不准备运营玩法

在直播前，需要提前规划好本场直播的销售节奏。

直播间的产品售卖分为两种形式：平播和利用平台工具制造营销氛围的售卖方式。

大多数直播间在用的直播方式就是平播。

平播是指在整个直播过程中，产品的价格已经改好，不需要做任何变动，用户看中哪件商品，即可直接在直播间下单。

平播的优势很明显，没有复杂的直播间套路，主播主要的工作就是围绕产品去输出，比较适合新人或者没有运营团队配合的主播。

平播大多会出现在买手型直播间和搜索电商平台的直播间，如笔者的学员之一——拿铁小圆子，如图 3-5 所示。她是一名非常优秀的家居、生活分享类博主，她的账号内容本身就有独特的个人审美和家居风格，吸引来的粉丝对于博主本人的眼光及审美认可度很高。在这种情况下，博主在直播间即使没有讲到某一件产品，粉丝也会因为对于博主的信任而选择下单。

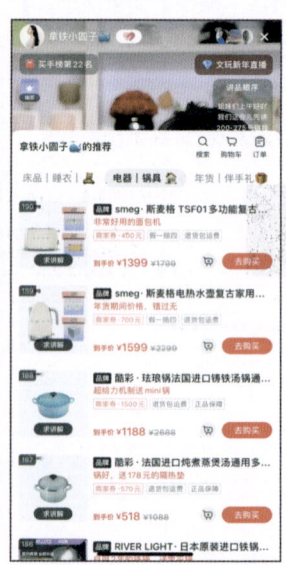

图 3-5

平播更适合有一定个人影响力的博主或者是品牌。平播更多的重点在于承接流量，如何把自己已有的流量转接住。如果本身就是新号，想要以所有链接开好价格的平播方式去直播，那在产品和场景上就必须有一定优势，否则在激烈的直播市场中，平播是不占优势的。

这时需要提前考虑，是否需要利用平台工具去营造营销氛围。

可以利用后台的上下架链接功能，如图3-6所示，去增加产品的稀缺感。主播讲品时，商品不上架，主播准备开价了，商品才上架，行业内也称为"憋单"，就是把产品链接通过平台工具，设置为不可购买的状态，直到有足够的用户提供了更多的直播间数据后，再真正放开这个产品的购买权限。在这个过程中，也极易造成用户失去耐心而提前离场的情况，所以该技巧会要求主播拥有更高的"控场"能力，知道如何在合适的时间截点、放单、控单。各平台对于"憋单"的规范不同，需要提前确认违规细节。以抖音平台为例，规范的憋单，需要明确告诉用户你正在讲解的产品、放单的具体时间、具体价格、具体数量。

图 3-6

还可以利用后台的"闪拍""闪购"功能，如图3-7所示，去做一对一、点对点的销售动作，去增加每一个用户的购物体验，更适合产品有一定特点的直播间，例如贵重的玉器珠宝、高端盆景、单独定制的手工制品等。

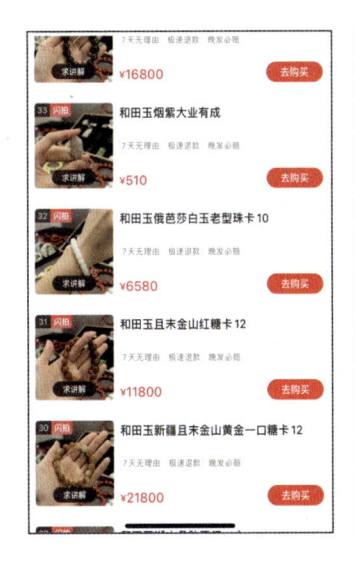

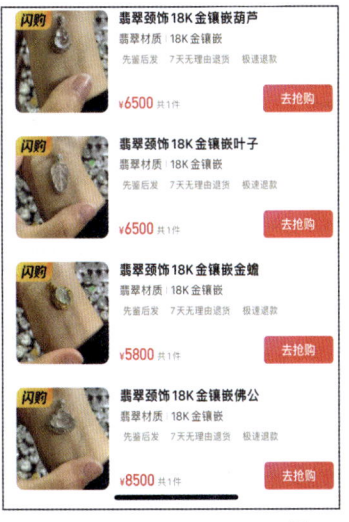

图 3-7

（3）盲目坚持

直播比其他任何行业都更怕"假努力"，因为数据不会骗人。

如果发现直播间 3~5 天都处于流量下滑的趋势中，甚至各项数据都已经到达谷底了，这个时候一味地上播、一味地拉长直播间的上播时间，反而会让账号越来越差。

数据不好的核心调整动作是，先进行直播复盘，找到问题的关键：到底是商品本身没有竞争力？还是主播状态、话术不过关？又或者是直播间场景不吸引人？带着修改后的规划和动作，去直播间实践，再观察数据是否有变化。

在复盘中，尝试找到直播间的问题，然后解决问题、不断调整，才是长久能在直播行业做出成绩的关键。

3.2　主播播前准备

对直播有了一定的认知后，本节为读者介绍主播在正式上播前必须要做的准备有哪些。

3.2.1　主播必须了解的违禁规则

在直播过程中，进行不符合规范的表达或者行为都会被平台提醒或处罚，处罚一般以扣除信用分的方式为主。

直播间轻度的违规举动，通常只会弹窗提醒，并不会对直播间造成影响。但如果直播间频繁违规或违规情节较重，轻则影响直播间流量，重则会限制直播功能，再严重也可能会有封号和封店的处罚。

1. 广告法违禁词

广告法是由国家颁布的一系列法律法规，旨在规范广告活动，保护消费者的合法权益。所有的电商平台都受到广告法的约束，扫描右侧二维码为整理归纳出来的部分违禁词，可以作为参考。

2. 平台违禁行为

广告违禁词

规避了最基础的广告法违禁词后，还需要了解不同平台的违禁行为，每个平台的审核规范都不一样。

所有平台的新规、直播间的违禁行为，都会第一时间更新在对应平台的官方网页中。

以抖音直播间为例，抖音平台的电商规则可以直接百度搜索"抖音电商学习中心"，接着在顶部搜索栏搜索相应赛道直播间违禁行为，如图 3-8 所示，即可获得该赛道所有的违禁内容。

图 3-8

图 3-8（续）

建议所有新人在做抖音直播前，都提前去搜索图 3-9 和图 3-10 所示内容，看一下官方平台整理的平台不支持、不允许的直播违禁行为。

图 3-9

图 3-10

图 3-10（续）

通过商家千帆后台进入小红书电商学习中心，就能查看平台相应的直播违禁行为，如图 3-11 和图 3-12 所示。

图 3-11

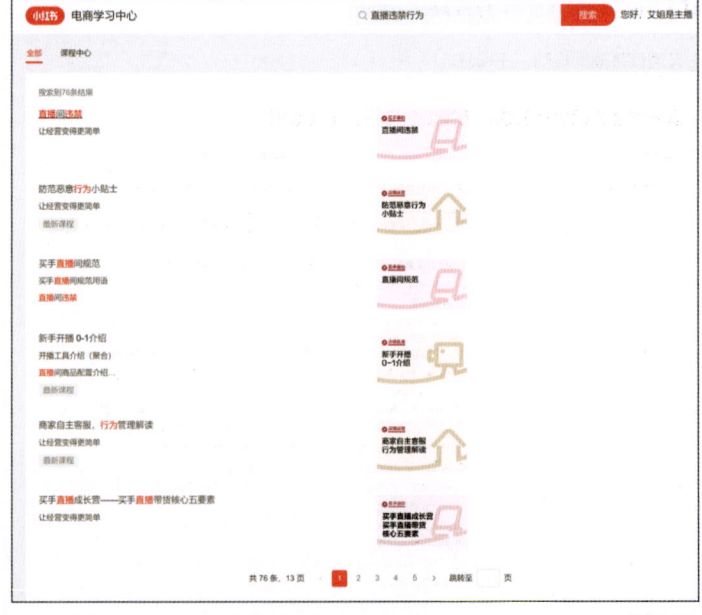

图 3-12

如果是个人买手型直播间，也可以通过手机端查看平台直播规则，从主页点击"我"按钮，接着点击左上角三条杠，在"创作服务"选择"主播中心"选项，找到"常用服务"中的"直播协议"，如图 3-13 所示。

图 3-13

3.2.2 如何克服"镜头羞耻感"

新人主播上播前，通常会有镜头羞耻感，第一次面对镜头时，会变得手足无措，这些都是正常现象，没有人能做到第一次上镜就非常有"镜头感"，所有镜头前的自然表达，都是后天训练出来的，我们需要克服的是自己内心的恐惧与不适应。

1. 找到恐惧的来源，直面它

找到自己恐惧镜头的根源才能更好、更快地适应直播和镜头前的表达。

大多数人恐惧的根源大多为以下四个原因。

（1）对长相的不自信

可能很多新人认为颜值高的主播在直播行业会更吃香，其实这个认知不完全准确；颜值高在一些高门槛、高竞争的赛道确实会有优势，例如服装、美妆赛道的头部直播公司，确实对长相、身材会有所要求，但是除此以外的大部分赛道看的是直播专业能力，销售岗位并不由长相决定业绩，所以对于长相的忧虑是完全不必要的。

（2）对直播营销方式的不认可

很多人其实本身对于直播是不认可的态度，自己平时就不喜欢看直播，觉得直播"强迫式购物""推销感太重"等，所以自己直播时就想通过"安安静静地讲品、聊天式地介绍，就把产品推销出去，用户愿意买就买不愿意买也没关系"的方式去带货，最后的结果就是，明明账号的粉丝数非常多，但是一场直播的销售额只有几百、几千元。

其实，这里有一个误区，"聊天式、分享式"的卖货形式本身没有问题，但是这并不代表我们不需要注重营销，不去推销产品。

如果我们对于直播没有销售额上的追求，无论是只卖 100 元，还是卖 100 万元都觉得可以接受，那确实可以只聊天、只分享，大家买不买随意。

但是如果自己本身对于直播的目的还是赚钱,还是想要把产品卖出去,那么营销就是必须要具备的属性。

(3)对镜头的不适应

更多新人对于直播的恐惧,还是来源于不熟悉镜头。

不知道在镜头前应该说什么、做什么,或者由于紧张,大脑一片空白,说不出话来。

这种其实是最容易解决的,只需要增加自己对于镜头的熟悉度就可以。

可以建一个自己专属的直播小号,每天用小号练习自己对于镜头的熟悉度。

或者每天坚持一个小练习,把你今天在生活中遇到的某个好吃的、好用的物品,尝试着用手机录像功能,录一段你对它的感想,包括你觉得它哪里好、什么样的人需要它、它的价格是怎样的等,用自己的语言描述出来,尽可能还原自己自然流畅的说话状态。

录完以后,可以把录屏发给你身边亲近的人,让他们感受一下,看完你的讲述,是否对这个产品有购买兴趣。

每天练习 5 分钟,练习一个月,对于镜头的不适应感就会大大改善。

具体更加详细的练习方式,可观看本书附赠视频,如图 3-14 所示,里面完整地介绍了练习的要点。

图 3-14

(4)害怕失败

新人主播必须接受一个事实:刚开始上播时,不太会有好的成绩。

当我们开播,直播间没有人、对着空气讲话好几个小时;没有任何人互动,不管你怎么说话,用户就是不理你;你回看自己的上播录屏,感觉自己像个傻子,话也说不利索,根本没有逻辑,人还特别僵硬等,以上都太正常不过了。

一开始的失败是一定的。没有任何一件事情,是开始一定会成功的。但是如果要拿到一个好结果,一定是要经历无数次的努力和尝试。

你自己在意的小细节:我长得不好看,我有口音,我有这么多缺点,其实大部分的用户都不会在意。如果你现在正处于比较强烈的"害怕失败"恐惧之中,可观看本书附赠视频,如图 3-15 所示,或许能够更好地帮助你缓解这种情绪。

上播时,永远相信自己;下播后,再努力把不足补齐。

2. 培养自信的步骤

解决了恐惧点后,还需要培养自己的自信。上播时,主播所有的气质、气场、控场能力,都源于自信。

自信建立的底层逻辑其实是,不断地在一件事情上取得正反馈。

直播间数据不好是由多方面的原因共同造成的,但是新人主播往往没有运营逻辑,看不到直播间的核心问题的同时,又接触了大量负面的"结果",就会导致最终心态受到影响。

对于主播来说,必须要时刻保持正面的心态。

接下来介绍保持正面心态的方法。

- 脱敏练习

从今天开始,只专注于自身的想法,对于别人的评价和行为,可以在内心跟自己说:他说的、他做的,是他自我认知的体现,跟我并无关系。

无论好的或坏的评价,都要保持平淡的心态,理性看待,复盘好的,改进不好的即可。

- 差评预设

上播前,预设好所有最坏情况的发生,并允许所有最坏情况的发生。

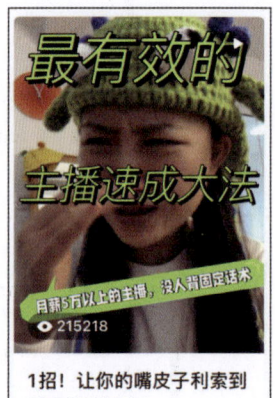

图 3-15

关于产品类的攻击，要提前去演练相关的话术。

例如：

你这个东西质量太差了。可以用负责任的售后态度去应对。

你东西太贵了。可以用塑造价值感、告诉用户贵有贵的道理的方式应对。

在上播前，做好产品功课，提前去搜集关于产品的差评情况，提前想好差评应对的方式。

关于人身方面的攻击，例如"主播真丑啊，就这样也好意思上播。"如果是播品牌方旗舰店账号，我们代表的是品牌的形象，要在品牌方允许的程度范围内进行回应，切记不可冷嘲热讽，直接回应。如果是自己的账号，可以在不违反平台相关直播规范的情况下，进行适当的回应。如果销售数据不错，其他用户也没有被影响，那也可以直接拖黑无视。

回应方式可以参考以下内容。

"每个人的长相都是天生的，无论长相如何，都可以活出自己的精彩，如果说长得很漂亮，心肠却很丑陋的，以此来欺负他人，那我宁可不要；这个观念，也不符合咱们XXX品牌的一贯理念，每个人都有绽放美丽的权利，这才是我们的标语，如果每个人的美丑都只靠外表去评定，那世界该有多无趣呢。"

注意，要和自己的产品有结合点，回应的同时，也是很好的吸粉或者做产品转化的机会。

- 置身事外

上播前，可以给自己取个艺名，例如coco、小美、琳达，叫什么都行。

每次上播时，可以告诉自己，所有的负评也好、针对你的话也好、你的数据很烂也好，都是coco应该去面对的事情，工作时你就是coco；不工作时，充其量就是coco的经纪人。没必要让生活与工作紧密相融。

- 职业操守

主播行业，对从业者的心理承受能力有较高的要求，既然决定做这个行业相关的工作，就必须以高抗压能力来要求自己，这属于基础的职业操守，要以行业来要求自己。当你只是拿抖音当作日常朋友圈去经营时，当然可以只会最基础的剪辑，没有排版，不在意审美，按照自己的想法去发布，但是一旦把发抖音当成一份工作去做，那必然要提升自己的剪辑能力、文案能力、内容创作能力。

做直播也是一样的，提升内心的抗击打能力，也是提升基础能力的一个环节。

有好的心态，才更能在直播这个繁杂的市场走得更为长远。

3.3 播前 SOP

新号开播的每一场直播间数据都很关键，因为直播间的数据是场场关联的，所以为了能让新号直播间更高效地开始直播，所有成熟的直播间在开播前，都会有一套属于自己直播间的详细开播前SOP（Standard Operating Procedure，标准作业程序，指将某一事件的标准操作步骤和要求以统一的格式描述出来，用于指导和规范日常的工作）。

3.3.1 主播岗开播前 SOP

为了方便大家更好地理解，接下来以表格形式呈现主播岗的播前SOP，如表3-1所示。

表 3-1

时间	具体工作内容	子任务
开播前（1~5天）	产品培训，违禁内容培训	熟练掌握产品所有卖点和基础信息，同时了解该赛道、该平台所有违禁内容，注意规避

续表

时间	具体工作内容	子任务
开播前 （1~5 天）	直播间培训	规划所有产品的组合、价格机制和直播间运营流程。例如，买赠机制是什么样的？平台有没有满减叠加活动？直播间有没有设置购物券？有没有积分活动？每个品要讲多久
	话术准备 （框架型话术+逐字稿话术）	成熟主播准备直播框架； 新人主播建议准备不同板块逐字话术，包括开场+福利+产品+成交+控场+人设话术等
	定风格、定妆	根据直播间的售卖风格、装修风格、氛围风格去做妆容和服装的搭配，保证自己的风格和直播间及产品风格相融
	直播肢体动作练习	如果是服装等需要全身出镜的类目，则需要提前练熟二三组展示服装的肢体动作，可去自媒体平台搜索"服装全身拍照"等关键词
	配合实操练习	提前用小号开播进行模拟演练，根据直播间运营流程去练习自己的话术节奏，熟悉讲品节奏和放单节奏
	实战配合	1. 提前与中场控演练直播间需要配合的环节； 2. 提前熟悉直播间道具的位置摆放及使用频率。一般坐播都会有传菜铃、鼓掌拍手器等道具，大部分直播间都会用到产品 KT 板，提前熟悉各项道具功能及出现频率
	话术每周更新	每周根据不同的节日、市场趋势、流行热梗去更新自己的话术细节
	对标竞品账号	了解竞品直播间的基础情况，实时跟进行业最新动态，取其精华去其糟粕
开播前 （30 分钟）	准备好"小抄"： 1. 把自己薄弱的点记录在纸上，贴在镜头前。例如，经常容易违规的主播，可以贴高频违禁词；逻辑容易乱的，可以贴自己的话术框架；不爱看镜头的，可以贴上看镜头的提示；产品信息记不住的，可以贴产品信息。 2. 提前确认直播间玩法、福利、活动，以及商品的各种价格组合机制、库存件数等
开播前 （30 分钟）	做好个人准备： 1. 开播前尽量不喝太多水，大部分直播间需要主播连播 3 小时左右，偶尔去一次厕所没关系，但尽量做到不要频繁在上播期间离开直播间； 2. 准备好大杯茶水、纸巾，女主播还需要准备好粉饼及口红，以免出现需要补妆的情况； 3. 上下播前后时间段，嗓子尽量不接触高刺激环境，例如烟、酒、辣椒、冰水等； 4. 可以适当饮用润喉茶或使用一些喉咙保护型产品，日常喉咙的养护要比喉咙过度使用后再去保护强得多
	提前进入开播状态： 尽量不要上播以后再找状态，主播提前 15 分钟开始进入直播状态，模拟上播环境，通过手机录屏练习或话术内容演练，能极大提升交接班时的上播状态

3.3.2 直播间运营开播 SOP

对于主播来说，还需要了解直播间整体的开播 SOP，以帮助自己更好地完成上播动作。

品牌型直播间开播前的 SOP 如表 3-2 所示。

表 3-2

时间	具体工作内容	子任务
开播前	直播间运营方案落地	直播间流程，直播间主体方案，主播，直播间视觉效果对接
	直播间话术确认	不同板块逐字话术准备（开场 + 福利 + 产品话术：介绍、开价、比价、促单）
	直播间主播资源库	确定主播上播人选
	直播间工作人员确定	1. 各岗位人数确定；2. 各岗位要求准则
	直播间场景搭建	1. 直播间虚拟效果方案呈现 2. 直播间落地搭建、装修工期确认 3. 实地效果确认 4. 完善上镜效果
	直播间设备准备	统计设备数量：灯、麦克风、电视、摄影机等
	直播间样品	1. 桌面摆台样品；2. 活动福利品样品
	直播间道具准备	手卡、道具、主播服饰、桌面摆台
	直播间视觉效果落地	开播前确认（直播背景、录播呈现画面、直播间手卡、直播间贴片、主播造型）
	直播间视频/图片准备	提前准备好账号短视频以及投放端短视频
	其他视频	直播预热视频
	同步主播直播脚本	团队内部（主播，运营）确认流程
	运营内部彩排	1. 提前培训 + 小号试播；2. 内部跑通流程
	上播前确认 （主播培训 + 预演）	所有链接提前测试，并核对价格、机制、商品详情页等细节信息； 播前半小时录视频测试； 突发状况做备案； 主播和运营玩法磨合
开播中	讲解弹窗	
	官方回复（正在讲品/活动预告）	
开播中	实时记录直播间福利发放及用户领取情况	
	配合主播互动，例如加/报库存等	
	周期性进行截图数据记录，以方便下播后在重要时间节点进行复盘	
	及时记录流量异常时段/转化高峰时段/单个 SKU 售卖高峰，根据数据情况实时引领主播讲解节奏	
	游客回复控评	
	实时关注直播画面美观	
直播后	及时复盘	

3.3.3 开播前道具准备 SOP

直播间道具准备是非常重要、同时又容易忽视的一个环节。

直播间主播干巴巴地说一万句话术，不如直接让用户眼见为实，真正"看到"。道具准备的得当，对于直播间能有看得见的数据变化。所以，每一个直播间，都需要提前准备好道具的使用，不要小瞧道具的作用。

一般道具分 3 大类。

（1）证明类道具

• **材质／成分证明**：如果直播间产品有一定材质优势，如 90% 以上的桑蚕丝、纯牛皮的材质、鹅绒填充等，可以将这些能够证明材质真实性的检测报告提交给平台后，打印成 KT 板（一种由聚苯乙烯颗粒经过发泡生成的板材，可直接在板上丝网印刷、油漆、喷绘等，广泛用于广告展示促销、飞机航模、建筑装饰、文化艺术及包装等方面）的形式，在直播间展示。原材料的品质、衣服的耐磨程度，都可以通过道具的方式展示出来，如图 3-16 所示。

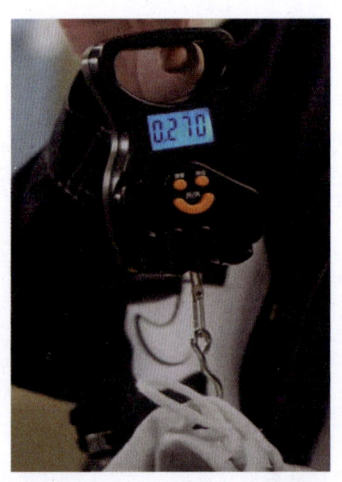

成分、材质打印成 KT 板图例　　超轻材质，用克数称证明图例　　鹅绒填充，进行实物展示图例

图 3-16

• **专利／效果／排名证明**：如果产品有一些特别的技术或专利认证，或者有一些经过实验认证过的效果、被平台认可的排名等，也可以将报告上传至平台，在平台审核过后就可以在直播间进行讲解，同时也可以以 KT 板的形式来呈现，会更加清晰直观，如图 3-17 所示。

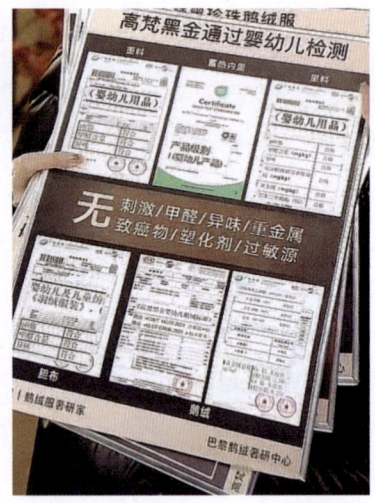

图 3-17

• **产品质量证明**：如果产品材料原产地特别厉害，如纯野生放养的畜牧，可以将其生长环境拍摄成图，在直播间进行展示；如果同行业经常出现短斤少两的情况，你对自己产品的份量非常有自信，也可以通过现场拆箱、准备克数称重的方式去证明产品品质，如图 3-18 所示；或者你的产品甜度很高，可以通过甜度测试仪现场测产品的甜度，会更加有信服力，如图 3-19 所示。

图 3-18　　　　　　　　　　　　　　　　　　　　图 3-19

（2）对比类

• 材质对比：行业内使用的材料、原料都是什么样的，而你的产品又是什么样的，用直观的方式告诉用户你的产品就是比同行业的要好。

• 规格对比：如果是多 SKU、多产品的组合装，市面上规格也参差不齐的产品，可以将大小、重量等规格信息直接做成道具展示的形式。如图 3-20 所示，把不同规格大小的车厘子，用尺子量出大小，并放在一起展示，就能非常直观地表现出自己商品的优势。

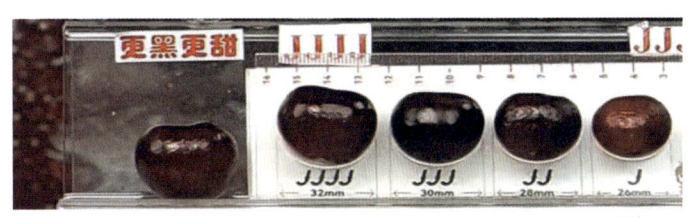

图 3-20

• 价格对比：其余平台或者线下门店、零售价格是多少，而你的价格又便宜了多少？可以把你要对比的价格，它的出处在哪里展示出来，如图 3-21 所示。

图 3-21

注意：带有功能性的效果对比类展示，多数平台会判定为违规。例如直接展示满脸痘印的脸颊细节照片和另一张光滑细腻的脸颊细节照片，放在一起进行对比，非常容易违规。

（3）氛围类

• 节奏氛围：上福利、做活动时，可以用秒表或者计时器来增加整体福利的节奏感。

- 福利氛围：直播间常用道具为传菜铃、鼓掌拍手器、礼花筒。
- 数据氛围：需要用户去操作的动作，类似关注、加粉丝团、点开购物车，都可以做成KT板或者拿手机进行现场引导，尺码信息等也可以用实物道具的方式呈现出来，如图3-22所示。

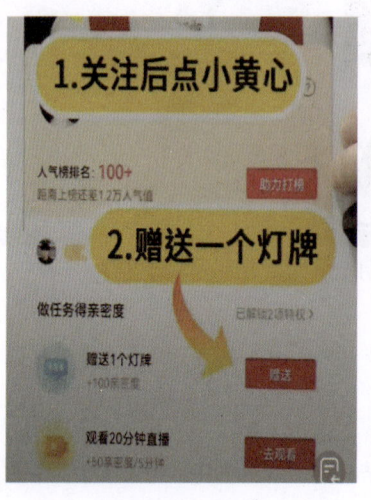

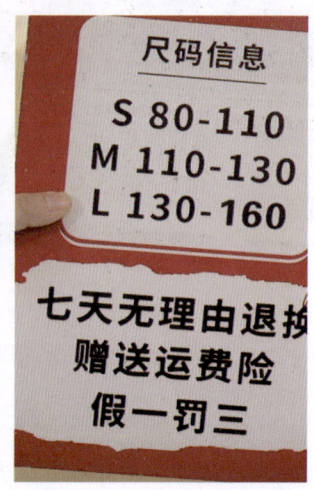

图 3-22

可以根据不同的情况去做好直播前的SOP，每一个环节流程化，可以增加我们的工作效率，并且后续在复盘找问题时，也能进一步提升直播间质量。千万别以准备不充分的姿态去开启每一场直播。

第 4 章　主播基础话术能力

话术能力对于直播主播而言,是最基本也是至关重要的技能。

如果你不知道如何从 0 开始写话术,或者常常觉得自己的话术过于普通,本章将介绍话术的基础逻辑,以及合格、优秀的直播话术是如何被写出来的。

4.1 如何深度了解产品和挖掘卖点

足够了解产品，是写出优秀话术的第一步。

作为"销售者"，必须对自己的产品如数家珍、了如指掌，了解产品的任何细节。

为什么很多起量的直播间都是"老板、老板娘"型人设的主播？并非是这个人设本身有多大的光环，而是真正的老板、老板娘，他们比任何人都要更了解自己产品的卖点，他们对于自身产品的信任，往往是能够打动用户的。

本节介绍如何深度了解产品和挖掘卖点。

4.1.1 产品信息的归纳与总结

1. 原料、材质、成分、产地

- 你的产品是由什么原料制成的？这种原料本身有哪些特殊性？
- 你的产品材质如何？这种材质有什么样的特点？
- 你的产品还有哪些其他成分？它们都分别有什么作用？这种成分配比有什么讲究？
- 你的产品出自于哪里，原产地有什么特点？
- 同行或同类型产品的原料跟你的产品的原料、材质、成分，是否有不一样的地方？

在探究产品成分的过程中，不仅要知道自己产品的原料信息，还需要详细了解每一种原料的特点，这一步是拉开主播话术质量差别的核心点。

没有接触过服装行业的主播，去形容产品的材质，都会用"很舒服""很透气"这类信息量非常少且没有竞争力的话术，真正接触过行业或者提前做过功课的主播则能详细地描述出产品材料方面的优劣势，如表 4-1 所示。

表 4-1

	普通话术	优质话术
服装类	我们这件衣服是三醋酸的，很高级的一个面料，而且特别贵，懂行的都知道的哈，这种面料穿起来很舒服、很透气、吸湿性特别强	我们这件衣服，是使用的三醋酸面料，相当于醋酸面料中的天花板了，三醋酸优点是有真丝的光泽和质感的同时，更加抗皱、耐用、耐高温，但是这种面料是被垄断的，像做我们这一条长裙，起码要用到 2m 的料子，一米面料进货价是 150 元，光是原料成本这一条就是 300 元，如果你们市面上买的三醋酸的长裙低于 500 元，它都不可能是三醋酸的
	我们这件衣服是棉加氨纶的材料，穿起来很舒服、很亲肤	我们这件衣服特意没有做 100% 的棉，而是往里面加了一些氨纶，氨纶的特点就是弹力特别大，合在棉的面料里，舒服透气的同时，也可以达到更加宽松的版型效果。这就是为什么我们家这件 T 恤更适合稍微有点肉肉的姐妹的原因，它不会那么紧紧地贴在身上

只说出基础的产品信息量是不够的，还要能说出这个信息背后所蕴含的意义。对于产品的研究，凡事多问"为什么"。

- 为什么它要用这个原料？
- 为什么它要用这个配比？
- 为什么产自某个地方的原料就会更受欢迎？

为什么这个原料会这么贵？

......

所谓优质话术，优质的点是基于对产品、行业的深入了解程度。

注意，此处只是进行卖点的罗列，不同平台的直播规范都不相同。很多涉及面料、成分的内容，都属于违禁词，在上播之前，要提前去做违禁词的筛选，或者提前递交相应的检测报告给平台方进行审核。

2. 设计

- 你的产品视觉上有哪些特点？
- 你的产品颜色、形状、触感、包装上，有哪些特点？
- 你的产品款式、型号上，做了哪些巧思或者升级？
- 你的产品和同类型其他产品比，有哪些不一样的"视觉效果"？
- 你的产品有哪些设计或者视觉上的小细节？

例如，"我们家的食品封口袋非常难撕，那是因为好撕开的封口袋容易漏气、胀包，所以我们特意选择了加厚版的包装外壳，虽然难撕开，但是食品长途运输的品质能够保证下来。"

百货类：手提包的拉链和扣环都采用不锈钢材料，而不是塑料拉链。

服装类：同样是国风样式的衣服，别家是普通纽扣，但是我们家做成了玉石扣。

如果你的产品是非标品、是高客单、是非硬性生活必需品，例如服装、饰品、鞋靴箱包等，那么就越需要重视和深挖设计层面的差异性。

3. 功能

- 你的产品有哪些最基本的功能？使用后，能产生哪些效果？
- 你的产品功能，跟同类产品相比，有哪些差异性效果？有哪些差异化功能？
- 你的产品使用了哪些高端技术、设备来达到某种效果或者功能？

为了方便大家理解，以实际例子（如表4-2所示），来说明，把产品自身的功能以及优于行业的功能、技术、效果进行归纳总结。

表 4-2

产品	洗衣机
基本功能	• 高效清洁衣物； • 能保色、护色； • 10大模式，满足多种衣物的清洗需求； • 有定时预约功能； • 水压、电压不稳的情况下，依然能正常洗涤； • 低耗能，能效标识为1
差异化效果	• 清洁效率更高，因为内部采用菱形钻石切割面设计，相比传统洗衣机内壁，能增加衣服与内壁之间的摩擦力； • 能洗更多衣物，比传统内壁空间升级了56%； • 采用变频电机，静态情况下，更加节水和省电
差异化功能	• 冷水洗功能，高温洗衣服虽然洗得更干净，但是特殊材质的衣服用热水洗会缩水，鲜艳颜色的衣服会褪色；我们采用了三大水流功能，在洗衣机内部营造三种不同的水流方式，以更好地达到和热水洗衣相同的去污效果； • 超静音效果； • 免清洗功能，洗衣服的同时，也有高压水柱清洗内外筒壁

如果是功能性没有那么强的产品，如食品、服装等，可以从使用效果功能入手，如你的食品吃了之后有什么好处？你的服装穿上后，能带给人什么样的变化？

功能型卖点越多越好，可以把所有能想到的环节都记录下来。

但是卖点不能直接拿来使用，这样说出来的话术等于无聊的产品说明书。下节会讲述卖点到利益点的转化。

4.1.2 产品的附加价值属性

用户在购买产品时，除了关注产品自身的卖点之外，该产品的附加价值属性也很关键。

产品的附加价值一般分为以下三方面。

1. 售后和机制

- 你的产品，是否支持7天无理由和运费险？
- 你的产品，是否有额外的售后制度？
- 你的产品，有哪些会员专属福利？
- 你的产品，是否有专属定制化服务？
- 你的产品，有无额外的赠品或者满减机制？

博主或者品牌商家在产品售后这个环节，可以更多地考虑如何给到用户差异化的服务。例如笔者的学员之一，如图4-1所示，她是脱发、大健康赛道的深耕博主，粉丝在她的直播间购买产品，除了品牌方给予的售后机制以外，她还会额外给购买了产品的铁粉提供各种产品的使用说明，以及详细的生发指南等。

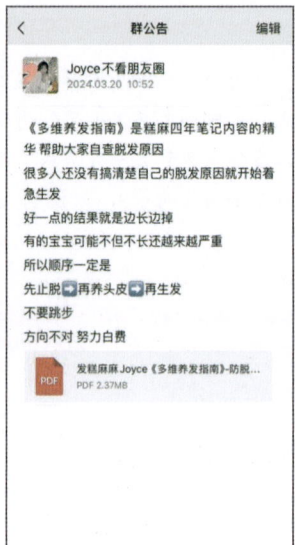

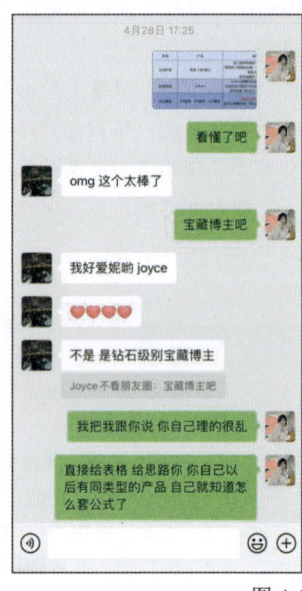

图4-1

很多床上用品或者香薰蜡烛的品牌方，会有30天晚安计划、晚安短信等定制化售后服务，给已经购买产品的顾客更深度的精神上的服务。

售后并不是仅仅指产品出了问题后，商家的应对措施，也可以是用户在购买产品后，卖家后续更深度的服务。

越是高价产品，就越需要注重售后的体验。

在专属定制化服务这一块，如果是差异性比较强的产品，也可以参照类似这种直播的定制化服务机制，如图4-2所示，产品当场制作，卖家现场挑选。文玩、珠宝、植物、文创产品、尾货孤品清仓等产品，都可以增加这种现场定制化服务的方式。

图 4-2

2. 品牌价值

• 你的产品有哪些客观数据背书？例如店铺评分多少？有多少粉丝、多少顾客、多少门店？卖出过多少份产品？线上销量是多少？好评率是多少？有多少顾客用了产品之后，有了什么样的变化？

• 你的产品有哪些品牌背书？例如明星代言、专利证书。

• 你的产品有哪些品牌故事？例如成立了多久？经历过几次升级、经历过多少次"生死战"后又活了下来？你的产品前世今生是什么样子的？品牌创始人有哪些故事？

在品牌这一块，除了一些客观背书的搜集，更多的目的是给予品牌"人性"的温度，让别人知道你的产品有哪些不一样的经历。

一个品牌曾经的努力、心酸史、艰难岁月，都是很好的奖章，是需要被大众所知道的。

用户更愿意记住品牌背后的故事，而不是记住一个冷冰冰的品牌本身。

例如，近几年几个兴起的国货品牌就是很好的案例，如图 4-3 所示，子承乳业、活力 28、鸿星尔克，每一个品牌，都伴随着一个故事、一份传承、一种信念。

图 4-3

一个好品牌，如果不会宣传、不会讲述自己的故事，在当下的时代，很难破圈。

3. 人设

作为主播，你有哪些资格来卖这些物品。例如，你是行业资深从业人员、你是创始人、你做了大量的功课、你本身就是这件产品的长期使用者等。

同时，你的形象、资质、资深的外形状态，也可以成为你的人设。

例如健身博主，卖健身器材，把曾经的照片贴在直播间，再展示现在自己的身材，就是人设最直接的一种体现方式。

例如美妆博主，本身自己是痘痘肌、易敏感肤质，在直播间展示自己"烂脸"状态下的上妆服帖效果，也是一种人设的体现方式。

重点在于，整理出我们有资格卖这件产品的原因，而原因越多，后续话术才能越有信服力。

卖货的匹配度很重要，一个外形普通、初入社会的大学生形象，比起卖奢侈品，可能更适合卖零食。

梳理自我人设的过程，也是衡量自我与产品匹配度的过程。

4.2 如何将卖点转变为利益点

并不是所有产品卖点都需要在直播间里进行大量讲解。

不同产品根据不同销售群体的区别，在卖点选择上也有很大的区别。

本节我们尝试将前面所有筛选出来的卖点做进一步优化。

4.2.1 卖点筛选

卖点的筛选上，应当基于3个分支的选择，如图4-4所示。

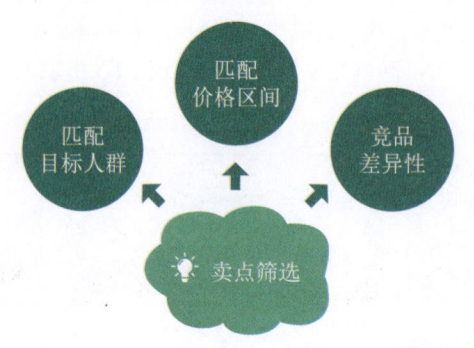

图 4-4

为了方便读者更好地理解，接下来直接以实例进行讲解。两台洗衣机，1299元的款和2999元的款，同样都是洗衣服的功能，但是在卖点选择中，就会有区别，如表4-3所示。

表 4-3

	1299 元洗衣机	2999 元洗衣机
基本功能	• 高效清洁衣物 ✓ • 能保色、护色 ✗ • 10 大模式，满足多种衣物的清洗需求 ✗ • 有定时预约功能 ✓ • 水压、电压不稳的情况下，依然能正常洗涤 ✓ • 低耗能，能效标识为 1 ✓	• 高效清洁衣物 ✗ • 能保色、护色 ✓ • 10 大模式，满足多种衣物的清洗需求 ✓ • 有定时预约功能 ✓ • 水压、电压不稳的情况下，依然能正常洗涤 ✗ • 低耗能，能效标识为 1 ✗

假设同样的卖点下，低价款主要的卖点关键词为高效清洁、功能稳定、低耗能。

而高端款的卖点关键词为保护衣物、满足不同的清洗需求。

比起高效清洁衣物，保护衣物和满足不同衣服的清洗需求，会更加受到高消费群体的青睐。因为清洁是一个很基础的功能，高端洗衣机如果一味地强调自己洗衣服有多干净，这个卖点就太过于基础了。

1. 匹配目标人群

在筛选卖点时，需要考虑自己的目标人群更在意哪些卖点，把目标用户更在意的卖点挑选出来，重点打磨；而用户不那么在意的卖点，一两句话简单概括即可。

2. 匹配价格区间

一条4位数的项链，如果主播高频重点描述这条项链有多么好搭配各种服装，这是不是一个好的卖点选择呢？

答案是否定的，虽然一条百搭、好看的饰品也是目标人群在意的卖点，但这个卖点本身不足以支持它的价格区间。

产品可以简单归为两个大类：高客单产品和低客单产品。

重点强调的是，高客单产品需要尽可能选择"溢价型卖点"进行话术呈现，因为用户是为了那一小部分的功能，而付出了成倍的金额。所以那一小部分的功能或体验，要足够好，才值得去重点打磨。笔者的学员之一是做高端饰品品牌的，新号就能上抖音的带货榜单，如图4-5所示；除了讲究产品的设计、21K金的材质之外，还有一个"不含0.1毫克有毒合金成分"的卖点，这个卖点会比普通的卖点更加深入；用户若只是为了好看，可以去买低价同款，但材料成分和检测报告是低价产品给予不了的。

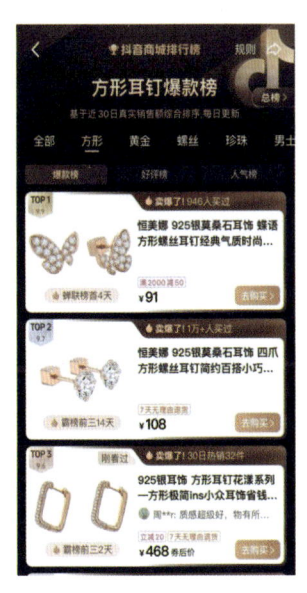

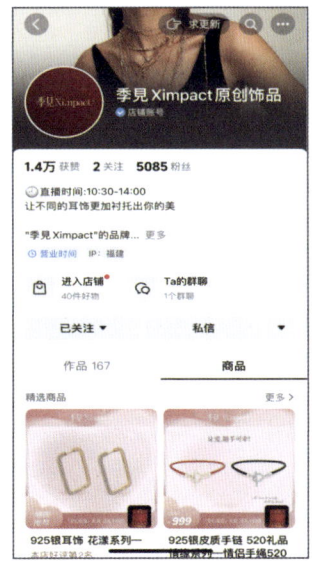

图 4-5

低客单产品则是要更加突出价格优势，挑选出能够全方位体现"性价比""质价比"的卖点。

3. 竞品差异性

在筛选卖点的过程中，还需要注意：要尽可能避免自己的卖点与高市场占有率同行"撞车"。例如笔者有一位学员专门售卖各类茶杯，主打可爱少女风格的设计，销量一直不好，而她对标的一个同行直播间，产品风格差不多，话术卖点也差不多，为什么她就卖不好呢？

原因就在于，如果你的产品，在市面上已经有做得非常好的同行了，甚至对方整个直播间的服化道、视觉效果、主播气质都要更完美的情况下，你再和对方保持一样的话术卖点，那用户是不太可能在你这儿下单的。

所有平台现在都是大数据推送的逻辑，当用户对某一个赛道、产品感兴趣时，不会只刷到某一家直播间、某一个账号，而是会多次刷到各种同类型的内容。

当我们的产品较为普通，且有大量竞品同行时，尽可能找到自己的独特卖点进行描述。如果产品信息上的卖点不能出彩，可以把重点放在产品的附加价值属性上。

4.2.2 卖点转换利益点

筛选完合适的卖点以后，接下来将卖点转变成合格的利益点。为什么卖点不能作为话术，直接在直播间进行呈现？

因为卖点本身和用户不产生直接利益关联，例如"**这件衣服是桑蚕丝的**"，桑蚕丝是原料型卖点没错，但是跟用户没有关系。

如果说"这件衣服是桑蚕丝的，这种天然的成分会比机器造出来的材料更透气、更轻薄，而且穿在身上皮肤也会感觉更加舒服"，就和用户产生了关联。

我们在呈现某一个卖点时，其实重点是在呈现这个卖点背后能给用户带来的"利益"，即告诉用户：你的产品有哪些对他们有利的优点。

为了让大家更好地理解利益点的转换，可以来尝试做下练习，如表4-4和表4-5所示，先看卖点，再想想如果是自己会如何将这些卖点转换成为优秀的利益点呢？

表 4-4

卖点
产品信息卖点
材料卖点： 1. 这件瑜伽服是尼龙和莱卡的面料组合
设计卖点： 2. 这个黑框眼镜，是方形的大框设计
功能卖点： 3. 我们家洗衣机是采用水魔方冷水洗的技术； 4. 卤味周黑鸭的包装全是锁鲜包装，全程冷链运输
附加价值型卖点：
售后 + 机制卖点： 5. 我们所有产品都支持 7 天无理由和运费险； 6. 我们今天 1 号链接还送额外两个小样
品牌价值 7. 我们店铺销量都已经 1W+ 了，是开了 5 年的品牌老店
人设 8. 我本人已经健身 5 年了

表 4-5

利益点
1. 这套瑜伽服的面料是 Lulu "同款面料"：尼龙 + 莱卡的组合，高弹力、高透气、高贴合，犹如第二层肌肤一样舒服
2. 这个黑框眼镜，是方形的大框设计；戴上之后能够修饰脸型，大脸变小脸，圆脸能更有轮廓感
3. 我们家洗衣机是采用水魔方冷水洗的技术，用冷水就能达到热水一样的清洁力度，还有 10 大清洁模式，可以去对应清洁像羊毛、真丝、棉麻这种比较娇贵的材质，再也不用担心衣服会被洗衣机洗坏； 4. 卤味周黑鸭的包装全是锁鲜包装，全程冷链运输，到你手上冰块都不带化的，咱们吃卤味就得吃一个字，鲜

续表

利益点
5. 我们所有产品都支持 7 天无理由和运费险，咱们今天在店里买的每一样物品，都有保障； 6. 我们今天 1 号链接还送额外两个小样，我们拿到手先用小样，觉得小样好用，再留下正装！咱们很多姐妹买粉底怕颜色不对、怕不适合自己，今天这个问题，我直接帮你们解决了，我说产品再好，不如你们自己拿回去有售后、有保障地体验一下
7. 我们店铺销量都已经 1W+ 了，是开了 5 年的品牌老店，口碑和销量就是实力的证明，每一单、每一个评价都是真实的用户一单一单评论出来的，因为做的时间足够久，所以我们也足够有经验，品牌优势不是谁家都有的
8. 我本人已经健身 5 年了，一开始没人带，我就自己瞎练，每次深蹲都膝盖疼，我还觉得是练到位了，导致后面产生了一些不可逆的运动损伤，所以我更知道那些错误动作所带来的影响。在我身上已经走过的弯路，我不会让你们再走一遍

可能在最开始，没有办法把卖点转换成非常完美的利益点，但首先，我们需要先建立意识，即确保直播间主播说的每一句话，都与用户的利益相关。

4.3 如何写出直击人心的痛点

为什么在直播话术中，痛点如此重要？读者可以回想一下，自己最近一次购买兴趣电商的产品，是出于哪些原因？

例如，明明你不缺化妆品，可是为什么还是会再去购买口红？囤各种各样的面膜？

明明不缺鞋子、衣服、裤子，可还是每个季度都想要一件新衣服？

明明已经有一款手机/吹风机/电动牙刷/扫地机器人了，它也还能正常使用，但你依然选择把它换成更新型号的产品？

原因是，这些产品，击中了你某方面的痛点。

如果没有痛点，用户就不会产生购买某件物品的欲望，所以痛点至关重要。

痛点代表着用户迫切希望被满足的需求。

但多数痛点话术，都太过于笼统。这些笼统的痛点，对于几年前的直播来说是够用的，放在用户不缺产品的今天，则不太够用了。

我们很难再用一个很"泛"的需求去打动用户，越是竞争激烈的赛道，越是会有更加细分的痛点。例如护肤专注于修复过敏、专注于抗衰抗老、专注于祛黄提亮、专注于美白淡斑等都有相应的品牌和直播间。这就是为什么那么多的主播，明明已经大量在输出痛点了，但是听着就是不吸引人的核心原因。

你会发现，现在大多数行业的爆品，都能很清晰地解决某一方面具体的问题。

我们不仅要找到痛点，还要发掘更加精准、精细、深入化的痛点。

4.3.1 寻找痛点的 3 个技巧

痛点可以从三方面出发：用户型痛点、卖点型痛点、人性型痛点，所有的痛点都逃不出这三大分支。

首先来说明最常见的用户型痛点。

1. 用户型痛点

你的目标人群在使用某类产品时，会遇到哪些问题？这些大家所遇到的问题，就称为用户型痛点。

这类痛点有 3 个寻找的技巧。

（1）问大家

在淘宝平台，每个产品详情页上都会有一个"问大家"的功能，如图 4-6 所示，用户的痛点都体现在了一个个问题当中，当我们找不准自己产品的痛点时，可以用此方式去了解同行产品的用户型痛点。

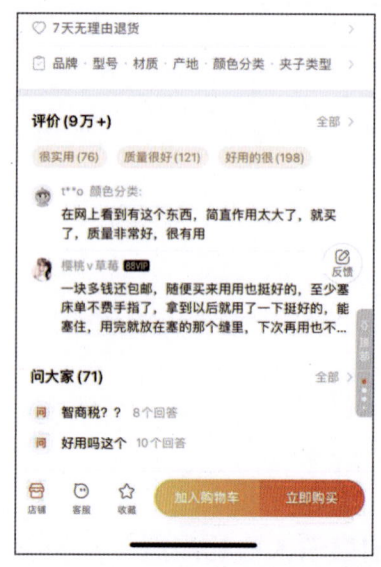

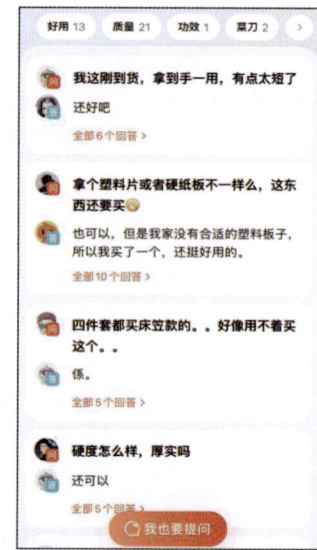

图 4-6

以上我们可以看到某产品有 71 条来自用户的问题，随便点开 4 个，就可以总结出相应的关键痛点信息。

- 用户担心尺寸太短。
- 用户担心是智商税，产品不具有实用性。
- 用户担心是否适配，对于使用场景不明确。
- 用户担心产品的软硬度。

可以把你的产品是如何解决以上问题的话术记录下来，作为自己产品的痛点备选。

（2）看差评

差评是最能体现目标用户需求度的方式之一，不仅可以知悉自己产品的缺点，同时也能看到同行竞品的缺点，如图 4-7 所示。

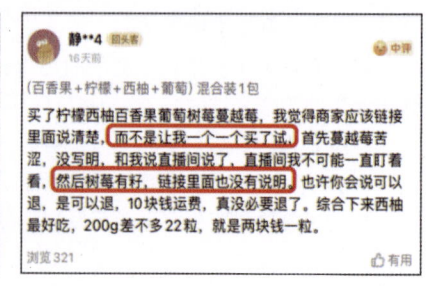

图 4-7

根据以上同行竞品的差评反馈，可以得出一些关于此类产品的通用问题：用户对于口味选择不尽相同、某些口味酸度高、容易出现粘牙的问题、产品详情页对于口味描述不清晰。

我们的产品能多大程度地解决以上问题？这些都可以作为我们痛点的选择方向。

（3）社交媒体

现在无论多小众、专业的赛道，都会有用户在社交媒体进行"种草""拔草"等行为，有些是买家关于产品的自用感受，也有原本就是专业人员对产品进行的专业测评。

可以在自己的赛道上进行两个维度的搜索。

- 如何挑选 XXX 类产品。

- XX 产品避雷。

例如，我们现在直播销售的产品是床上四件套，就可以直接小红书搜索：如何挑选耐用的 / 好看的 / 舒服的床上四件套（中间的形容词可以做替换），或者床上四件套避雷，如图 4-8 所示。

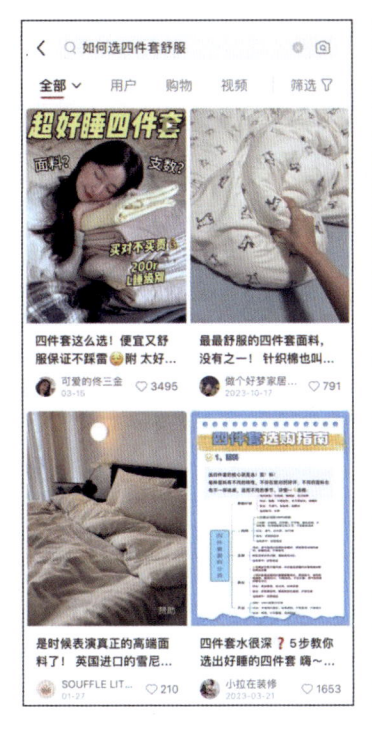

图 4-8

我们可以从这些真实用户、专业博主发出的笔记中，挑选出来他们避雷和推荐的关键原因是什么，从而对照自己的产品实际情况，做痛点的整理。

2. 卖点型痛点

找出产品利益点的反义词，这种痛点的寻找方式既简单又高效。利益点的切入点越细分，则痛点能够解决的问题也就越细化，这正是当今用户所需要的。

接下来直接带入实际案例中，把重点利益点标出，如表 4-6 所示。

表 4-6

	普通话术	优质话术
服装类	我们这件衣服是醋酸的，穿起来很舒服、很透气，吸湿性特别强	我们这件衣服，是使用的三醋酸面料，相当于醋酸面料中的天花板了，三醋酸优点是有真丝的光泽和质感的同时，更加抗皱、耐用、耐高温，但是这种面料是被日本的三菱公司垄断的，像做我们这一条长裙，起码要用到 2m 的料子，一米面料进货价是 150 元，光是原料成本这一条就是 300 元，如果你们市面上买的三醋酸的长裙低于 500 元，它都不可能是三醋酸的
	我们这件衣服是棉+氨纶的材料，穿起来很舒服、很亲肤	我们这件衣服特意没有做 100% 的棉，而是往里面加了一些氨纶，氨纶的特点就是弹力特别大，合在棉的面料里，舒服透气的同时，也可以达到更加宽松的版型效果。这就是为什么我们家这件 T 恤更适合稍微有点肉肉的姐妹的原因，它不会那么紧紧地贴在身上

在优质话术中，我们可以得出产品的核心卖点。

- 面料本身是行业的天花板。

- 面料比真丝更加抗皱、耐用、耐高温。
- 面料价格很高。

对应的反义词如下。

- 面料本身就很差。
- 面料不抗皱、不耐用、不耐高温。
- 面料价格很低。

如果一件衣服,面料很差,它会有什么问题呢?

"如果一件衣服,面料就很差,那它后面做再好看的设计,也不可能有高级感。"

如果一件衣服的面料,不抗皱、不耐用、不耐高温,它会有什么问题呢?

"真丝的衣服,非常容易皱,稍微不注意就容易勾丝,熨烫、洗涤时还要各种注意把控温度,要不然会变形、缩水甚至损坏!而醋酸就是和丝质一样光泽、舒适的同时,还没有丝质品那么娇贵。"

如果一件衣服的价格很低,它会有什么问题呢?

"价格高,不一定说明面料就好;但是价格低,一定不可能买到好面料,这种面料的衣服价格太低,你就必须做好买到假货的心理准备了。"

以上,3句非常有针对性的卖点型痛点就出来了,会比我们直接说"差的面料穿在身上真的很不舒服"要更具体。

3. 人性型痛点

痛点是用户需求的满足。

那么人,到底有哪些需求呢?需求有哪些被满足的方式呢?答案都在马斯洛的需求体系中。

接触过心理学、销售学的读者对此应该不会陌生,这个体系构成了众多人类行为习惯的基础体系,如图4-9所示。

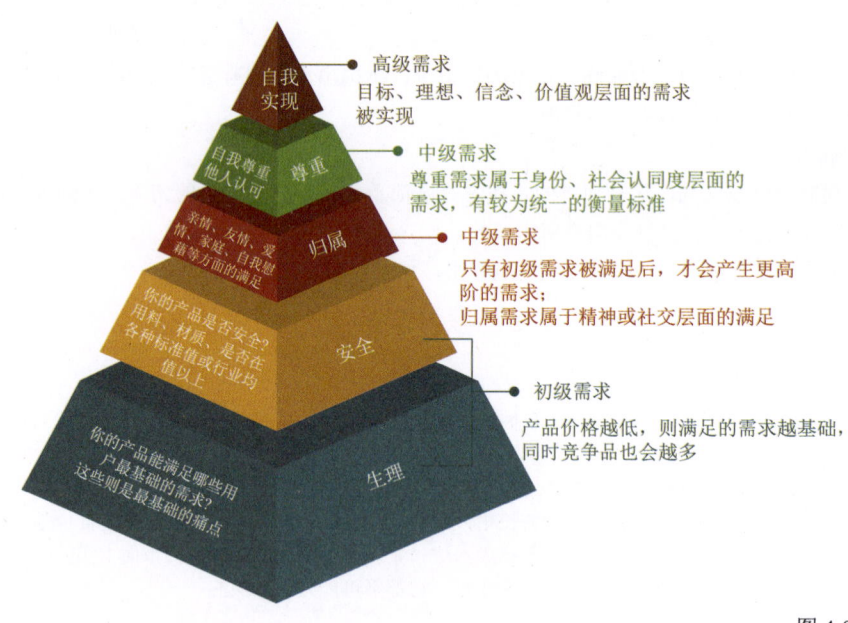

图 4-9

人类具有一些先天需求,越是低级的需求就越基本;越是高级的需求就越为人类所特有。

生理需求和安全需求是最基层的。

社会归属与尊重是中间层,涉及人与人之间的关系,例如要得到别人的认可和尊重。

自我实现是顶层,追求的是个人梦想和价值的实现。

寻找人性型痛点是一个比较高阶的技能,一开始接触可能会有些难以理解、不知道如何运用,所以带入到实际的案例中来理解，如表 4-7 所示。

表 4-7

产品	需求层级	需求痛点
咖啡	生理、安全需求	价格不贵，主要解决的是顾客想要提神醒脑的需求
	归属、尊重需求	我们想让这杯咖啡显得更有价值，怎么办呢？ 这时候，我们可以介绍一种特别的咖啡豆——例如说经过火山灰土壤培育的稀有品种，这种咖啡豆不仅味道独特，还含有丰富的抗氧化物质。 我们告诉顾客，这不仅是一杯咖啡，**这是一种享受生活、追求品质的生活态度**。 这样，咖啡就不仅仅是提神的饮料了，它开始触碰到你的尊重需求和归属感——**这是一种生活的态度，一种区别于普通大众的选择**
	自我实现需求	有一种咖啡叫"黑象牙咖啡"，在全球范围内的顶奢咖啡，单杯价格在百元到千元不等。 它利用大象消化咖啡果后排出的咖啡豆作为原料，和我们熟知的"猫屎咖啡"类似，通过大象来**增加其猎奇度和稀有度**，但光是这样还不足以让其成为咖啡行业的爱马仕。 黑象牙咖啡还拥有自己的大象基金会，每年的部分收益都会用来资助大象的医疗保健。 喝咖啡的同时，**相当于你在为保护大象作出贡献**

产品本身的价格越低，那么它满足的人类需求层级也就越低。

产品本身的价格越高，那么它需要满足的人类需求层级也越高。

以你自己的产品定位来说，对应需要满足用户哪些阶段的需求呢？可以参照表 4-7 做一个系统的规划梳理。

4.3.2 痛点"3兄弟"

我们现在会找痛点了，但是痛点找出来了还不够。

就像多数人都认可看书可以增加知识，但实际上会周期性主动买书的人并不多，而能把买来的书看完的人就更少了。

痛点虽然能解决用户的需求，但花钱这个动作本身也是一件有门槛的事情。

这个时候爽点的重要性就出现了。

1. 爽点

如果用户在购买东西时，能反复出现购买某样产品后的美好场景，这种美好能抵消花钱所带来的痛苦，那他就离成交不远了。

例如，你在买下这本书时，是不是也在脑子里闪过以下画面。

- 读完书后，直播间大卖特卖的场景。
- 自己的品牌突出重围，收获了各式各样的好评。
- 自己扬眉吐气，终于证明了自己的实力，在家人/朋友/同事/同行中挣足了面子。

真正引导你下单的是，这本书，到底给人带来了什么样的"爽点投射"。

爽点的核心在于，构建用户现在缺失部分的场景投射，并且这个美好投射需要满足真实和细节这两点。

真实性是指构建的场景是用户可以信服和期待成为现实的，而不是遥不可及的梦想；细节性则是通过具体的描述让用户能够在心理上具体地感受到这种美好，例如在哪里、和谁一起、具体的改变是什么等，这些细节能够让爽点投射更加生动和有说服力。

如普通痛点 + 爽点话术是"我们家的这条短裙非常纯欲风格，而且不用担心不显档次，穿上它人群当中一眼就能看出你的特别。"

把爽点细节和场景描绘出来：我们家这条短裙去三亚的小沙滩上一穿，海风一吹，那个又纯又欲的感觉就出来了，任再美的美女姐妹看到你都要对你刮目相看的程度。

把"档次"体现在具体的地点中；把"效果"体现在"谁"对用户会什么样的"转变"上。

2. 痒点

痒点是指用户可能并不完全意识得到的需求或欲望，这种需求或欲望一旦被唤起，就会强烈希望被满足。

例如，当我们在卖一款新型运动鞋时，普通的销售点可能集中在它的舒适度或设计上。

如果我们从痒点的角度出发，即"想象一下，穿上这双鞋后，你能轻松完成那些曾因为脚痛或不适而放弃的长跑训练。"或者"在一个漫长的工作日后，双脚仍然能保持舒适，保持透气的感觉，而不是下了班脚就好像被捂了一整天一样。"

用户并没有主观觉得"因为鞋子不舒服，所以我放弃了跑步"，但是你一说，他就会带有一种潜意识：或许我换双好点的鞋子，就能坚持跑步了呢。痒点就被唤醒了，想买一双运动鞋的念头，就开始生根发芽。

痒点寻找的核心在实际问题的解决上。

舒适、透气，原本只是一个很普通的痛点，但是当我们带入到合适的场景下，解决了某一个特定场景下的问题时，它就变成了痒点。

痛点，能吸引注意。

爽点，能激发购买欲。

痒点，能增强需求。

这也是销售的魅力所在。挖掘细节需求，然后填补人们的欲望。

痛点、痒点、爽点的叠加使用，才能让我们整体的痛点话术，变得更有魅力。

4.4 成交话术

以上所有利益点和痛点的铺垫，都是在为最后成交做准备。

逼单、促单、催单，只要是话术中起到煽动用户下单作用给的话术，都可以笼统地称为成交话术，成交话术与痛点、利益点的区别在于，成交话术的目的性非常明确，就是为了成交这一个目的。

例如，正常一个痛点话术可能是"大冬天的，家里囤一些这种可以即食的速冻水饺是一件很幸福的事情；而且煮起来也非常方便，10分钟就完事了。"

如果要将其以成交话术的方式说出来则是"马上冬天要到了，冰箱里空空荡荡，一点幸福感都没有，包括有的时候上班回家真的很累不想烧饭，又想吃顿好的，怎么办？今天来到我们直播间，双11活动提前购，赶紧多囤几包我们的XXXX，今天不囤，哪天饿了再买，只能外卖，贵又不好吃。"

从卖点的选择上，都是一样的点：方便、快捷、增加幸福度。但是在呈现方式上，又是两种截然不同的感觉。

很多时候，对于一个没有开单、放单、上下架链接这些运营节奏的直播间来说，成交话术是融合在话术结构之中的。

越是有成熟销售模式的直播间，成交话术的节奏会卡得越"死"。

什么时候报价格？

什么时候开价格？

憋单要憋多久？

上架之后卖多少单要关闭链接？

……

这些都需要去点对点设计运营模式，然后通过每天的直播不断地看数据，再复盘优化，每个直播间产品不同、主播能力不同，最后落地的节奏也是不同的。

于新手而言，首先不要畏惧所谓的"套路"，因为套路只是销售产品的一种表现形式。

销售是人性的博弈，安静讲品也好，套路式直播也好，都是让用户能成交的一种手段。

成交话术其实很简单，就是在告诉用户两件事。

为什么要现在买？

为什么要找你买？

我们先讲能立刻拿来就用的外部技巧，下一章再整体讲述如何把所有话术模块有逻辑地串联在一起。

1. 为什么要现在买？

（1）时效性

举例：你想想夏天要到了，你等气候上去了再买防晒，那不晚了吗，防晒防晒，是预防、是提前准备，一定不要等天气上来了，再想着加大防晒力度，今天你能刷到我就是大数据都在提醒你，要开始防晒了！

（2）限时限量

举例：今天我们家所有帽子都是原创定制款，因为是手工编织，不可能像机器批量一天几百顶出来，我们一个手工阿姨一天只能做3顶，今天30单的现货库存，不是饥饿营销，我们这么个小店也不需要这样，只是跟大家说一下事实情况，所以还在犹豫的要抓紧付款，最后的10个库存，再等，发货就要7天以后咯。

（3）福利驱动

举例：这样的品质货，说实话我可以卖几百块，线下商场你们自己可以去看，经常逛街的姐妹都知道，包括其他直播间哪怕便宜点的，也不会掉到2位数（注意：抖音平台的福利话术要注意规避违规）。但是我们今天69的价格，还额外送你一个无痕收腰裤，只有今天你到手是两样东西。可以看一下5号链接，今天的赠品，我们是真的正常在卖的，但是这个赠品个数有限的，大家不要再犹豫了！

（4）平台工具

举例：左上角给大家发了一个额外的折扣券。在今天这么大折扣之上，你们还可以享受199-20，但是这个券，一定要今天用掉哦，不然下次再来是没有用的，就要贵20元，这个券不是人人都有的哈，发完就没有了。

2. 为什么要找你买？

（1）你是谁：建立信任和个人品牌

举例：我是cici姐，10年养生，自己的娃也十来岁了，作为一个自主品牌的创始人，也作为一个孩子的妈妈，就是想把我这10来年我用的好的、我女儿用的好的，都毫无保留地分享给你们。

（2）你凭什么能卖这样东西：专业度、你付出的努力等

举例：饰品的市场鱼龙混杂，说实话有时候不要说你们，我们这种专业的，在原料上都容易踩大坑。所以这些年，我也一直在学习专业的珠宝知识，这些都是我的专业证书，我们在用做珠宝的工艺做手工饰品。

（3）你能给用户带来什么好处：额外解决用户痛点

举例：我自己就是重度脱发5年，所有你们踩过的坑，我不仅都踩过，还把这些坑总结成了一本书那么厚的经验，你是什么原因脱发，都可以去里面自查。今天拍了1号链接的宝们，直接进主页粉丝群，只要在我直播间拍的产品，有任何使用不明白的地方，直接我来给大家做专业的回答。（注意：截至2025年4月，只有小红书平台可以直接说脱发，其余平台对于身体症状类描述性词语都有一定的限制，需要提前做好功课，使用替换词去规避）

（4）用户凭什么相信你：展示自己的原则、底线、性格特点

举例：我在我的直播间只讲真话。不会为了卖货就夸张自己的产品，我们不是做的精选联盟，只要你们下单了，我就赚；我们很怕退货压库存的，所以，衣服的所有优点、缺点，都会跟大家说得清清楚楚。

以上这些外部技巧，在刚开始直播时，我们可以先带入自己的实际情况，尝试着往里套。

同时，我们也要明白一些关于成交话术的内核逻辑，即信任力。

"最后三单、拍完没有、秒拍秒付"等话术，大部分直播间都在说，如果只是单纯地强迫用户进行购物行为，那就是无效成交话术。

成交话术实际是与用户的一场辩论赛，是一个说服用户的过程，所以说出来的每一句成交话术都要做到有理有据、有因有果。

第 5 章　构建完整的直播间话术

卖货，不存在一定能卖出去货的模版型话术。

在了解底层逻辑"这句话为什么要这个时候说"之后，我们才有可能真正搭建起适合自己的话术框架。

先有逻辑，再有技巧，是构建直播间话术最稳固也高效的方式。

5.1 基础产品话术框架搭建

话术框架到底有多重要？

假设，现在需要卖苹果，如果是一段想到哪儿就说到哪儿的话术，可能会是这样："我们家苹果真的很好吃，跟外面的苹果不一样，今天是1斤6块多钱，都是包邮的，大家一定要来试试看！今天拍，今天可以发，好不好吃，你拿回去吃了才知道，给我一个尝试的机会，真的吃了我们家苹果你才知道什么叫好吃的苹果，每一个苹果都是又大又圆的，吃起来脆甜爽口，平时没时间买水果的，放心拍苹果，放一个月不会坏。"可以拆分一下这段话术的结构，如图5-1所示。

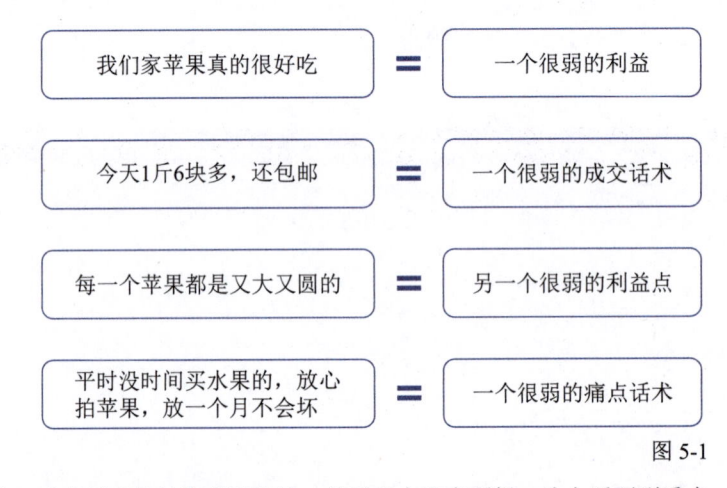

我们家苹果真的很好吃	=	一个很弱的利益
今天1斤6块多，还包邮	=	一个很弱的成交话术
每一个苹果都是又大又圆的	=	另一个很弱的利益点
平时没时间买水果的，放心拍苹果，放一个月不会坏	=	一个很弱的痛点话术

图 5-1

利益点、痛点、成交话术的结构毫无章法，前后语言没有逻辑，让人听不到重点。接下来，我们尝试在不提升话术质量的情况下，仅对话术顺序进行重新组合：

"我们家苹果真的很好吃，跟外面的苹果不一样，每一个苹果都是又大又圆的，吃起来脆甜爽口，大家一定要来试试看！（利益点话术）

好不好吃，你拿回去吃了才知道，给我一个尝试的机会，真的吃了我们家苹果你才知道什么叫好吃的苹果。（通过利益点促单的成交话术）

平时没时间买水果的，放心拍苹果，放一个月不会坏。（痛点话术）

今天是1斤6块多钱，都是包邮的，今天拍，今天可以发！"（成交话术）

仅仅只是调整了说话的顺序，第二段的逻辑结构就通畅了许多。

下面展开讲解基础话术框架的搭建与高质量话术框架的搭建。

5.1.1 巩固你的基础话术框架

话术框架的基础是"逻辑"。

"我们家的苹果真的好吃"是一个观点。

"每一个都又大又圆""吃起来脆甜爽口"是证明前面那个观点的证据。

因为有前面的观点和证据，所以接上"大家一定要来试试看"这个结果，后面再进行促单才是合理的。

1. 拥有逻辑意识

构建基础话术框架的第一步，是拥有话术的逻辑体现。

做到前后说话有关有联、有理有据。

一个基础的、有逻辑的话术框架，由最简单的三部分组成，所有产品都可以套这个结构，如图 5-2 所示。

痛点 ＋ （能解决痛点的）利益点 ＋ 成交话术

图 5-2

抛出一个痛点，然后说你的产品是怎么解决这个痛点的，用户今天为什么一定要买它。

读者可以根据自己所处的行业，进行基础框架的练习。

如果你是做饰品行业的，那么最简单的话术结构如下：

"有没有平时一戴耳环就过敏的，哪怕已经买了 925 银，还是过敏的？其实 925 银只是 92.5% 的银含量，剩下的金属，很多饰品为了更好的造型感，就会添加其他金属成分，所以不是 925 银就代表不会过敏。（痛点）

我们家的饰品除了银用的就都是 18K 以上的金，检测报告给大家看一下，没有别的合金成分，所以不用担心过敏的问题。（能解决痛点的利益点）

用料用得足，代表成本就一定会高，从我自己做这个品牌以来，我就打定主意要做高端饰品，我也不想卖那种几十块钱，戴了一次虽然好看，但是耳朵会红肿一天的饰品。因为我自己就是带除了金和银以外的饰品都会不舒服，而且我也已经过了那种追求好看大于身体的年纪了。我们今天也是新号，所以基本算是一个成本价和大家交个朋友，你可以拍回去看看我这个姐妹能不能处，一百多元的价格，纯银 +18K 金的材质，大家都是懂货的，我相信市面上，能有这个技术、能用这个材料，还能做到这个价格的，屈指可数。"（带一点人设感的成交话术）

注意，不同的平台有不同的审核标准，如果没有对应话术的资质证明的产品，很多平台会判定违规。

在写完或者说完一段直播话术后，可以反过来看一下，自己写出来的这段内容是否**拥有整体逻辑的连贯性**。

例如上述例子把整个逻辑闭环整理出来，如图 5-3 所示。

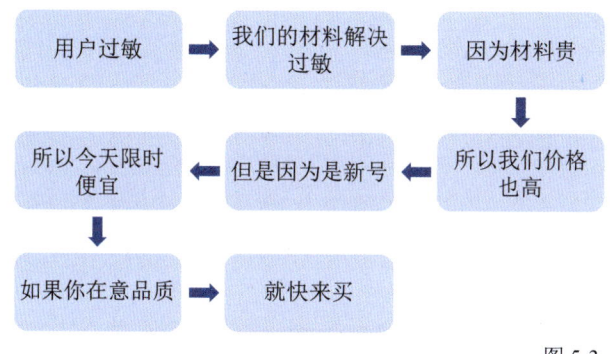

用户过敏 → 我们的材料解决过敏 → 因为材料贵
↓
所以今天限时便宜 ← 但是因为是新号 ← 所以我们价格也高
↓
如果你在意品质 → 就快来买

图 5-3

在这个简单的结构中，能把整个因果关系讲得越有逻辑，则最后成交的概率会越高。

2. 明确卖给谁

所有的话术无非在解决四个问题，而能一次性回答清楚这四个问题，则称之为话术框架。

这四个问题分别是：

- "你解决什么问题？"
- "产品从哪些方面提升解决这个问题的效率？"
- "为什么今天一定要找你买？"
- "这些问题的提问对象是谁？"

同一件衣服，即使对象都是 25 岁的女性，也会因为她们的高矮胖瘦而产生完全不同的问题和需求。

一个产品最基础的话术结构就出来了：在圈定目标人群的基础上，去说痛点话术、利益点话术和成交话术。

这个时候，很多主播会说：圈定目标人群，这是我天天都在说的话术，简单！

"来所有姐妹们看过来。"

"所有梨型身材的姐妹们看过来。"

以上两种"圈定目标人群"型话术就出来了，读者可以花 10 秒钟的时间思考一下，以上两种方式，是合格的圈人群话术吗？或者说你会因为类似这样的话术，就停留在一个直播间里吗？

应该没有人会觉得第一种话术是合格的。但是这类话术经常性出现在各直播间，属于很典型的无效话术。

那么第二种，它就是合格的圈人群话术了吗？

这种话术可以叫作痛点式圈定目标人群，即把用户的痛点直接抛出，以此来吸引同频的精准用户。

- 痛点式圈定目标人群

如果用户有很明确的购物需求，例如用户想买一条好看的裤子，同时用户也是梨型身材，那她就有可能被"所有梨型身材的姐妹们"所留下。

但是如果是以免费自然流量为主的直播间，当这个用户没有任何的想法，仅仅是随便看看，那么即使她是梨型身材，也大概率不会被这句话吸引。

痛点式圈定目标人群在付费的直播间里很常见，因为它能快速和"有需求的用户"互相匹配上。

但是自然流量为主的直播间，就不适用了。

- 兴趣式圈定目标人群

为什么大部分自然流量直播间的用户，不会被痛点式圈定目标人群的方式所吸引呢？

如果用户意识到，你所说的痛点话术是一个问题，那么用户自然会去尝试解决它，从而变成一个进行搜索等相关动作的"付费用户"。

自然流量直播间重点在于，什么样的内容，才能让用户产生兴趣，引起用户的注意，让原本没有购物想法的用户产生需求。

"所有梨型身材的姐妹们看过来"这句话换一种方式："所有梨型身材的姐妹看过来，梨型身材真的能变成漫画腿。"

没有想法的用户，就有可能变得"有想法"了。因为你为用户提供了一个他不曾意识到的痛点和爽点。

再想想看，如果现在让你买一件你不需要的物品，你会因为哪些点而产生想要购物的欲望呢？

回想一下，最近你买的一件你本不需要的物品是什么？是什么原因让你产生了购买的欲望？

例如，今天买了件 T 恤，明明不缺衣服，但是还是买了，或许是因为你想象自己穿上之后，透露出来的可爱/性感/文艺/帅气/沉稳的气质。

所以相对应的圈人群的话术就是：

"当了一周严肃的职场女精英，周末我们保护一下内心的小公主吧。这件暖粉色的 T 恤，就是假日的专属。"

这个时候，很多已经在做直播的朋友可能会说：这些话术我都说了，用户也不感兴趣也留不住人。

能引发用户兴趣、把目标人群吸引进直播间的，不可能只靠主播话术一方面，还需要多方面的配合，如场景、主播的气质、产品的吸引力、直播间的氛围等。

在话术框架这个板块，需要做好的核心的重点是，**确定你所要吸引的人群和找到这部分人感兴趣的点**。

3. 付费流量话术框架

免费自然流量与付费流量直播间，核心差异只有一点：观众是消费行为还是兴趣行为。

如果用户来到直播间，是抱着很强的消费目的进来的，那么所有话术框架就要围绕成交话术展开，如图 5-4 所示。

> "我们今天XXX洗发水，两瓶198元可能会有点贵，我来跟你们讲为什么，首先它里面添加的成分是来自云南万元一公斤的红茶精粹，是很多大牌护肤品会用在面部的成分，我们用在头皮上，所以它可以做到很温和地控油去屑、滋润头皮，而且自带茶香气，我很负责任地说，在原料选择上，你很难找到比我们更舍得投入的品牌；像是沙龙、SPA用的不见得原材料会比我们好，效果是同样的，但是外面护理一次头发，就是一两百元没了。"

图 5-4

- 高度关联成交话术

图 5-4 所示的例子，看似是在讲成分的利益点、讲功效型的痛点，但是所有的内容，都是在为最后的成交做铺垫，再简单一点说，就是让用户接受这个价格。

- 快速拓展分支点

付费话术框架不追求把某一个痛点或者利益点讲得多深多透，而是要尽可能在短的时间里，输出更多更有效的信息量，去影响用户的决策，不能拖泥带水。例如，我们来拆解一个行业头部的护肤品直播间话术结构，如表 5-1 所示。

表 5-1

话术结构	具体内容
产品展示	今天直播间 1 号链接，全部给大家是一整年量的早 a 晚 c 精华，一整年量的水乳洁面，（助播：是的）一整年量的面霜，我面前摆放的，全部都是一整年量的，所见即可得
痛点：用户痛点 + 同行业竞品对比	你脸上黄的，你脸上暗的，脸上没气色的，整个皮肤状态又黄又黑又暗又憔悴的宝贝，早上起来用精华帮你祛黄，提亮改善暗沉，（助播：是啊）晚上用晚霜，它针对你全脸的八大纹路，作为一个全脸纹路淡化的宝贝，（助播：没错）别的直播间都在跟你们说什么祛什么纹儿啊，淡化小纹纹、小路路啊，帮你祛什么黄，我们直播间这些词全部可以说，因为我们有来自第三方真实报告。（展示报告单）（助播：是的）精华帮你祛黄提亮改善暗沉。（助播：没错）晚霜，淡化全脸纹路。（助播：对）包括法令纹、抬头纹、鱼尾纹，全部帮大家做到一个全脸八大纹路淡化。（助播：对头）就在一号链接，宝贝
成交话术：福利机制	这一波拍完一号链接全部下车，（助播：没错）最后四套，（助播：对啊）拍到手两瓶精华 XXX 毫升，我送你的是 XXX 毫升超正装的精华。（助播：对啊）你拍正装，我送你的是同样克重的赠品。（助播：是的）我还送你一整年的、我们直播间同步 2 号链接在卖的水乳套装，一套价值 499 元，（助播：没错）不用介绍，你们可以自己看到卖了多少单，价格是多少的
成交话术：售后试用	包括我现在手里拿的所有东西全可以免费试用。面霜的试用装，精华的试用装全部都有，朋友们，全部给到免费试用，（助播：没错）就在一号链接，（助播：还有两单了哦），你觉得好用你再用，不好用，你剩下的给我退回来。马上拍空了，朋友们，（助播：还有两单）两单拍完全部结束了
圈定目标人群 + 人群痛点 + 利益点	送妈妈，送女友，送闺蜜，送自己，这一整套全都合适。哪个女生护肤的目的，不是为了看到效果呢？不要去花冤枉钱买一堆大牌，效果真的不一定比我们好。咱家有效果不是我嘴说的，（主播拿出报告单，指着报告单上面的天数说明）这个天数帮你祛黄提亮，改善暗沉；晚霜这个天数帮助你淡化全脸纹路。别的直播间跟你说淡化什么什么纹啊，帮你祛什么黄，我们直接说祛黄提亮改善暗沉，淡化全脸八大纹路。（助播：对啊）包括法令纹、抬头纹，还有穿川字纹，一号链接全部帮大家做到淡化
成交话术：比价、保价促成交	亲，我就说那句话，你先拍回去，双 11 了你看价格，确认我们今天的福利力度了，你再安心留下来。一号链接，日常买这三套是不送的。今天是直接一整年的全配齐，就这一波，你放心去拍

在付费直播间的话术框架上，为了追求极致的转化效率，一般会使用重复型的话术框架，话术框架里的每一个痛点、利益点、成交话术的选择，都是经过了不断的迭代和测试，做出的最优解。通常付费直播间里，用户也并不会停留太长的时间，觉得需要就买了，不需要就走，目的性很明确。

4. 自然流量话术框架

如果是自然流量为主的直播间，要先将产品进行分类定位。

我们可以将自然流量为主的直播间大致分为两类。

- **本身具有很强的竞争力、利润空间微薄的产品**

针对此类产品，相应的自然流量话术框架则更加注重憋单、放单的运营节奏。

具体话术结构可以参考一个行业内头部的茶盘直播间话术框架，如表 5-2 所示。

表 5-2

话术结构	具体内容
价格对比＋产品介绍＋痛点＋利益点＋成交话术	这种尺寸黑胡桃的茶盘，家人们毛料 100 多元，实体店怎么说要几百元，今儿 100 元都不开，刚刚有 5 个朋友说喜欢对不对，这样给这 5 个朋友上 5 单，这个款多了真没有，因为都是高货，我今天这几单的价格，你去哪里抢都抢不到的。 来看细节，通体给大家做黑胡桃全实木，花瓣的器型，寓意着花开富贵，而且是一根料整木掏挖的。北方开地暖南方回南天，用起来不用担心开裂发霉的问题，天天泡水天天用，5 年 10 年不带变形的，我做茶具木料 15 年了，想要东西买回去几年之后都不变形，料子从哪里出来的很重要。 今天说了我 100 元都不开，收到不值 200 多元品质，快递直接拒签，我一分钱不要，不是实木假一罚三，看看其他直播间敢不敢跟你说这些，你就明白了。 今天我知道要的人很多，这样名额就先 5 单，我低价卖也是希望大家买得好，回来继续复购，都是爱喝茶的朋友，我不想做一次性的生意。49 元，开炸准备链接，现在真的你买块菜板都不只这个价格，更别说是黑胡桃全实木，带造型的茶盘，其他不说了，行家都懂这个价格的分量，不墨迹直接上车

尽可能把直播间的福利、氛围感营造出来，让用户体会到你的产品确实是行业内非常抢手的。这类直播间和付费流量直播间一样，成交话术是整个话术框架的重点。因为本身产品有竞争力，所以可以通过比同行更高的成交数据来带动直播间的流量。

- **产品不具有客观上较强的竞争力、利润空间较大的产品**

这类产品，就需要增加痛点和利益点的占比，并且所有的话术都要以种草的方式呈现给用户。

什么叫种草的方式？即能引发用户兴趣的同时，让用户产生拥有这件物品之后的美好幻想。

种草话术和普通话术最大的区别在于，主播不是单纯介绍这件物品好，而是种下一颗"变得更好"的种子。

例如现在要卖一支唇膏，普通的利益点话术是：

"这支唇膏它含有 XXXXX 成分，能滋润你的嘴唇。"

而种草话术是：

"这个一定要厚涂一晚上，第二天嘴唇会变得特别亮晶晶的状态，你会发现上面的皮啊纹路啊都好了很多，越干的唇部，越能体会到它的效果。"

于此类型直播间来说，痛点、利益点主打的是差异性，是激发用户的兴趣。强营销感的成交话术可以相对减少，但也必须要有。

我们来拆分一个销售额在百万元以上、小众自然流量饰品直播间的话术框架，如表 5-3 所示。

表 5-3

话术结构	具体内容
利益点＋产品介绍＋利益点＋成交话术	这款是我们纯手工的一对耳环，每一对都是需要特殊定制的。几乎现在市面上，没有设计团队会去做这种贝壳和石英和银的搭配，因为做起来真的太复杂了。 我们前后花了 8 个月的时间，但是最后成品我觉得对得起"瑶月"这个设计名字，很高岭之花的感觉。 因为瑶这个字，是王字旁那个瑶，"王"代表王者之气，它整体给人的感觉一定要是大气的，瑶本身就是指漂亮的美玉、一切美好的事物；"月"是取月亮的灵感，象征着光辉与神秘。 我们设计这款作品的初衷，是希望它能像月光一样，照亮每一个佩戴者的心灵。 我们还特别选用了高亮度的纯银为耳环部分，让它如同一抹银色的月光，穿透晶莹的石英，散发出柔和而温暖的光芒。这款耳环，带来了夜晚的宁静，就像您挂在耳边，可以聆听到月光下的心声。每一片银片都经过精心打磨，每一块石英、每一块贝壳都是人工精挑细选。 只有这样，才能让"瑶月"展现出最佳的效果，这款产品，给大家看一下，月光下去看，真的就是美丽与动人。因为做起来复杂，第一批我们就做了几十对，后面说实话应该不会补，这个纯粹是为了设计去做的，没有办法量产，成本压不下来。所以这一次，在我直播间遇到它的，我希望你不要错过，缘分很难得。 一号链接已经给大家上了 20 单的库存，我们只有新品首发的时候，是有福利价格的，这个老粉都知道的，为什么我们上新销量特别好，因为都是买过一次就来回购的，到手价格是 299 元，其实稍微贵一点的银饰耳环都不止这个价格了，后续有大促日的话，库存还会有零星的一些，但是价格，肯定不会有今天的这个价格。 整体耳环不会发黑、掉色。如果即使、万一有类似的问题，我们都是有质保的，很多大品牌都不可能做到的售后，我自己的品牌，我做到了，我想对每一个信任我的姐姐妹妹负责，相信我没有问题

越不是日常生活必需品，引发兴趣型用户下单的决策时间就会越长，同时，客单价越高，用户的决策成本也会越高。而通常，通过兴趣"头脑一热"下单的新用户，也较容易产生退款行为，直播间也需要根据实际情况去做相应准备。

5.1.2 增加基础话术的质量

越是竞争力激烈、越是高客单、越是高消费能力的人群，则越需要话术的质感，让用户明确感受到：今天你在我这买的东西是完全不一样的。我们可以根据自己产品的实际情况，去选择以下几种增加话术质量的方式。

- 建立理想投射

普通话术：
这款洗衣机洗衣服的时候是没有噪声的，几乎听不到什么声音。

高质感话术：
我们今天这款洗衣机，即使是放在开放空间，你去卧室、书房都听不到一点声音的，全家人都能享受安静、舒心的周末时光。

> **普通话术：**
> 这个香薰真的包装很用心，而且香味很特别，前调有一股淡淡的橙子味，就是水果的味道很充裕，还有一丝草莓甜甜的味道，到后面就是比较沉稳的味道。跟其他的香会很不一样，香味层次非常丰富。

> **高质感话术：**
> 这款香可以召唤我生命中美好的瞬间，这小瓶香薰在书桌上陪伴我的时候，我都会想起波尔多酒庄，我觉得人生到这里就已经圆满。
> 后来我在想，为什么它的香气可以给你这么沉浸式的愉悦感呢？因为它的前调是很清新的橙子味，很嗲很嗲，让你邂逅你内心的小女孩；中调是草莓浆果，像是葡萄酒的单宁味，让你看到斑斓的整个人生；后调是桦木，让你幻想自己在葡萄酒庄园和好朋友喝酒。等到酒局散场，你一个人拿着酒杯说：Cheers，我的人生。

重点：把用户想象中的理想生活描述出来，让消费者产生一种潜意识，即我买了这个物品，就可以获得那样的生活，我现在之所以还没有获得那样的生活，就是因为我缺了这个物品。

这个技巧，在教培、知识付费行业也同样适用。很多做兴趣培训以及知识付费的商家，大家在直播过程中的通用问题是，讲课程、讲知识、讲干货，却不讲投射，不建立理想。

- 建立高质感场景

> **普通话术：**
> 原料都是天然的，很呵护头发+滋养头皮的。

> **高质感话术：**
> 咱们洗发水都是天然原料，温和呵护头皮，就像是把头发放进天然湖泊中喝饱水的滋润感。

> **普通话术：**
> 这个茶盘真的很高级，很上档次，我们有很多顾客都是大佬，也经常会用这个茶盘。

> **高质感话术：**
> 这个茶盘很上档次，我们有一个老顾客，喜欢这个茶盘到什么程度，去香港谈生意，都会带着我们家这个茶盘，因为首先它携带很方便，同时比外面高档茶室的茶盘都还要显档次。

重点：同样的物品，它在哪里、被谁使用，也是能从侧面反映出这件商品的定位。例如，在街头小巷出现和在星级酒店出现和被使用，是完全两种不同的概念。

- 建立身份化象征

> **普通话术：**
> 所有的家具，就是很欧洲古典的感觉，很正式、很细节。

> **高质感话术：**
> 它的风格是很唐顿庄园式的，一丝不苟，每一个雕花、每一个细节都极具工匠精神。

> 普通话术：
> 　　这条项链，有珍珠还有浪花的设计，两个点能很好地结合在一起，真的很有古典气息，就是古典美女的那种即视感，自由又奔放。

> 高质感话术：
> 　　这条项链，是浪花和珍珠的结合，就好像是维纳斯在巨大的珍珠蚌壳上，踏着白色浪花，在海里自由地诞生。

重点：当我们要表述特定化情绪或者信息时，找到其确切的代表，是很好的表达方式。

- 对比具象化

> 普通话术：
> 我们的木料都是北美黑胡桃的整块板材。

> 高质感话术：
> 　　我们采用BBA百万豪车的同款内饰木料，是北美黑胡桃木整块板材。

> 普通话术：
> 这个是专业的洗护产品。

> 高质感话术：
> 　　这个是专业的洗护线产品，并且这个品牌只做洗护产品，也是美国很多高端SPA店、沙龙店的指定专用品牌。

重点：把你的产品所对比的目标具体、具象化，通过"蹭热度"的方式，去拉高自己的层级。

- 科普式信息差

> 普通话术：
> 　　我们用的都是整块板材，不像很多其他直播间用的都是边角料。

> 高质感话术：
> 　　我们所有的材料用的都是整块的板材，很多其他直播间不敢给你看的部位，例如茶柜的底部、边角，就用的是碎材拼接的，我们的全部给你看得清清楚楚。包括很多直播间会刻意混淆实木和原木的概念，贴皮的复合板材，也会告诉你是实木，它也让你产生一种是原料原木的错觉。

> 普通话术：
> 　　这个单肩的随身小包，市面上的仿版太多了，但是都没有我们原版的这么细节。我们用的是很厚的那种牛皮面料，装再多东西也不会变形，造型感非常强。

> 高质感话术：
> 　　这个单肩的随身小包，市面上跟我们家外貌乍一看差不多的，太多了，但是没有人真的敢把我们正版的拿出来摆在一起，因为立马高下立判。例如包包的容量，可能看起来是差不多的，我们的可以放两部手机+粉饼+充电宝+口红+证件卡包，所有丢进去，拉链拉上非常丝滑。其他跟我们同款的小包，装这么多物品，你拉那个拉链根本拉不上。而且因为外面这一层皮料用得薄，包里面的物品放多了，包的边边角角全部会凸出来，包原本的形状立马没有。

第 5 章　构建完整的直播间话术

重点：把用户不知道，但你们这个行业里很常见的"行业内幕"挖出来，放进话术中，突出自己优势的同时，放大同行竞品的劣势。让用户更直观地感受到，你的产品和同行的产品究竟有多大的区别。

类似的对比形式的话术，对于现在的电商直播行业来说，至关重要。

我们的产品不需要做到"最好"，因为最好是个伪概念，但是我们的产品需要做到：比同行好、比价格更贵的产品好。

最后，我们追求的是高质感话术，而非"炫耀式"的高人一等或者"拉踩式"嘲讽其他产品、品牌，当然"拉踩"行为本身也是平台不允许的违禁行为。

高质感话术的背后意味着高信息量。

高质感话术的目的是让我们的话术，能够快速地在别人头脑中产生一个良好的印象、一种特殊的感觉。

很多时候我们在直播时，用词非常容易"抽象化"，去用"惬意""舒服""好吃""好用""划算"等词语，这些词语是没有办法在脑中形成感觉的；如果用"晚风拂面，摇着摇椅"的场景话术，去代替"惬意"这个词，反而更能让人心生向往；你说一个东西很"好吃"，不如说它"炸出来的金边，在吱吱冒油"的那种状态。

如何提升话术的质量？说到底就是每一句话都是具体的、有画面感的、有信息量的、准确的。很多主播会觉得提升这种能力很难，这其实是一个提升的过程，有目地多写、多练，这种能力就会提升。

5.2 整体话术框架搭建

一套完整的直播间话术框架，需要根据不同的产品策略、账号策略，综合制定。

如果我们现在是需要从头到尾完完整整地策划整场直播，需要我们自己选品、排品、测品，那我建议大家可以先去第7、第8、第10章看完关于流量和货盘的内容，先把货盘和直播间的流量渠道方向确定，再返回来搭建整场直播的话术框架。

5.2.1 整体话术结构搭建

第一步：货盘分析，如图5-5所示，将现有产品信息整合，同时与行业内竞品产品逐一分析比较，为后续的话术内容做铺垫。

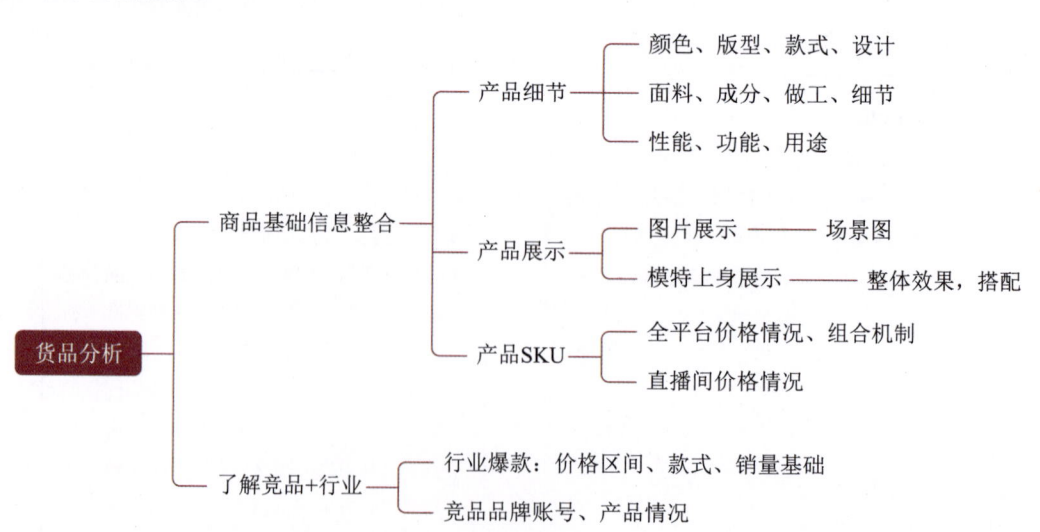

货品分析
- 商品基础信息整合
  - 产品细节
    - 颜色、版型、款式、设计
    - 面料、成分、做工、细节
    - 性能、功能、用途
  - 产品展示
    - 图片展示 —— 场景图
    - 模特上身展示 —— 整体效果，搭配
  - 产品SKU
    - 全平台价格情况、组合机制
    - 直播间价格情况
- 了解竞品+行业
  - 行业爆款：价格区间、款式、销量基础
  - 竞品品牌账号、产品情况

图 5-5

第二步：违禁词检查，如图 5-6 所示。

```
                    ★ 平台行业违禁词
        违词检查 —— ★ 广告法违禁词
                    ★ 熟悉违禁行为
```

图 5-6

规避违禁词及平台违禁行为，是直播前的必备事项，无论是起号期或者是爆单期间，违规行为都会对账号流量有较大的影响，所以一定要提前规避。如果因为不确定的原因，已经被平台的后台警告弹窗了，请及时下播调整，找到确切的违规点，不要存在侥幸心理。

第三步：根据不同商品，进行产品话术框架搭建，如图 5-7 所示。

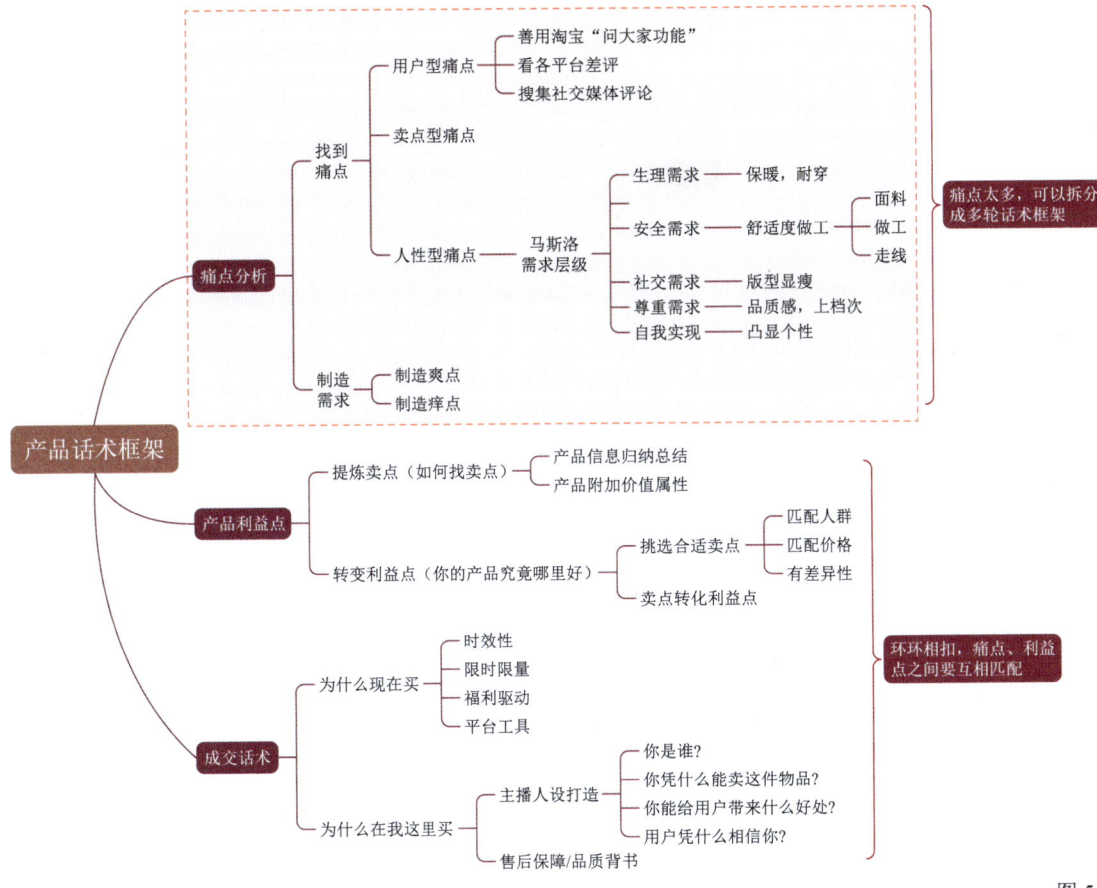

图 5-7

产品话术框架：
- 痛点分析
  - 找到痛点
    - 用户型痛点
      - 善用淘宝"问大家功能"
      - 看各平台差评
      - 搜集社交媒体评论
    - 卖点型痛点
    - 人性型痛点
      - 马斯洛需求层级
        - 生理需求 — 保暖，耐穿
        - 安全需求 — 舒适度做工 — 面料/做工/走线
        - 社交需求 — 版型显瘦
        - 尊重需求 — 品质感，上档次
        - 自我实现 — 凸显个性
      - （痛点太多，可以拆分成多轮话术框架）
  - 制造需求
    - 制造爽点
    - 制造痒点
- 产品利益点
  - 提炼卖点（如何找卖点）
    - 产品信息归纳总结
    - 产品附加价值属性
  - 转变利益点（你的产品究竟哪里好）
    - 挑选合适卖点
      - 匹配人群
      - 匹配价格
      - 有差异性
    - 卖点转化利益点
  - （环环相扣，痛点、利益点之间要互相匹配）
- 成交话术
  - 为什么现在买
    - 时效性
    - 限时限量
    - 福利驱动
    - 平台工具
  - 为什么在我这里买
    - 主播人设打造
      - 你是谁？
      - 你凭什么能卖这件物品？
      - 你能给用户带来什么好处？
      - 用户凭什么相信你？
    - 售后保障/品质背书

如果竞争力较强，又是主推的产品，可以进行多轮话术框架的搭建。一般情况下，单件商品的一轮话术时间在 2~5 分钟，只要在这一轮话术中，描述清楚用户为什么需要这件产品（痛点）、这件产品哪里好（利益点）、为什么一定要现在找我买（成交话术）这 3 个问题，即可以算一轮完成的话术框架。

如果是多品类直播间，一个产品准备二三轮话术即可；如果是单品类直播间，只主讲某一件产品，那么起码要有 3~5 轮话术框架，即保证自己可以在 10 分钟内话术点不重复，基本就可以了。

直播的话术框架是比较灵活、多变的，如果在直播的过程中，发现某一轮话术框架似乎效果特别好，也可以不断重复那一轮话术框架。

第四步：根据货盘及运营策略，进行整体话术框架搭建，如图 5-8 所示。

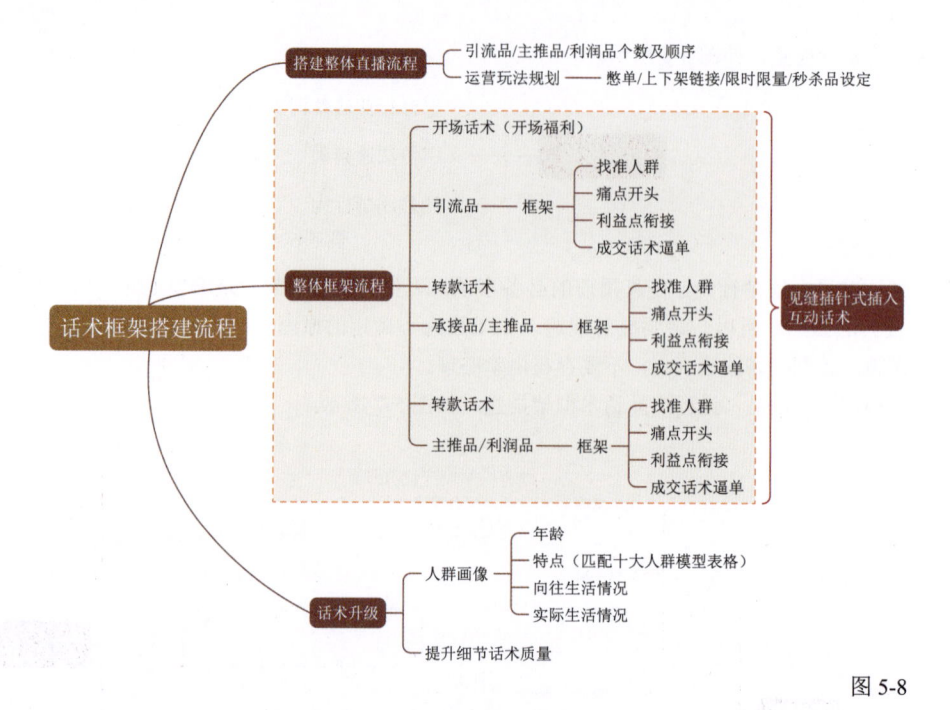

```
话术框架搭建流程
├── 搭建整体直播流程
│   ├── 引流品/主推品/利润品个数及顺序
│   └── 运营玩法规划 ── 憋单/上下架链接/限时限量/秒杀品设定
├── 整体框架流程
│   ├── 开场话术（开场福利）
│   ├── 引流品 ── 框架
│   │   ├── 找准人群
│   │   ├── 痛点开头
│   │   ├── 利益点衔接
│   │   └── 成交话术逼单
│   ├── 转款话术
│   ├── 承接品/主推品 ── 框架
│   │   ├── 找准人群
│   │   ├── 痛点开头
│   │   ├── 利益点衔接
│   │   └── 成交话术逼单
│   ├── 转款话术
│   └── 主推品/利润品 ── 框架
│       ├── 找准人群
│       ├── 痛点开头
│       ├── 利益点衔接
│       └── 成交话术逼单
│       （见缝插针式插入互动话术）
└── 话术升级
    ├── 人群画像
    │   ├── 年龄
    │   ├── 特点（匹配十大人群模型表格）
    │   ├── 向往生活情况
    │   └── 实际生活情况
    └── 提升细节话术质量
```

图 5-8

如果是新人直播间，建议不准备过多的产品，产品越多越考验主播及直播间的综合实力。

大多数直播间的综合实力，并不足以支撑过于庞大的商品组合。

整体的话术框架，不用全部以逐字话术的形式呈现。比起"背诵"逐字话术稿件，或者在直播时"朗诵"逐字话术稿件，不如尽可能让自己记住框架和逻辑，以"说"的方式去呈现。直播带货发展到今天，用户更加期望看见的是，真正对产品有了解的专业销售员进行讲解。

5.2.2 常见话术框架问题

在搭建话术框架的过程中，有不少商家和个人会遇到相同的问题，有的直播间甚至播了半年、一年，还带着同样的基础问题，在"苦苦坚持"期待得到正向的数据反馈。

以下是我综合整理出来的常见问题，期望能帮助大家减少试错和沉没成本。

- **无效话术**

很多直播间，主播看似一直在激情输出，实则全是无效输出。如果主播的话术内容可以放在任何一件相似产品上进行描述，则大概率都是无效话术。与其不痛不痒地说一些通用型卖点，不如把焦点全部聚焦到产品最有竞争力的点上，进行输出。

例如护肤品，保湿补水，就没有强调的必要性。

例如衣服亲肤柔软，也没有说的必要性。

无效话术的产生原因，大概率是对于产品的不熟悉或者直播经验的缺失。若对产品不熟悉，可以深度了解产品、拆解产品、做功课；若直播经验缺失，则可以多用小号练习开播、用手机录像等方式模拟开播练习，并进行相应的优化和复盘。

- **话术之间没有逻辑**

本章开头强调了"逻辑"的重要性，以及相关的重要知识点。

读者可以观察以下内容，看看是否能找出相应的逻辑问题。

"各位家人们，需要一款极简轻奢的茶几电视柜不妨看看我们家一号链接，一共两个款式，落地款，高脚款，共有两种颜色，亚光灰色和亮光白色！

整体的柜面我们没有做过多复杂的设计，通体使用统一色调，配以简单的把手，越是简单基础的款式越是不容易过时而且很百搭，不挑装修风格！

搭配时下非常流行的岩板台面，整体简约而且更显质感，岩板台面都是经过了1200℃高温烧制而成的，这就注定了岩板的台面是有着耐高温的特性的，温度高的火锅、烧开水的水壶这种我们生活中常出现的高温物体都可以直接放在上面，不会担心变色开裂，可以看一下，咱们直接用点火器的火焰烧上去也没有对我们的岩板造成影响（烧一下）。也不会破坏台面的颜色！

除了耐高温岩板还有着零渗透的特性，对于工作忙得没空打理的家人们非常友好！例如吃火锅呀，隔夜的脏污油污用湿毛巾一擦就可以了，不会留色也不渗透到台面里面去的，包括孩子的彩笔的颜料，也不用担心，用同样的方法擦一下（用彩笔和毛巾给大家做实验），轻松就能擦掉，这样的岩板耐造好打理，咱们在保持家里的整洁度这方面可以方便不少，省下不少的时间咱做做美甲、打打麻将多自在。"

将话术中的逻辑点找出来：

简单介绍款式—讲解产品设计——讲解岩板台面特性（从质感讲到耐高温再讲到零渗透性）。

发现前后观点没有链接的逻辑点，接下来将其改成：

以高端、现代化的用料为开头痛点——详细讲解现代化材料岩板的特性及利益点——岩板价格高——今天有家装节破价补贴。

营销属性出来的同时，逻辑链也链接上了。根据这个骨架，再去填里面细节的表达，整体话术框架就不会丢失逻辑性。

- 某块内容占比过高

一轮话术框架通常包括三部分：用户为什么需要这件产品（痛点）、这件产品哪里好（利益点）、为什么一定要现在找我买（成交话术）；而有的时候，主播会不自觉地扩大某一块话术的占比。

通常除了知识付费类直播间，在大部分电商直播间中，即使是购买欲非常强的用户，也仅仅会在直播间待上两三分钟而已，这两三分钟对于用户而言，已经非常长了；而对于正在直播的主播而言，可能就是一瞬间的事情，主播有时候还会反复去重复某一个观点，因为会害怕用户没有听懂、自己没有表达明白，这就进一步加剧了这个问题。

我们在设计完话术框架后，还需要跟踪复盘，精准地把控自己的话术占比。

- 害怕推销、没有销售逻辑

这个问题大多出现在主理人、老板直播的情况下，认为成交话术的营销属性过重，从而更聚焦在产品话术上。

成交话术是所有话术环节中，最重要的一个环节。所有的话术铺垫，都是为了最终的成交，通过前几章的内容，读者们也可以了解到成交话术并非只有"321上链接，今天不拍明天后悔"这一种方式。

第 6 章　主播表现力

　　表现力就是行业内常说的播感，如果没有好的表现力，再好的话术也没有呈现出来的可能性。

　　好的表现力没有明确的标准定义，并非一定要激情满满或者面带微笑、保持亲切。只要主播能让用户感知到其风格、情绪、状态，能清晰地表达自己的观点，并让用户为之所吸引，就是好的表现力。

6.1 表现力的系统训练

本节系统地学习表现力的训练方式。

镜头前的表现力分为眼睛、声音、表情、肢体 4 个板块，这 4 个基础板块做好了，基础的表现力就一定不会差。

6.1.1 会说话的眼睛

你在这些眼部图片中看到了哪些情绪？如图 6-1 所示。

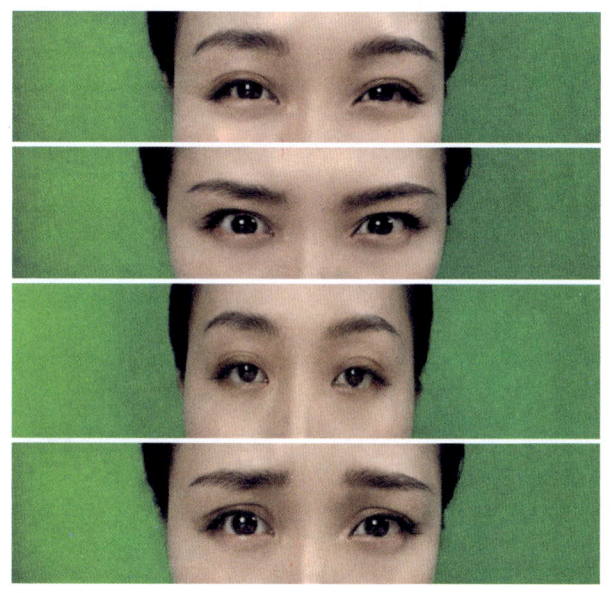

图 6-1

4 张眼睛照片所表达的情绪是不一样的，甚至看到眼睛，你就能感受到这个人整体的情绪状态。

当我们在说成交话术时，是需要用户信任我们的时刻，眼睛要做到坚定、有力、不乱瞟；很多新人主播在说人设话术、成交话术时，常常无意中让眼神四处飘散，尽管他们的话术流畅、精准，却难以营造出值得信赖的氛围；即便是口中说着充满力量感的话语，但如果眼神空洞、涣散，信任的桥梁也难以建立。

眼神不仅能传达情感的深度，还能建立观众的信任和连接。

一双会说话的眼睛，可能是主播最强大的武器。

1. 眼睛的肌肉训练

（1）转眼训练

左手举起一根手指，从左耳缓慢移动到右耳，再从右耳缓慢移回左耳。

在此过程中，头部保持不动，眼睛紧紧跟随指尖进行移动，过程中尽量不要眨眼，可以根据自己眼部的实际感受，慢慢调整手指移动的速度，如图 6-2 所示。

做完一组闭眼，让眼球在闭眼状态下，顺时针转动 5 圈，再逆时针转动 5 圈，然后继续闭眼休息 10~15 秒，接着进行下一组。

三组一练，每天三练，一个月之后，眼神就会发生改变。

图 6-2

（2）定点训练

身体放松，然后眼睛尽力向上看，直到感受到眼部肌肉开始紧绷为止，这时候停下来，闭上眼睛休息一会儿。接着，朝下、左、右三个方向各看一次，重复练习。四个方向，每个方向看一次，构成一组练习。

一天早中晚可以各练一组，也可以想起来就进行练习，如图 6-3 所示。该训练在初期，可能会感觉到眼部的酸痛，注意量力而行，循序渐进。

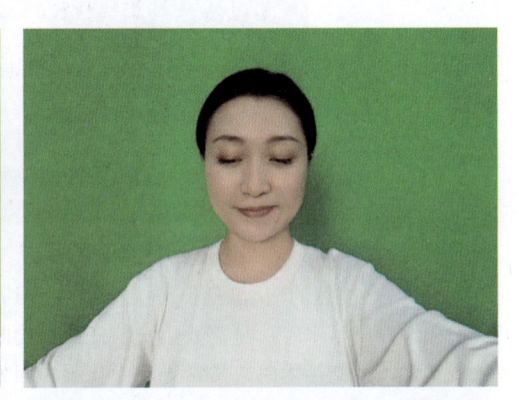

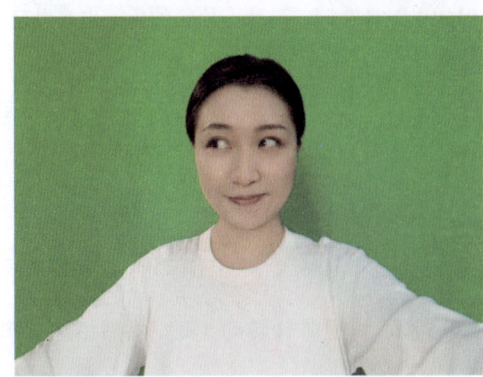

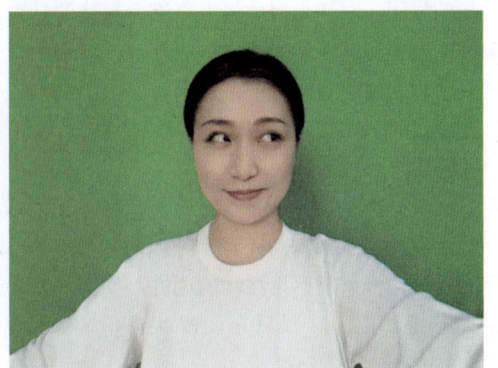

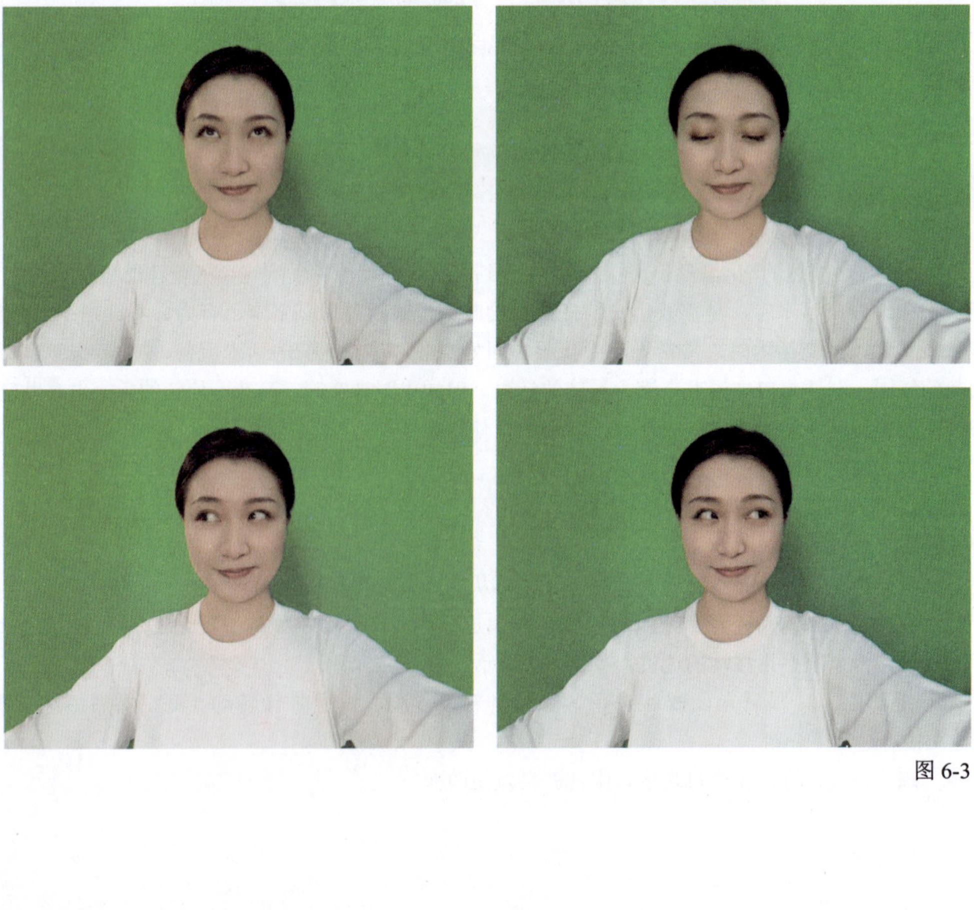

图 6-3

（3）瞪眼训练

眼前摆放一件物品，以 1~2m 的距离盯着这件物品看，眼睛有意识地利用上眼皮和卧蚕使劲，然后放松。每次 5 分钟，一天一二次即可，如图 6-4 所示，重点是找到眼眶发力的感觉，锻炼眼眶周围肌肉。如果这件物品是"活"物就更好了，例如蜡烛、游动的鱼等，随着练习的加深，可以适当增加与对视物品间的距离。

正常状态　　　　　　　　　　　　眼部发力状态

图 6-4

在瞪眼训练中，还可以加入眼神的情绪训练。

盯着某件物品时，眼神集中，并想象物品就是你最憎恨的物品或者人，注意用目光来表达情绪；再交替练习想象那是你最喜欢的物品或者人，如图 6-5 所示。

每次 5~15 分钟，将自己的练习过程进行录像，能够更好地锻炼自己的眼部沟通技能。

经过这些练习后，随着时间的积累，你的目光将自然而然地变得锐利且集中，仿佛能够一眼"电穿"人心。

图 6-5

2. 眉毛的肌肉训练

作为眼周的重要组成部分，眉毛不仅能为我们的面部表情增添丰富的层次，还能让我们的眼神显得更加生动和有灵气。

眉毛的肌肉如果非常僵硬，直接的表现就是眼神中的不自在与拘束。

（1）基础训练：抬眉运动

抬眉运动是眉毛训练的基础。简单地抬起眉毛，就能有效地锻炼眉毛周围的肌肉，使眉毛更加灵活，表情更加丰富。为了防止在锻炼过程中形成抬头纹，可以在练习时用手轻轻按住前额，如图 6-6 所示。

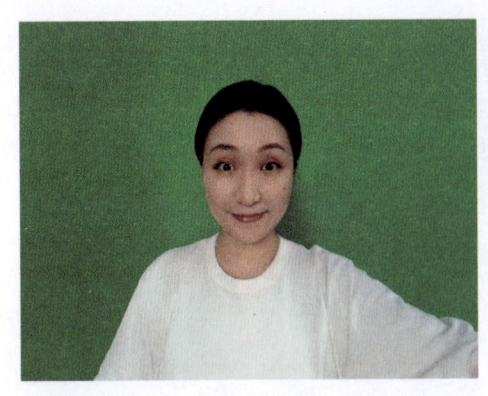

图 6-6

(2) 进阶练习：单边抬眉运动

当基础的抬眉运动已经驾轻就熟时，我们可以尝试进阶的单边抬眉运动。

这项练习不仅能进一步提升眉毛的控制能力，还能让表情变得更加丰富多变。

左右各练习 15 次，通过这种方式，可以更加细致地了解和控制每一侧眉毛的动作，如图 6-7 所示。

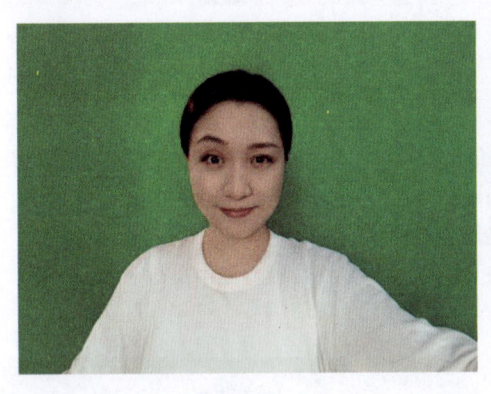

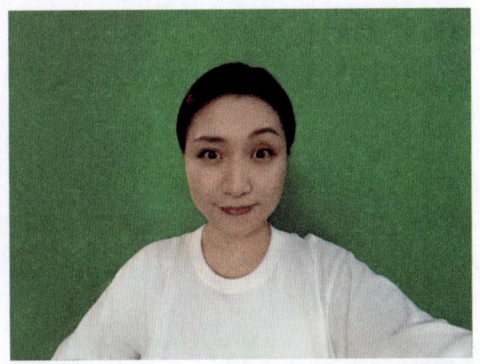

图 6-7

(3) 个性化调整：针对性加强训练

在练习过程中，我们可能会发现一侧眉毛比另一侧更容易抬起。这是因为人的面部肌肉发展往往不是完全对称的。遇到这种情况时，我们可以对较弱的一侧加强训练，以达到更好的对称效果和表情自然度。

6.1.2 有情绪的声音

声音要能传递情绪，其实很简单。

有 3 个重点：节奏（快慢和停顿）、重音、感情。

图 6-8 所示是一段范例话术。

> （利益点描述）这只肖邦的危地马拉橙花的瓶身做得非常有质感，本身摆在台面上就是一件艺术品。香气是干练型的，比较中性，也适合男性，不会是那种温柔、偏甜的女香；更适合职场人士，如果你是平时要见客户的，是那种英姿飒爽的职场女性，用这款香。

图 6-8

先把节奏、重音、感情都标出来。

（利益点描述）这只 | 肖邦的 | 危地马拉橙花 的**瓶身（重音）**做得 非常（重音）有质感，本身摆在台面上就是（肯定感）一件艺术品（语重心长，语速极致慢下来）。香气是**干练型的（重音）** | 比较中性 | 也适合男性（语速加快）| 不会是那种 | 温柔、偏甜的（带一点贬义的感觉）女香 | 更适合职场人士 | 如果你是平时要见客户的（语速快，坚定感）| 是那种英姿飒爽的职场女性（语速快，坚定感）用这款香（语重心长）。

可以用"|"把语句中需要断句的地方标注出来，提醒自己要加重停顿；把需要格外强调的重音标出；需要明显情绪的地方，做情绪标出。

不用把通篇话术全部做这种精细化的处理，而是尽可能让自己养成这种声音的表达方式。

语言的抑扬顿挫也是一种习惯的养成。如果你现在说话很平，没有声调的变化，我们需要找到自己的原因，例如到底是没有节奏、停顿，没有重音，还是没有感情？

把问题找到，有针对性地每天练习，你会发现自己有质的变化。

1. 自然不做作的情感表达

经过练习，有些人又会出现一个新的问题：过于情感丰富，反而显得很假、很刻意。

这个时候，我们可以在生活中多做一个小小的练习：情绪录屏法。

例如我们想和他人分享一段八卦，或是吐槽一件倒霉事。在我们开口讲述之前，先把手机放在一边，开启录像模式，把自己的表情和声音都记录下来。尽量让自己全神贯注于那个想要分享的故事上。慢慢地，你会发现自己完全沉浸其中，忘记了正在被录像，这是我们要达到的理想状态。录完以后，再回过头去看看自己不加修饰、纯粹表达时的样子。

观察并找出那些让你的表现更加生动的瞬间——是不是在谈到最激动的部分时，你会情不自禁地拍手、身体不知不觉前倾，眼睛也会不自觉地睁大？把这些自然流露的肢体语言和表情记录下来，然后刻意融入你的表达中。通过这样的练习，你的表现将变得越来越自然和生动。

2. 注意声音的停顿与留白

有些人也会出现另一种情况：情绪饱满，声音高亢，但是依旧给人很"平"的感觉。

这是因为节奏需要有快有慢，如果光有快节奏，那就变成了另一种形式的没有节奏。

如"想不想要这个福利，想要的扣1统计一下上架的库存件数。"

这句话，如果快速说出来，就会很"平"，如果在逗号处有一个短暂的停顿，给用户一个反应的时间，节奏感就会出来。

当我们强调一些内容、想要用户配合我们做一些动作时，反而可以增加停顿，而不是一下子就把它说出来。大家可以回想一些经典的颁奖仪式，当主持人宣布最终获奖名单时，中间是不是都会用停顿来拉高用户的期待感。

越是重要的内容，越要敢于停顿。

越是需要用户配合你的地方，越要给用户反应的时间，让他感知到这一部分内容的重要性，而不是快速地一笔带过。

6.1.3 表情与肢体

在表情管理中，大部分主播遇到的问题都是表情生硬或者笑容很假。

笑容假的大部分原因是，只有嘴呈现了笑的状态，而眉眼及整个人身体都呈现不笑状态。

人在笑的时候，除了嘴角会上扬，眼睛也会呈现弯曲状，眉毛会微微上扬，身体是舒展打开的状态，而不是弯腰驼背，如图6-9所示。

图6-9

弯腰驼背和只有嘴保持笑的状态,其他面部表情保持不动,会让人觉得假。

只有当体型也呈现积极状态、其他面部表情均配合起来,才能整体达到"笑意盈盈"的感觉。

肢体是语言的另一种表达。

表现力的真谛,归根到底,是看你能通过表情、声音和身体语言传递多少内容。

当我们想在镜头前呈现出某一种气质时,如活跃、激动、自信。那么肢体动作就是:抬头挺胸、肩膀打开、直视前方,剔除各种不必要的小动作。如图6-10所示,同样是让大家点点左上角的关注,这一个行为,即使我没有说话,你也能感觉到两个肢体所呈现出来的不同的状态。

图6-10

6.2 表现力的短期"捷径"

如果你箭在弦上,马上就要开播或者已经开播,想要快速提升自己的上播能力,这里有一些实操的落地方法,可以去执行。

6.2.1 第一步:模仿训练,从小到大

挑选对象。首先,找一个直播观众数层级比你只高一个阶段的直播间,并且主播整体气质风格要与你相似。

例如我们是新号,可以找20~50人的直播间,录制3~5分钟的直播片段。

为什么要选择这样的直播间呢?因为小直播间更容易观察主播的细节操作,且压力相对较小,便于模仿和学习。直接对标千人在线直播间,要学的点过多,很难一次性学出来。

接着模仿视频中的主播，从肢体语言到表情管理，甚至是语速和感染力，尽可能地还原那 3~5 分钟的内容，用你自己的话来表达。

当你感觉自己与这个直播间的主播水平相当，你的录屏和他的录屏放在一起，几乎看不到表现力上的差别时，就可以升级挑战观众数在 100 人左右，风格接近你的直播间了。

重复之前的跟练过程，不断提升自己的表现力。

6.2.2 第二步：精练话术，练习复盘

- 话术框架。掌握好基本的话术框架后，每次准备 5 分钟的核心话术，然后进行反复练习。这个阶段，你的目标是能流畅地说出自己的话术，不再拘泥于稿件。
- 对标练习。选择之前选定的直播间，录下他们 5 分钟的直播过程，将话术转写出来。比较自己与他们的差距，在此基础上优化自己的话术。
- 不断迭代。替换完话术后，继续练习，直到你能够自如地表达。记得每次练习后都要复盘，找出不足，确保下一次的表现更上一层楼。

6.2.3 第三步：每日复盘，持续进步

把表现力和你的 5 分钟话术融合在一起，持续练习，持续复盘。

要想短期内看到成果的必要条件是，前一天的问题，今天必须要能够把它解决了。例如前一天，你话术说得很不流畅、话术的熟悉度很低，那么今天就必须做到话术脱口而出。如果前一天话术不流畅，今天还话术不流畅，那么短期内就没有提升的可能性。

短期快速提升是建立在问题能被快速解决的基础上。

6.2.4 针对型练习法

表现力的 4 个板块：眼睛、声音、表情、肢体，其实可以分为两个大类，第一个大类是面部和肢体，第二个大类是声音。

通过一个小测试，可以比较直接地找出自己的问题。拿着你上播的录屏，不开声音，光看画面，你的肢体表情是否能传递情绪？把录屏放到一边，不看画面，光听声音，你的声音是否有感染力？

发现自己的问题以后，立刻打开手机原相机，开始录像练习或者对镜练习。

注意，始终保持眼神对焦镜头，即使面对恐惧或者其他负面情绪，也需要坚定地看着镜头。重点是把情绪最大化地放大，夸张一些也没关系，可以先放大，再收紧。

6.3 逻辑能力的"刻意练习"

拥有了一定的表达技巧和表现力后，深入的逻辑思维能力是主播进阶的关键。

毕竟口是脑的体现，语言是思想的直接输出，没有人能够一字不差地记住三小时直播的全部内容。

在大多数情况下，主播的表达都是基于话术的逻辑框架。

在直播的过程中，我们要心中有框架，再根据自己的框架去填充内容。

如果觉得自己的话语缺乏深度和逻辑性，总是说着说着就乱了，仅仅依靠背诵话术是不够的，因为无论背诵了多少内容，背诵的只是话术"点"，把"点"顺畅地串联起来，还是要靠自身的逻辑能力。

6.3.1 逻辑框架的金字塔原则

如果你觉得自己逻辑很容易混乱，那么首先要建立自己的表达框架，如图 6-11 所示。

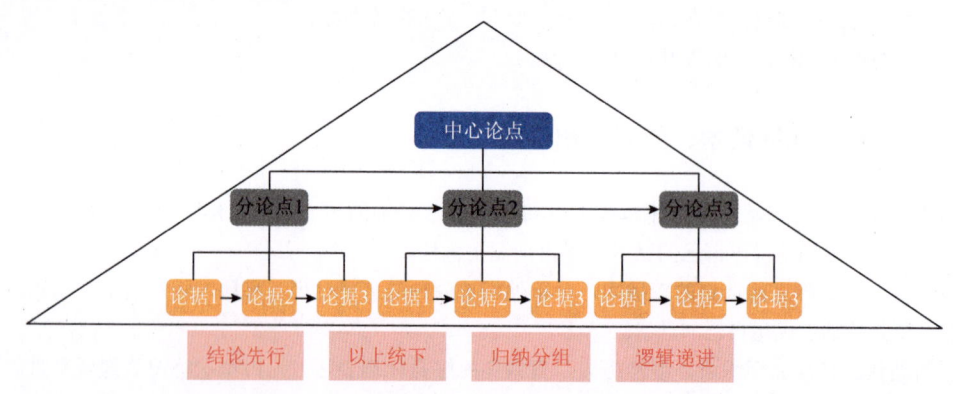

图 6-11

无论我们做什么赛道、介绍什么产品、在说哪一部分的话术，都需要先有一个中心论点，然后通过不同的分支论点去佐证这个论点，再通过不同的论据去证明你的观点。

如果我们正在售卖一款玫瑰花茶，它的中心论点是品质很好，那么分论点就是它颜色正、花型大、味道浓。颜色正的论据可以是对比真正的玫瑰花颜色和原产地日照时间；花型大的论据是对比其他家同款和原产地原料直接手动测量；味道浓的论据是现场泡形容味道和现场描述其他产品的味道对比。

整理成思维导图后如图 6-12 所示，按照框架去说，就会有条理许多。

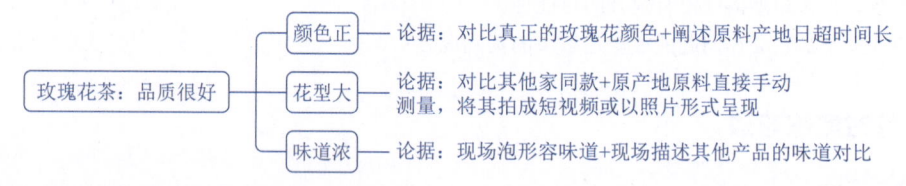

图 6-12

同理，中心论点是可以换的，例如将上述案例中的"品质很好"换成性价比高、品牌值得信赖等都可以。

有了骨架之后，再根据骨架去填话术，就容易很多。

6.3.2 逻辑框架的 PREP 法则

PREP 法则在辩论、演讲、教育等领域非常知名，它的简单和实用性几乎成为所有需要表达的行业人群的必修课。

我曾经带过上千个新人主播，很多新人脱离了话术稿件，就大脑一片空白，而经过了这种方式的训练，大家基本都能在很短的时间内，用自己的逻辑来表达内容。

PREP 法则包括四部分：Point（观点）、Reason（原因）、Example（举例）、Point（重申观点）。你的核心观点是什么；你这么认为的原因；依据有哪些，有哪些案例可以证明你说的内容吗；再次强调或者升华你的这一观点。

接下来尝试直接带入产品中练习。

如"今天给大家介绍一款特别好用的润喉糖，经常用嗓、经常说话的人一定要买！"

这句话是一个 Point（观点），如果你只有这一句表达、一句话，或者后面重复去说"这个糖真的很不错啊，一定要买哦！相信主播！"就变成了无用的废话话术。

我们可以接 Reason（原因），"为什么呢？因为它含有蜂胶的成分，蜂胶是蜜蜂用来筑巢时隔绝细菌的，吃了以后你再大量说话，嗓子这一块就有保护了。"

再接 Example（举例），"我自己是天天要直播 3~6 小时的，你们每天都能看得见我，我有没有哪天嗓子是哑的？没有，因为我自己就是经常会吃它。"

最后 Point（重申观点），"主播、老师等职业的人，一定要拍起来，嗓子不行了、坏了，再想着去保护就来不及了，包括说话多的职业也都可以拍。"

一个简单又完整的逻辑表达就出来了。

6.3.3 如何练习逻辑能力？

1. 随机词语练习：搭桥法

从"烧饼"到"爱情"，听起来是不是像两个平行宇宙般的存在？但在逻辑训练中，它们却可以成为亲密伙伴。试着每天随机挑选两个毫不相关的词汇，然后用你的逻辑去构建它们之间的桥梁，可以运用我们上面说到的"金字塔原则"以及"PREP 法则"。

感兴趣的读者也可以去我的小红书账号主页搜索"上播逻辑"关键词，如图 6-13 所示，跟着视频一起，通过即兴表达来锻炼自己的逻辑能力。

一开始，你或许只能勉强串联起一个简单的句子，或者很容易就卡住了，这时候一定要重新整理思路，把自己的观念再串联一遍，尝试着再去表达，直到自己能讲出一段思路清晰的观点，才算一个练习的结束。

2. 产品推销练习

随手拿起你身边任意一件物品，假装你要销售它。可以按照 PREP 法则去围绕某个观点，进行简单的推销，也可以套用金字塔原则。

3. 日常用品解析

图 6-13

那支你天天使用的口红，为何会成为你的最爱？是不是因为它不仅颜色美观，还能保持唇部的滋润？

为什么你最爱吃那一家餐厅，是因为它口味独特？还是因为它服务贴心？

把你生活中遇到的令你喜爱或难忘的事情，表达出来。

这些看似平常的观察，用语言表达出来，不仅能锻炼你的逻辑表达能力，同时还能锻炼观察能力，是一种非常有意思的练习方式。

4. 日常的公开发言

多和你的朋友家人发表"长篇大论"，你可以就任何你感兴趣的话题，向他们表示你要进行"公开演讲"，从而表达你的观点。

不用局限于话题的选择，在生活中，尽可能多地去表达你自己的观点，注意一定要有理有据，条理清晰，把自己每次的观点表达，当成自己的一场演讲。

电商主播的逻辑训练是需要持续实践和思考的。

虽然话术模板和死记硬背可能对一些人有所帮助，但最好的修炼方式永远是修炼自身。逻辑能力并非只局限于直播一个行业的运用，练好了逻辑能力，对我们的生活也会有很大的帮助。

第 7 章　直播运营逻辑

　　虽然主播是直播间吸引观众的基本条件，但仅凭主播自身的能力是不足以支撑直播间拿到结果的。

　　除此之外，我们还必须深入了解直播平台的运作规则，掌握其推流策略和市场竞争模式。

　　只有我们熟知游戏规则、清楚考试的范围，才能更有效地对症下药、取得成绩。

7.1 直播间获取流量的机制是怎样的

无论我们目前的身份是主播、直播间负责人、个体创业者还是企业品牌老板，想要在直播行业做出成绩，就必须深刻了解直播间的流量机制。

很多学员会说："直播间没有流量、用户总是快进快出、平台推流太不精准、没有人互动、更没有人下单。"

面对这些问题到底应该怎么办？

其实这些对于一个新直播间来说都是非常正常的，这就好比我们线下开一家门店，如果你没有做好前期准备、没有自己的私域老客，仅仅只是新开了一家门店，那一开始也不会有精准的顾客上门消费。

线上直播间和线下开店核心逻辑是一样的，所有的正向结果都是运营出来的，而非平台免费"送"给你的。

7.1.1 推流机制

为了大家理解，所有直播平台的推流可以简化为两步。

1. 第一步，起号期的推流

当我们的直播间处于初级阶段，系统不知道你是一个什么样的直播间、什么样的人喜欢你时，它会给你推各种各样的观众。在这个环节，所有新起号的直播间都一样，除非你提前发布了短视频，并且吸引到了足够精准的粉丝，那么在直播的初期阶段，你的观众会有相当一部分是来源于原始积累的粉丝。

如果没有粉丝积累，系统会尝试将各种不同的观众、各年龄段的人推送至我们的直播间。

这一波人推来了之后，我们的直播间就开始进行承接的工作了。

主播开始进行顾客的"接待"，在这个环节中，我们的目的是留下目标人群，而不是留下所有的人群。

这个过程中，我们核心的动作是筛选和吸引，筛选出你要的目标人群，用尽一切方法吸引这些人群的注意力。

2. 第二步，同行竞争期的推流

如果我们自己不主动去做筛选这个动作，平台也会帮我们进行人群的筛选。它会自动监测什么样的人群在你的直播间里面数据最好，从而在下一波推流时就加大这波人的占比数量。

"直播间总是大爷大妈爱停留"的原因就是如此，因为在所有人群之中，他们的数据是最好的，而你想要的年轻、高消费力群体在刷到你直播间时直接"秒速"划走，那么平台就会给你继续推送大爷大妈人群。

在这个过程中，流量是如何做递增的呢？

筛选这个动作开始以后，我们就进入到和同行竞争的过程中了。

每一个直播间进行筛选和吸引的效率不同。而平台会把这些效率数据化，通过数据去观察哪一个直播间筛选和吸引的效率最高，从而继续给这个直播间更多的推流。

如果你的筛选和吸引动作做出来的数据相比于其他选手更差，用户更加不愿意待在你的直播间，不愿意和你互动，那么你的流量数据也会越来越小。

如果这里难以理解，我们可以举两个例子。

李雷和韩梅梅分别在 A 街开了两间铺子，你是 A 街的老板，他们每卖 100 元的物品，就要给你 1 元钱作为报答。

这个时候你发现，李雷的店铺，总是能有更多客人待在里面不出来，而且客人都很喜欢跟李雷说话，同时客人对李雷的产品也表现出了爱不释手的态度。

而韩梅梅的店，客人总是看两眼，就飞快地走出来，对商品几乎碰都不碰，也完全不跟韩梅梅说话。

这个时候你作为 A 街的老板，是不是会想办法把所有的顾客都往李雷那儿送一送呢？当你进一步发现，有好多打扮洋气、南方口音、年龄在 30 岁上下的女性，特别爱在李雷的店铺里豪爽地买东西时，下次 A 街再来类似的顾客，你是不是会直接推荐她们先去李雷的店铺？

同样的，韩梅梅虽说成绩不好，但是也不能不管，毕竟她已经在 A 街开上店面了。于是你想还是偶尔给她一点顾客看看的，但是因为没有人在韩梅梅的店里买东西或者表现出明显的喜好，所以你也不知道怎么帮她，只能随机偶尔给她几个人看看效果；同时你心想着，要是她能做出点什么改变，你再给她多推一点人过去也是可以的。

以上，其实就是直播间的整体推流逻辑。核心思维很简单，谁能给平台创造更多的利益，谁就能在这个"地盘"中获得更大的流量。

虽然我这里归纳总结为两个步骤，但其实这两个步骤是同步进行的。

我们的直播间在刚开播时，就开始进行人群的推送、筛选、再推送机制了。

整体系统性的流程如图 7-1 所示。

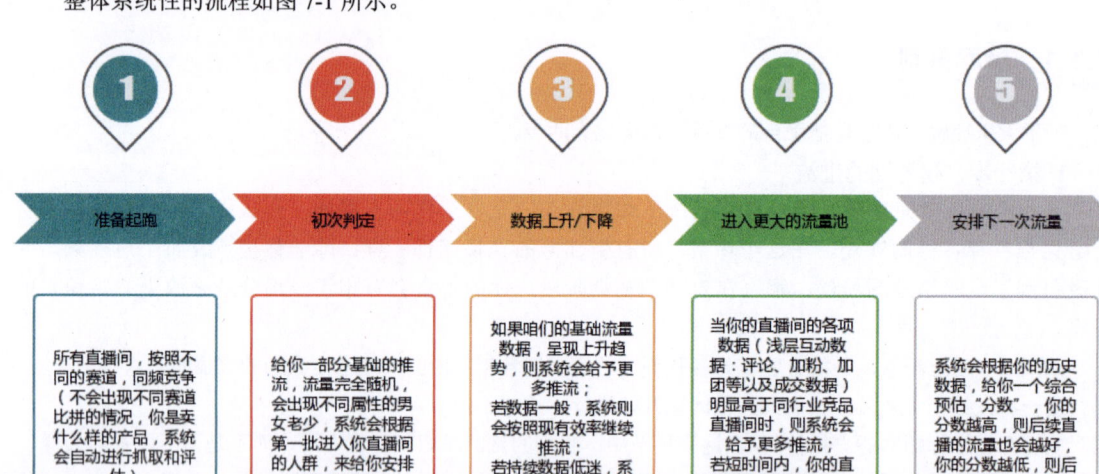

1 准备起跑	2 初次判定	3 数据上升/下降	4 进入更大的流量池	5 安排下一次流量
所有直播间，按照不同的赛道，同频道竞争（不会出现不同赛道比拼的情况，你是卖什么样的产品，系统会自动进行抓取和评估）	给你一部分基础的推流，流量完全随机，会出现不同属性的男女老少，系统会根据第一批进入你直播间的人群，来给你安排后续的推流	如果咱们的基础流量数据，呈现上升趋势，则系统会给予更多推流；若数据一般，系统则会按照现有效率继续推送；若持续数据低迷，系统则会逐渐减少推流频次	当你的直播间的各项数据（浅层互动数据：评论、加粉、加团等以及成交数据）明显高于同行业竞品直播间时，则系统会给予更多推流；若短时间内，你的直播间数据飞快上升，则直播间流量也会飞速上涨	系统会根据你的历史数据，给你一个综合预估"分数"，你的分数越高，则后续直播的流量也会越好，你的分数越低，则后续直播流量也会越差

图 7-1

7.1.2　影响推流的重要指标

了解推流逻辑之后，我们来捋一下什么决定了推流数据的好与坏，平台到底是怎么判定一个直播间有没有潜力的呢？

通常由两个数据决定：浅层数据和成交数据，如图 7-2 所示。这一部分的内容，对于刚入门的新人来说可能会有些难以理解，但是这些都是直播最基础也最底层的运营规则，一定要坚持看完和理解，才有可能在直播行业拿到相应的结果。

浅层数据：停留、点赞、关注、加粉丝团、商品点击率

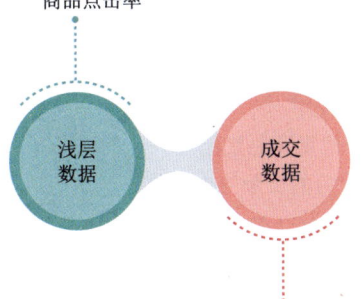

深层数据：成交金额、成交密度、成交件数、用户人均价值、千次成交金额

图 7-2

1. 浅层数据

浅层数据指用户来到你的直播间所进行的一切发生在成交之前的动作。例如，停留在你的直播间里，给你点了关注、点了赞、加了粉丝团等。

2. 成交数据

成交数据也叫深层数据，是用户进行购买之后产生的一系列数据。例如 GMY（Gross Merchandise Volume，一定时间段内的成交总额）、GPM（GMV per Mille，千次观看成交金额）、UV 价值（Unique Visitor，每一个独立访客能带来的价值）等。

在用户数量保持一致的前提下，成交数据对账号的影响是大于浅层数据的。

例如现在直播间有 100 个人，有 10 个人进行了成交；还有一个直播间有 100 个人，有 10 个人进行了关注。那很显然平台会给成交比率更高的直播间推更多流量。

这是一个基础的逻辑，但在实际直播间中，成交数据和浅层数据更多是相辅相成的过程。

用户在成交前，必然会进行最基础的停留和商品点击的动作，用户在成交后，平台再根据这拨人群的特点进行下一拨流量的推送，成交的人群多半都是精准人群（直播间福利品除外），它会间接影响下一拨人群的浅层数据质量，因为是更加精准的人群，所以会更容易在直播间进行停留和互动。

这时候可能有读者会有疑问：既然如此，那还需要做浅层数据吗？我直接做成交数据不就行了吗？

答案是肯定的，如果我们能直接做成交数据，让自己的成交数据水平持续保持在高于大部分同行的水平，那不去刻意进行浅层数据的叠加，当然是可以的。像小红书上有很多明星、买手博主，不会刻意去做浅层数据，不会频繁要求用户打"已拍"，而是以聊天、专业讲解的姿态呈现直播间商品，也能获得非常好的平台推流，其实这不是因为聊天和专业讲解能带来推流，而是因为明星、买手博主本身有信任力，能直接带来成交，平台根据优秀的成交数据给予直播间的流量。

有优秀的成交数据，自然是不用担心流量问题的。

但大部分的直播间，从人、货、场三个方向来说，并不足以做到能让用户一进来就闭眼成交的程度，特别是一些新号直播间，一上来就做大量的成交数据，相对来说是比较难的，所以我们可以退而求其次，用追求浅层数据的方式让平台看到我们的"潜力"，从而愿意给我们更多的分流。

3. 总结

对应上述的推流思路，有几个关键的核心点。

- 每一次直播都是一场"考试"，分数的高低则由同行来决定，如同高考划分一样，如果同行普遍做得好，那么你就需要做得更好；分数会决定当下的流量，以及直播间未来的流量潜力。
- 前期流量不精准的情况下，我们需要努力修正流量，让我们需要的人留在直播间，多说我们目标用户群体感兴趣的话术。
- 每场直播的核心：浅层数据和成交数据，我们需要尽可能提升这两个能影响"分数"的关键数值。

7.2 流量区别

所有流量都可以笼统地分为两类：付费流量和免费流量。

这两类流量，共同构成了每一个直播平台的流量生态系统。但这两类流量本身又是两种截然不同的形态和特点。本节为读者介绍什么是付费流量，什么是免费流量。

7.2.1 付费流量和免费流量

付费流量是指通过向平台方付费的方式进行流量交易。一般来说，付费流量的买卖是以结果为导向的，例如直播间没有人气，那么你可以购买真实用户进入你直播间，从而提升你直播间的人气数据；直播间没有人下单，你可以购买平台根据大数据推断出来的精准人群进入你的直播间，从而间接性提升你的成交率等。

免费流量则指不通过任何付费手段，仅靠平台免费、自然推给你的流量，所以免费流量也叫自然流量。不同的产品适合的流量路线也是不一样的。

举个例子方便大家更好地理解，如果现在你要买一块4090计算机显卡和一个挂在家门口装饰用的挂件，你分别会通过什么渠道购买这两样物品呢？

如果是购买专业显卡，你可能需要先产生这个需求，然后再通过不同平台的学习、比价，最终下定决心进行购买；而门口的挂件，可能就是今天刷到一条短视频随手就买了。

这就是付费流量和自然流量最大的核心区别：人群的精准需求度。

通常来讲，进行付费的目的很简单，就是为了快速获得精准的人群，把他们直接引进直播间。但付费流量也不是万能神药，不能按着消费者的头让他们购买。付费的本质是，有购买可能性的用户已经给你领过来了，能不能成交、能以什么样的频率和成本成交，就看你的承接能力了。

而自然流量更多发生在用户没有强烈需求的场景下，所以你很难看到高客单的产品是做纯自然流量的直播间。

越是高门槛的产品，越需要精准流量。

获得精准流量的办法有很多，例如做品牌、做分销渠道、做短视频获客、做账号IP型人设等，这些都需要一定的投入周期。而付费流量直播，给了高门槛产品一个快速弯道超车的机会。

以前做一个高门槛产品，需要投入的人力、物力、财力是普通人难以企及的，但现在只要你直播间人、货、场有竞争力，即使是人数非常少的小团队，依然有把高门槛产品做起来的机会。

1. 如何辨别付费流量及免费流量直播间

付费流量直播间和自然流量直播间大致可以从以下四个角度进行区分。

01 主播角度

付费流量直播间：憋单（通过控制商品的上架时间和数量，从而让用户产生产品的稀缺感和期待感）时间较短，目的是快速成交。如果憋单时间过长，就会导致原本精准的用户失去购买的欲望。

免费流量直播间：需要较高的浅层数据支持（如停留时间、互动频率、灯牌等），憋单时间可能较长，或者通过各种吸睛的方式来吸引观众的停留和互动。

02 账号角度

付费流量直播间：多为蓝V或品牌官方店播账号，账号内短视频内容多为硬广类，直接推销商品。

免费流量直播间：账号内短视频具有一定内容属性，主播或博主有自己的人设，粉丝也有一定的黏性，账号更加注重故事性或提供价值。

03　直播间货盘角度

付费流量直播间：客单价区间以及产品类型统一。

免费流量直播间：产品价格区间广泛，从低价的福利品、到主推的正价品再到高客单的高利润产品都有上架可能性。

04　直播间福利品角度

付费流量直播间：福利品价值较低，如小样抽奖或平台虚拟货币。

免费流量直播间：福利品价值较高，明显需要通过抽免单、送大额券等福利方式来聚集人气。

通过这些区别，我们其实可以发现，付费流量直播间更倾向于直接销售和快速成交，自然流量直播间则更注重用户关系建立和高质量内容的提供。

需要注意的是，不同的直播平台在不同的发展周期中，所呈现出来的状态是不一样的。

例如直播发展至今的抖音，大部分直播间或多或少都会进行付费动作；而相较于直播2023年刚起步的小红书平台，大部分商家对于付费还抱有谨慎的态度。

真正能确定我们想观察的直播间是否付费、付费具体占比多少，还是要通过更直观的数据来分辨，例如通过各种第三方软件渠道去查询。

7.2.2　付费流量 VS 免费流量入口区别

不同的流量形式，在流量入口端也会有不同形式的呈现。我们这里以流量生态系统较为全面的抖音平台为例进行主要展示。

各直播电商平台虽然在展现形式上各有不同，但核心逻辑都是一样的，所以不用觉得自己不做抖音平台，这个就毫无借鉴意义，就如前文所说，所有的平台都在不断调整和发展中，不同的流量入口都有一定的特征和特点，我们可以尽可能在变化中寻找规律。

1. 付费直播入口

01　直推直播间

比较常见的是直推直播间的付费方式，平台把你的直播间预览界面呈现在用户面前，用户可以在右下角看到"广告"两个字，但一般用户不会注意到，如图7-3所示。

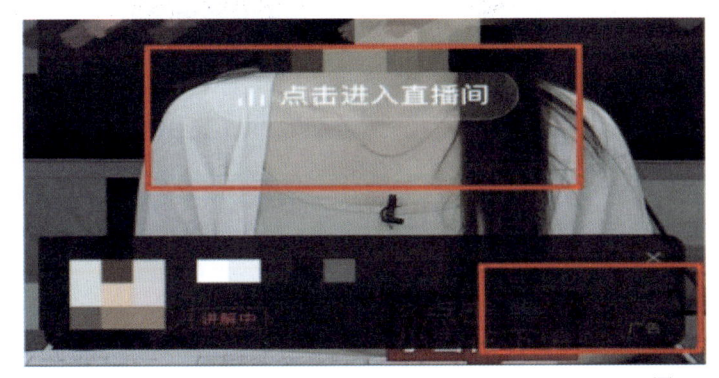

图7-3

很多直播间会出现有人进来就活力满满，直播间没有人进来就死气沉沉的状态，其实这是非常错误的方式。

所有直播平台的大部分直播入口，都需要用户手动选择是否进入，所以在用户还没有进来时，他大概率会在直播间门口进行"观察"。如果他感兴趣，才会点进来；如果直播间一直状态不佳，那么就会进入死循环，用户看到这个直播间怎么这么无聊就选择不进入，而主播看到没有人进入就继续"摆烂"，从而让更多的用户流失。

02 付费素材投放

通过短视频素材引导到直播间,也是比较主流的付费推送方式。用户会在正常的内容推送界面刷到短视频,同样下方会有"广告"字样。用户看了短视频觉得感兴趣之后,就可以点击右侧正在直播的头像按钮,进入直播间,如图 7-4 所示。

通常能通过短视频素材进入直播间的用户,都相对更加精准,因为他通过短视频已经对你的产品有了大致的了解,并且如果对产品不感兴趣,大概率也不会专门点进直播间来。

短视频本身的数据水平越好,则相应要付出的付费成本反而会越低。因为平台也希望商家能多产出既优质又能形成转化的内容,所以一个数据优秀的直播间引流短视频对于直播间来说是至关重要的。

03 付费搜索渠道

搜索渠道是一个比较特别的渠道,相对来说人群会更加精准,用户对什么感兴趣或者想买什么产品,直接进行了搜索动作,而平台可以将这些有明确意向的用户直接引导到相应的付费直播间或者付费短视频中去,如图 7-5 所示。

图 7-4

图 7-5

2. 免费流量直播入口

什么叫免费流量推荐呢?以下入口就是我们常说的免费流量、自然流量的入口。

01 直播推荐

直播推荐是较为常见的免费流量的推流方式,意思是平台免费把你的直播间推送到用户的推荐栏里,自然流量的直播推荐,专业名词上也可以叫"feed 流",是大数据根据算法根据用户偏好进行个性化推荐的,如图 7-6 所示。

各平台的直播推荐流量叫法略有区别,例如小红书平台直播推荐流量的其中一个重要渠道叫"首页推荐流量",如图 7-7 所示。

图 7-6　　　　　　　　　　　　图 7-7

对于绝大多数只做直播（或账号内容偏向硬广商业型）的免费流量直播间来说，直播推荐流量都是最重要的流量，它可以源源不断地为一个直播间推送新的用户进来。

02　短视频推荐

当用户正常刷到你的短视频时，看到你正在直播，进而从短视频点入直播间的渠道叫短视频推荐流量（或笔记推荐流量），如图 7-8 所示。与付费素材投放的逻辑相同，短视频的受众进入直播间对产品或对视频内相关的主播、博主本人都会产生一定的信任力，同时也能节约更多的沟通成本。

于现在整个竞争激烈的直播大环境来说，只比拼直播间内的能力，是一件相当困难的事情，它不仅要求主播极强的个人能力，同时也要求产品的极致竞争力。有持续高质量的内容输出，对一个需要通过直播变现的账号来说也是至关重要的。

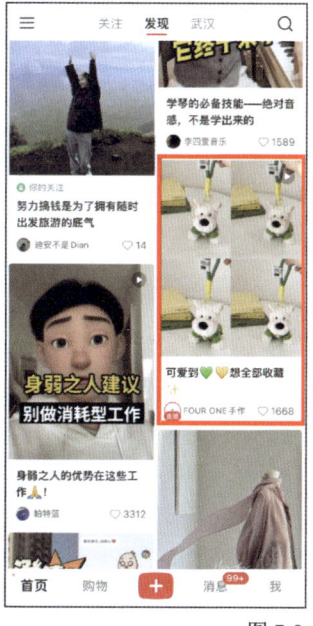

图 7-8

03 关注页推荐

用户已经给你点了关注，用户通过关注列表看到直播，如图7-9所示。

图7-9

这里要注意，关注页面流量占比过高并不一定是好的数据表现。关注流量占比高，说明老粉黏性强，他们能在你直播间做出更好的数据表现，所以平台会更加趋向去给你继续推老粉。当发现直播间新客进入效率明显降低时，就要考虑增加新的拉新产品及话术，同时减少一定老客户针对性话术。

04 免费流量其他流量渠道

免费流量的入口渠道还有很多，例如直播广场、用户搜索流量等，这些免费流量的入口一般情况下不作为直播间的主要流量来源渠道。

如果在直播过程中，你发现自己的某一个"小众"流量来源占比特别高，需要及时去观察自己的直播推荐流量、短视频（笔记）流量来源是否正常，并进行一定的干预及调整。

7.3 揭秘运营中的常见误区与真相

在对接了上千个商家和个体后，我发现几乎所有新人都或多或少对直播间运营有一些错误的认知，这些认知可能会在做直播的过程中，极大地影响直播间的运营。本节我们主要来规避一些常见的直播间运营误区。

7.3.1 起号相关

1. 新号没有流量

曝光进入率指平台将你的内容或直播间推送到用户推荐栏中，用户如果手动选择点进来，则算一个直播间有效场观。新号会有起号期扶持，比较常见的流量区间为200~2000（曝光量），每个直播间的曝光进入率不同，最终进入到直播间的人数也不同。总体来说，新号直播间每小时几十到几百人的场观人数都是正常的，不用太过于焦虑。并且大部分新号直播间都需要一个起号周期，成熟团队的起号周期一般是3~15天。

2. 什么是冷启动期

每个新号开播都会有一个冷启动的周期，相对于一个有垂粉基数（垂类粉丝基数，指账号拥有某垂直赛道的粉丝群体，而不是泛流量粉丝群体）的账号来说，新号的冷启动周会会相对更长、更难。

冷启动是指你的直播间还没有被打上标签，平台沟通大数据帮助你的直播间打上标签、找到正确的目标人群的过程，当你直播间的人群精准、能周期性完成一定单量的成交数，则可以视为度过冷启动期。

你直播间里，愿意进行浅层数据的相关动作、下单的人数越多，则冷启动的周期完成就越快。

直播间的冷启动不存在具体完成多少单、直播间有了场观用户，就等于完成了冷启动周期。每个平台、每个赛道的产品不一样，冷启动的周期也不一样。

例如应季的水果和高客单耳饰这两个品类，冷启动的周期、单量肯定是不一样的。应季的水果，面向的人群更广、更泛，无论是新锐白领、资深中产还是都市银发，都有购买的可能性；高客单的耳饰，对应的人群则会细分很多，包括消费能力、款式喜好、生活方式等，大数据都要进行探索和学习，才有可能给你推来你想要的正确人群。

3. 前期各种频繁调整直播间

开播后，不频繁进行直播间大调整，尽可能做到准备好再开播。

主播如果说话都不利索，也没有话术框架，没有货盘顺序，就别开播。

开播后如果要进行运营策略调整，尽可能做好整体规划。很多运营调整都有滞后性，例如有潜力的货品也并非第一场直播就会爆，更多是在看到有爆的潜力后，不断优化、测试、进行主推之后，才爆起来的。如果今天测了这些品，发现没有好的数据变化，明天就立刻改卖其他产品，反而会错失机会。

如果要做改变，就把这个改变落实，然后贯彻到极致，再给予一定的时间，才可能测出效果。今天这里测一下、明天那儿改一下，对直播间的伤害是极大的。

4. 号会不会做"死"

直播间短时间内频繁违规，屡教不教，或者店铺分过低，号是会被做"死"的。

如果仅仅是正常开播，并无高频率的违规且店铺、产品也一切正常，没有被举报、投诉、差评等情况出现。平台还在继续给你推流量，只是流量会越来越小或者越来越不精准，这个时候换一个新号播和继续播这个老号，没有本质上的区别。

自然推荐的免费流量越来越少只能说明一个问题，即直播间与同类型直播间相比，缺少竞争力。

5. 直播时长是多久？要不要拉时长

新号前期不用拉时长，保持每天固定的 2~5 小时开播时间足够；截至本书完成前，除了小红书平台外，其余主流的直播平台并不会因为直播间的直播时长加长，从而给予更多的流量。小红书的直播流量扶持具体也会根据赛道、账号情况的不同，而略有不同，可以在 PC 端后台，查看自己能参与的直播活动和流量扶持情况。

即使是在有流量扶持的情况下，直播时长也并不是影响流量的核心因素。

如果只要直播时长够长，就有流量，那么现在市场应该会大量充斥"混时长"类型的直播间，然而此类直播间几乎很难获得长期稳定的流量，所以不用太过于追求直播时长，选择适合你现在的情况进行开播即可。

当账号度过冷启动期，且货盘充足的情况下（注意现货如果爆了再改预售，是非常伤流量和账号的，如果要加时长需要合理考虑自己的货盘情况），可以开始慢慢增加直播时长从而达到扩大收益的目标。

开播频率只要规律，能够培养出粉丝的习惯，都是可以的。日播、一周休 1 天、1 周休 3 天或者一个月播 3~5 次大场，都是健康的开播频率。同时注意不要在同一天内频繁关播、上播，会影响账号的流量推送。

7.3.2 账号相关

1. 不要互粉，不要"交朋友"，合理"买粉"

如果"买粉"的目的是达成平台的直播限制，能让自己顺利开播，那基于这个目的的"买粉"是可以的。注意，"买粉"尽可能通过平台的付费渠道，其余渠道有一定风险。

但如果经常性地在各渠道分享直播间、分享账号，以互相交朋友、互相点赞关注为由头，招揽了一群非精准流量的泛流量关注账号或进入直播间，这个举动是致命的。

2. 账号/直播间多久能做起来？多久能看到结果

直播也好，自媒体账号也好，没有固定的一定能起号成功的时间周期。也没有固定一定能起的万能方法。

只有值得借鉴的经验与技巧。

往往一个直播间或者账号，成功的经验都是多维度的，并不是由一个原因组成的。

就拿我的账号举例，能在一年的时间里，突破 10 万 + 的粉丝数量，风口、内容能力、直播专业能力、团队，缺一不可。

2023 年上半年我刚开始做小红书时，直播知识付费这个赛道非常冷门，同时小红书的电商直播板块也才刚刚开启，所以我的账号初期即踩中了一个风口红利期，这是非常关键的"天时"。

而我从大学就开始学习导演专业，并且后续数十年的工作中，做了大量短视频相关的工作，积累了一定内容创作能力，且我本身的内容风格也非常适配小红书平台，此为"地利"。

最后才是我个人直播上的专业能力，曾经运营过各赛道的直播间，带过一整个上市公司的电商部门，对于直播的各岗位及整体运营逻辑都较为清晰，同时还有一起工作了几年的专业运营、主播愿意跟我一起创业，"人和"的部分也搞定，最终才有了"艾姐是主播"这个账号和它所能达到的变现量级。

读者在做对标的时候，应当尽量撇除对标内容存在"天时、地利"的因素，比如自己是新账号，那与其拿某个三年前就起号成功的账号进行对标，不如更聚焦近期有优异表现的黑马型新账号。

内容本身的模仿相当简单。但是一个完整的变现模式、一个好的"天时"和"地利"却很难被一比一模仿。

直播也是如此，话术、产品、直播间背景、运营思路，都是容易被模仿的"外壳"，更重要的是，在别人成功的经验中，不断吸取和总结，摸索出来适合自己的模式。

3. 不要用主账号引流私域

所有平台，处罚最严格的就是私域导流。在短视频内、直播间内、账号简介中明示或者暗示加微信、加私人方式、手机号等，非常容易封号。去同行评论区进行客户截流，也是违规行为。

7.3.3 付费相关

从客观事实的角度来说，付费流量并不会压制自然流量。并不会因为你的直播间进行了付费行为，从而影响到你直播间自然流量的推荐。

但是付费流量的承接方式，是区别于免费的自然流量的。如果我们直播间的整体话术模式、运营风格，都是更趋向于付费流量的直播模式，那当然会造成"付费了就能卖得出去，不付费流量就非常拉胯"的情况。

直播间本身并不具备承接自然流量的能力，或者说没有为自然流量的承接去设计相应的打法和框架。

7.3.4 货盘相关

1. 新号的品是不是越多越好

新号、新直播间，可以重点测品，但是不要准备一堆产品进行没有侧重点的平播过品。对于我们普通商家和个人来说，无论一个直播间在什么阶段，都需要自己的主推爆品，并不是直播间的品越多就越好，而是我们需要在其中找到最有潜力的那几件商品，把它们做集中销售。

在同等节奏和主播讲解情况下，数据表现越出色的品，就越有爆品潜力，就可以给予更多的反复测试空间。

2. 精选联盟 / 选品中心的品有竞争力吗

现在所有兴趣电商平台，都有自己的选品中心，源头商家可以在平台上自由开店，而个体和博主可以在其中选择自己觉得有潜力的产品，加入到自己的账号橱窗中，进行售卖。

想要把平台选品卖好，需要具备两个优势能力：选品能力及内容能力。

选品能力即你对某赛道有一定的专业认知或者深度了解，你有能力在成千上万件商品中，挑出有价值的产品。如果只是单纯看哪件销量高就卖哪件，即使选中正在热卖的爆品，也很难卖得出去。

内容能力即你能把这件商品的优势很好地呈现出来。直播能力、短视频能力、塑造人设的能力，都属于内容能力。

第 8 章　绘制人群画像

　　直播间的一切策略，无论是运营布局、商品选择还是话术建设，都是基于对目标观众群体精确的洞察与理解。

　　如果我们在这一步偏离了正确路径，不仅达不到预期的效果，反而会使后续所有的运营动作更加南辕北辙。因此，构建准确的人群画像，是直播间一切运营策略的基础。

8.1 人群画像为何重要

我们先来看图 8-1 所示的 3 样产品，虽然同样都是枕头，但是你能感受到这 3 款枕头是完全不一样的受众人群、不同的产品卖点、不同的使用场景。

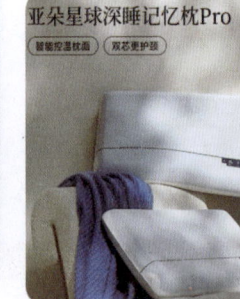

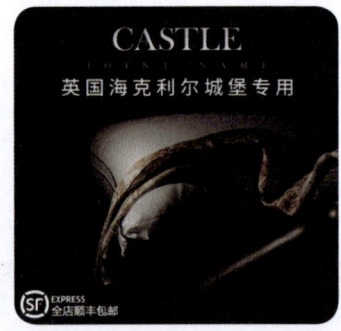

图 8-1

第一款，多数人都会用性价比和物美价廉来形容它，使用场景更多是在出租屋和宿舍，对应的人群可能是学生和打工族。

第二款，重点在其功能性和效果上。深睡记忆枕，不仅彰显了产品的高调性和整体品质，而且更适用于追求美观家居环境的使用场景，对应的人群可能是对睡眠有质量需求、有消费能力的中青年群体。

第三款，奢华气息扑面而来，高端、奢华、上档次是它的主旋律，使用场景更多是在五星级酒店、高档住宅，对应的人群是有足够的消费能力、对生活品质有极高要求的群体。

不同定位的产品，对应着完全不同的人群画像。

这里因为例子足够"极端"，读者应该能找到其中的区别。

但当产品与产品之间差异性不那么强时，人群画像就容易变得模棱两可。

例如，我们曾有一个卖蝴蝶兰的学员，经常抱怨自己的直播间人群实在是太不精准了，推送大多都是 40~50 岁的中老年群体，一度觉得困扰。

实际上，与学员价格类似、品质类似的直播间如图 8-2 所示，大多消费者都是这个年龄段的人群，光从年龄的匹配度上来说，这个人群标签没有任何问题。他所困扰的人群不准、想要更精准的人群进来其实是一个伪命题。

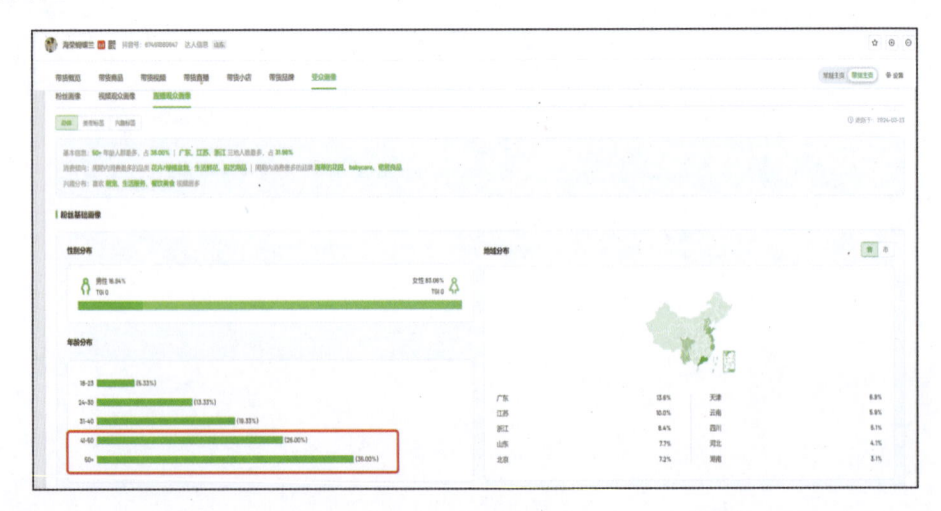

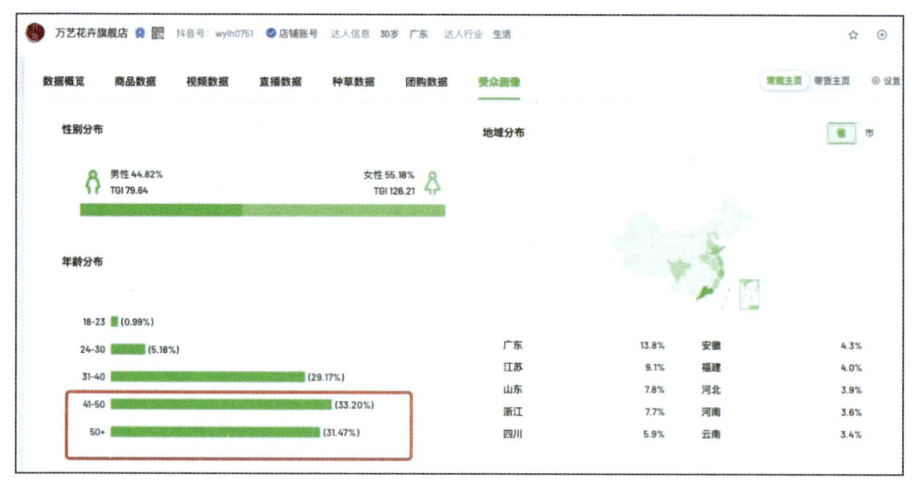

图 8-2

在了解人群画像很重要之后，我们怎样才能精准地绘制出自己产品的人群画像呢？

8.2 如何定位直播间人群

在构建直播间观众画像时，首先我们需要对产品进行初步定位，接着对现有的客观数据进行分析和总结，最终通过第三方数据平台进行横向比较，以确保全面深入地理解目标人群。

8.2.1 步骤一：定位产品

我们可以通过产品的价格、外观及功能、款式型号去得出大致的人群模型。

- **价格：高客单 or 低客单**

客单价是指顾客平均每次购买的金额。

根据客单价的高低，产品可以分为高客单产品和低客单产品。在这个过程中，注意不用自己的主观意识去判断产品是否属于高客单或低客单。

例如同样是面霜水乳，有的人可能觉得护肤品 200 元以上的就算高客单，有的人觉得是 500 元。每个个体所理解的高低客单价都不尽相同，所以我们要用客观的标准去做评判，如表 8-1 所示。

表 8-1

	高客单	低客单
定义	单件或一次购买总额较高的商品	单件或一次购买总额相对较低的商品
特点	通常要能满足马斯洛的中高级需求（归属、尊重、自我实现需求）。 例如： • 印花纸巾一般多用于餐厅，予客人更尊贵的用餐体验； • 奢侈品包通常是使用者地位、身份、审美的外化体现	通常仅满足马斯洛的初级需求（生理、安全需求）。 例如： • 普通纸巾主要是为了日常使用，量大能用就行； • 帆布包是为了装东西，便携
价值点	• 通常具有较高的材料成本、品牌价值或独特的功能属性； • 更多定制化或专业化的服务	• 材料成本和生产成本相对较低； • 更聚焦于产品自身的用途

	高客单	低客单
目标群体	对品质有较高要求； 对价格不是极致敏感； 不会全平台比价	对性价比的需求高于品质； 对价格敏感； 可能会进行多方比价
购买频率	相对更低	相对更高
决策周期	相对需要更长的决策周期	可以较快地完成购买

为什么高低客单的区分如此重要，是因为对应不同的价格区间，直播间的运营方式和话术风格也是完全不一样的。

高客单：重价值感描述、重塑品、轻套路。

低客单：重福利感营造、重推销成交话术、轻塑品。

- **外观及功能：主要面向人群**

我们通常可以根据产品的外观及功能推断出产品的目标人群雏形。

我们可以通过外观去观察该产品迎合的是哪一类人的审美，通过功能看它以解决哪些人的什么问题为主。例如，同样都是手表，不同的外观及功能，对应出来的人群是完全不一样的。

如苹果手表等高端智能手表，如图8-3所示。苹果手表的设计简洁而精致，强调技术与时尚的融合，吸引那些注重健康、追求科技感同时又不愿牺牲时尚感的消费者。如健康监测、信息提醒，甚至是心电图检测等功能，明显是为了满足高端用户日常生活中的便利性和健康管理需求。

如小天才等儿童智能手表，如图8-4所示，针对的是拥有年幼子女的家长，这类产品的外观通常色彩鲜艳，充满趣味性，以吸引小朋友的注意。除了基本的通话功能，还加入了GPS定位、SOS一键求助等功能，解决了家长对孩子安全的担忧，这些设计明显是为了解决特定年龄段儿童及其家长的需求。

如卡地亚等奢华手表，如图8-5所示。卡地亚蓝气球系列以其经典而优雅的设计以及高昂的价格，吸引那些追求奢华、有着独特品位、追求身份象征的消费者。

图8-3 　　　　　　　　　图8-4 　　　　　　　　　图8-5

- **款式型号：细分人群**

不同的款式和不同的型号并非"无中生有""凭空想象"出来的。每一个款式（型号）意味着同样需求下，不同人群的"定制化选择"。

例如同样都是注重高客单价的时尚女装领域，品牌会推出多种不同款式和型号的服装，这是为了满足各类消费者的独特需求，无论是职场女性、收入较高的女性，还是注重家庭生活的女性，都能在这些丰富的选择中找到最适合自己的款式。

为了让读者更直观地了解不同款式的差异性，这里以某品牌的某产品之一——夏凉被举例，如表8-2所示。

表 8-2

	款式	冰镇夏凉被	迷你夏凉被	蚕丝夏凉被
尺寸材质	尺寸	150厘米×200厘米/200厘米×200厘米	120厘米×150厘米	150厘米×200厘米/200厘米×200厘米
	面料	机能面料	机能面料	凉感面料
	填料	聚酰胺晶凉纤维；亲水纤维；大豆抑菌纤维	亲水纤维	100%蚕丝
独有特点	凉感指数	0.33	0.31	0.26
	触感	冰镇凉感，干爽导湿不沾身	即刻凉感，软糯细腻	温和凉感，天然柔滑透气
适配人群	价格（元）	489/569	369	629/759
	体型	通用	身材纤瘦或者儿童青少年	通用
	适合人群	怕热汗多人群	怕热人群	需要凉感但怕过凉人群
	人群画像总结	高客单价、高品质、高科技面料等产品特点；符合Z时代、新锐白领、精致妈妈、都市银发的人群特点；这类人群具有高消费力、追求精致生活的消费特点		

通过对款式的分析，不难看出，款式型号上的不同，所带来的人群属性也不同。

8.2.2 步骤二：套用模型

对于产品有了大致的定位后，第二步开始套用标签。

目前电商行业一共有 10 个大类的标准，这 10 类人群几乎可以涵盖目前直播行业大部分商品的大部分人群特征。

我们可以把自己不同的产品，带入到相应的人群标签上，就能得出这类人群想要听到的话术重点是什么、对哪些场景话术最感兴趣。

详细的 10 大人群标签如表 8-3 所示。

其中，消费观念可以理解为该群体更喜好的客单价范围；特征标签是直播话术大方向上的选择；生活方式是场景话术的再现；购物偏好是该人群更侧重的商品类目。

表 8-3

十大人群	基础属性	消费观念	特征标签	生活方式	购物偏好
Z时代	1995—2009年出生	性价比；时尚高颜值；跨界联名	颜值主义；潮流敏感；为爱氪金；特立独行；追求"多元化"；追求爆款	重视自我提升，不会"委曲求全"；投资自己和未来；社交性消费；间歇性养生；网上冲浪达人；种草体质	休闲零食；购物护肤；囤货；潮流服饰；电子产品；IP周边

续表

十大人群	基础属性	消费观念	特征标签	生活方式	购物偏好
小镇青年	四线城市；小于35岁	追求性价比；有钱有闲（普遍不存在房贷压力）	热衷社交；陪伴而生的消费需求；追随行情送礼的消费需求；表达身份的品质消费需求；子女多元化职业的教育消费需求	消费升级趋势明显（性价比上升而非价格上升）；休闲时间充足，经常聚会，陪伴家人，人际社交环境丰富；较长的休息时间，网游娱乐App的主力军	休闲零食；护肤美妆；个人洗护；服饰鞋履；电子产品
精致妈妈（母婴类目重点关注对象）	一、二线城市；25~35岁的备孕、已生育精致女性	产品安全；不是那么关注价格；更关注价值	悦己（是妈妈，更是自己）；高消费力；安全卫士；乐于尝鲜；素质教育	关注孩子产品安全以及健康；家庭主要购买者；推动家庭消费升级的主要人群；功课党；关注自我需求；营养健康	母婴孕婴；护肤美妆；厨房电器；智能设备；个人洗护；养生保健；医美本地生活
K12家长	三线及以上城市；25~50岁受过良好教育	教育投资；信服朋友推荐、官方推荐；大家有，则我也要有	鹰式家长注重效果；佛式家长注重拓展	假期亲子游；学霸式培养；家长交流团	中小学教育；食品饮料；厨房电器；智能设备；家用清洁
新锐白领	三线及以上城市；25~40岁的白领（非体力劳动者）	注重品质；偏爱品牌；快买嗨购（容易冲动消费）；敢于消费	高消费力；重视自我；普遍压力大；单身经济；宠物经济；男性崛起	高收入高消费；隐形贫困人群；生活节奏快；注重便利	食品饮料；护肤美妆；生鲜水果；轻奢饰品；电子产品；宠物相关
资深中产	三线及以上城市；36~50岁白领层的精英群体	文化消费；重视体验；目标明确；追求高效	职场精英；高消费力；精致健康；担忧风险（衰老）；科技智能	注重品质生活；享受线下体验；注重子女教育；伴有一定的自我需求（马斯洛中高级需求）	进口食品；育儿用品；生鲜水果；智能设备；电子产品
高净值人群	超千万元可投资资产（约316万人，占总人数的千分之二）；广东、上海、北京、江苏、浙江高净值人群占总群体财富60%；2023年，40岁以下占比接近50%	高品质消费；追求极致价值；热衷珠宝首饰、医美养生、进口食品、豪车名表	高消费力；财富自由；定制奢游；最豪尾款人	注重个人资产管理；注重身心健康的保养；注重"私人化"；关注后代传承	珠宝首饰；医美养生；进口食品；豪车名表；定制服务

续表

十大人群	基础属性	消费观念	特征标签	生活方式	购物偏好
都市蓝领	三线及以上城市；25~50岁基层工作者；人口基数庞大	计划消费；量力而行；极致性价比	价格敏感；实用主义	消费升级潜力股；偏好游戏娱乐、婚恋交友、社区交友	生活日用；食品饮料；育儿用品；家用清洁；家居家装；中小学教育
都市银发	三线及以上城市；大于50岁	注重品质；健康养生；关注睡眠	有钱有闲；阅历丰富；提升家庭生活品质	线下消费为主；关注身体健康；热衷网购老年鞋服；热衷宠物陪伴；追求群体归属感	服饰鞋履；生活日用；养生保健；家居兴趣
小镇中老年	三线及以下城市；大于45岁	熟人经济；越下沉，越线上；品质大于品牌	偏好囤货；性价比；熟人社交、跟随消费；容易被赠品、优惠促销吸引；信赖专家；"接地气"	生活节奏慢；休闲时间多；渴望子女陪伴（注重贴心、温情的服务）；更看重售后服务；拒绝"都市银发"降级版本	服饰鞋履；家居家装；家用清洁；生活日用；"小而美"类产品

我们研究人群的目的，其实就是想要更加系统化地知道，哪类人群会被什么样的内容打动。就好比主播无法用以经典、价值感为主的话术去打动Z时代和小镇青年；同样，也不太可能让都市银发"追赶潮流、特立独行"。

这里我们所说的人群标签，更多的是一个通用型的标签。目的是迎合你的主要人群群体，而不是小人群或消费能力弱的群体。

同时，货盘对应的人群，区别不能过大。我曾经接触过很多博主和个体学员，在直播产品的选择上，跨度非常大，从Z时代到资深中产再到都市银发，都有相关涉猎的产品。类似这种跨越如此之大的排品，只能出现在流量较大的IP或者品牌账号中，要求直播间本身就有很强的流量聚集能力，例如贾乃亮直播间、东方甄选等。

对于大多数直播间，我们要尽可能做到目标人群、账号、产品的垂直度保持一致。

8.2.3 步骤三：数据自查

现在所有的电商平台，都有强大的大数据分析功能。

如果我们是已经有一定交易数量的商家，可以去后台整体拉一下我们的交易人群模型。

以小红书为例。在小红书后台，在左侧"用户"栏的"人群运营"中，能够非常清晰地看到自己的意向用户情况，如图8-6所示。

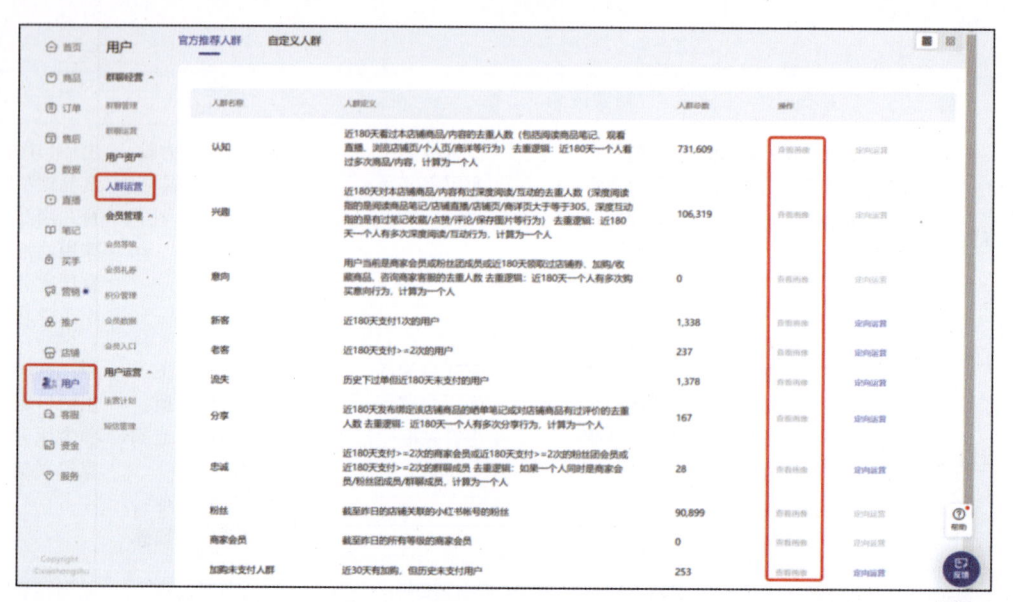

图 8-6

针对于不同的用户，平台也会给出细节的用户画像及特征，如图 8-7 所示。

用户的消费能力到性别、年龄、城市、标签、爱好点、偏好品牌、活跃时间等一系列的信息都会有详细的大数据分析和展现。

需要注意的是，一般账号粉丝、直播间观看人群和最终成交人群，会有细节上的差异。我们需要从最终成交人群中，找到规律，从而更好地推动账号粉丝以及直播间观看人群的购买。

8.2.4 步骤四：数据反证

如果没有大量的现成数据做分析，我们又想知道自己做的人群画像定位是否正确应该怎么办呢？

可以参考同行的后台数据，这里需要借助第三方数据平台的帮助。

首先在自己主做的电商直播平台找到 3~5 个和我们产品类似的对标账号。

注意，这里要保持"三一致"原则。

- 价格区间一致：主要看大多数主推款的价格是否一致，即你主要售卖的产品，都是在一个价格区层级内的。可以不用去对比福利款或者利润款。
- 直播间调性一致：不能他是清仓甩货大卖场型直播间，你是精致坐播型的直播间，尽可能找主播调性、直播间调性都差不多的直播间进行基础对标。
- 渠道一致性：如果你是个人、个体户，则尽可能也要找个人型直播间；如果你是品牌、企业、蓝V型直播间，则对标的账

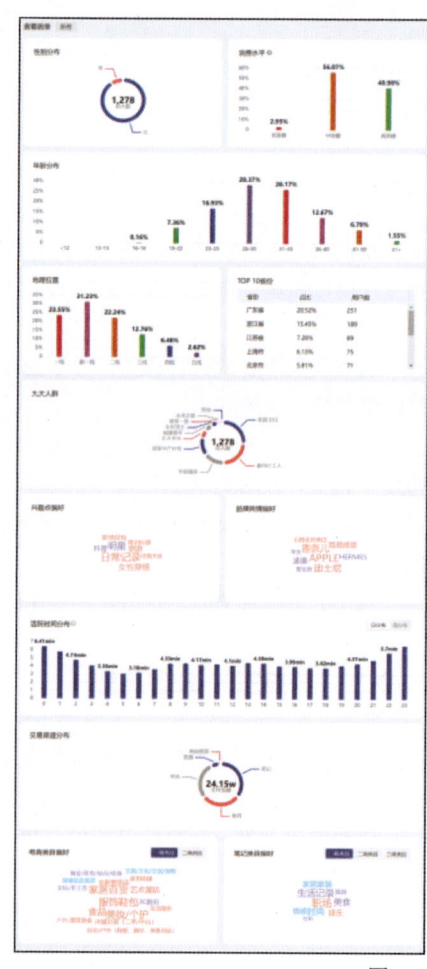

图 8-7

号也尽可能是相同赛道。

将这些直播间记录下来后，就能很清晰地在数据平台看到其数据情况。因为这些数据平台，大都为第三方付费平台，所以在此不做推荐，有需要的读者自行去搜索寻找即可。如果是长期使用，尽量使用官方渠道充值，会更加保险。

这里拿我的一个学员作为举例，他是某防晒帽品牌蓝 V 账号，以其中一个对标账号的数据调查为例，如图 8-8 所示。31~40 岁的女性人群占多数，新一线及二线城市构成购买主体。

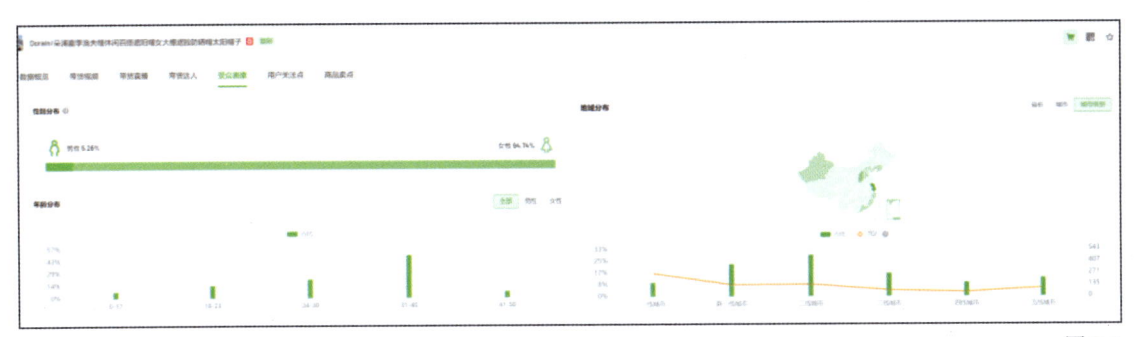

图 8-8

通过平台的大数据抓取可以发现，该对标的直播间整体话术多围绕使用体验、产品性能、颜值审美展开。如果没有较多的性价比与低价营销话术，那么自己直播间的话术也可以参考这个方向，如图 8-9 所示。

图 8-9

在此过程中，有条件的读者也可以去不同的第三方数据平台做交叉检验数据的过程，如图 8-10 和图 8-11 所示，观察数据情况是否一致。

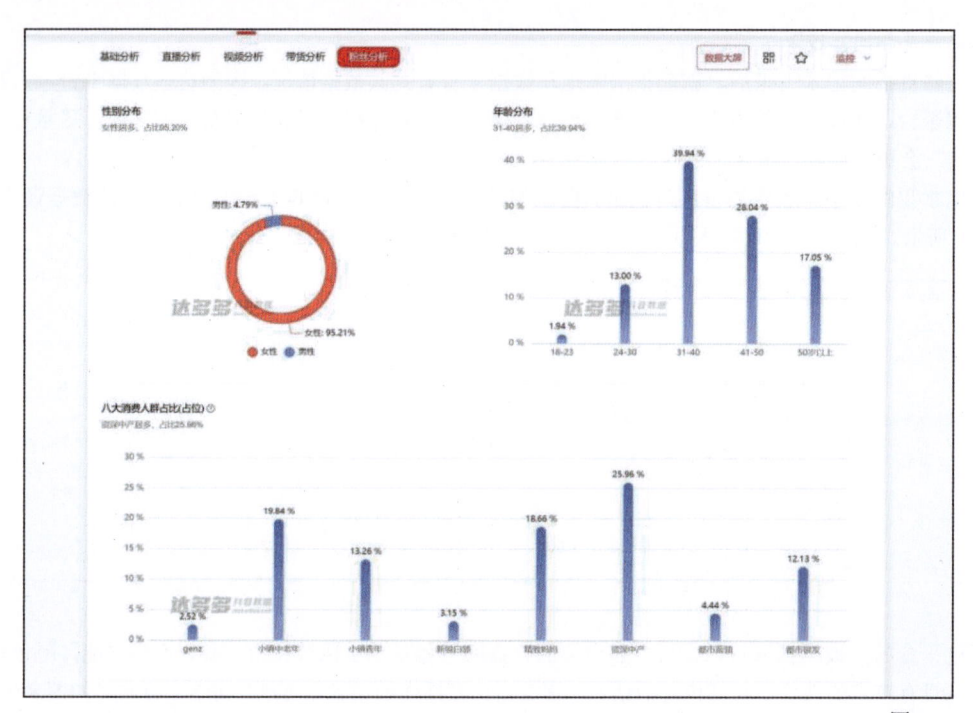

图 8-10

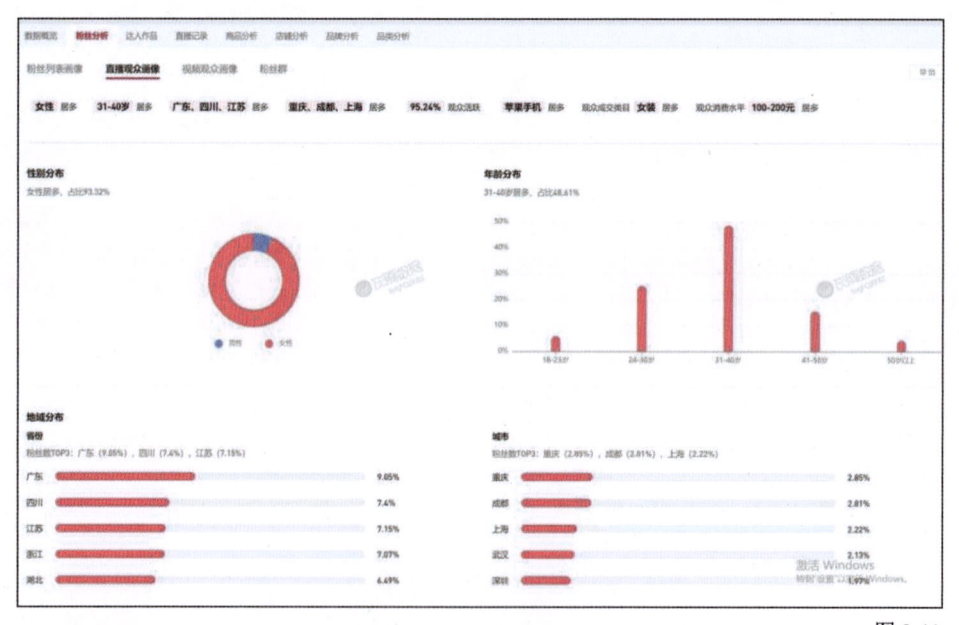

图 8-11

总结以上内容，我们就做完了一整套详细的人群画像定位。

在做数据调研的过程中，可能会发现很多不符合你"常识"的数据表现，我们就需要对这些数据做反复的确认和研究。所有差异性话术都源于我们对于产品、对于目标人群的深度了解和研究。

总有商家或者主播非常困扰，想要一份"完美"的差异性话术，既要跟别人不一样，同时还能突出自己的全部优势。

其实只有在深度了解产品和人群之后，才有可能写出类似的话术。

也只有了解产品和人群的推销者，才能真正写出好的话术。

8.2.5 步骤五：匹配话术

人群的标签出来以后，所有的话术就会更有方向，更有画面感。

例如我们在描述产品的价值感话术和使用场景话术时，小镇青年和新锐白领对于同样的一件衣服可能就是不同的描述点。

小镇青年更注重：
- 社交。
- 陪伴而生的消费需求。
- 追随行情送礼的消费需求。
- 表达身份的品质消费需求。
- 子女多元化职业的教育消费需求。

在话术的选择上，重点在于怎么能在社交圈中获得影响力、注意力，如何送礼才能更加得体恰当，如何能表达自己的身份。

比如同样是过年的补品类礼盒，对于该类人群来说，产品本身是否有价值、有效果就不是话术的重点，而产品的品牌效应、社会认可度、包装精美度才更是目标人群关注的重点。

资深中产的特点是：
- 高消费力。
- 职场精英。
- 精致健康。
- 担忧风险（衰老）。
- 科技智能。

对于资深中产来说，话术的重点在于如何满足马斯洛需求里的中高级需求，即：归属、尊重、自我实现需求的满足。比如还是过年的补品类礼盒，资深中产则更在意此产品是否是自己这个身份、圈层里会使用的产品、其是否匹配自己的生活质量，品牌小众但上档次反而是加分项。

8.2.6 注意事项：用户标签的反向使用

有了明确的人群画像之后，在后续上新品的过程中，我们也需要持续保持人群和产品的一致性。不仅在开始进行销售行为前，需要去做用户画像的定位，在销售中，也需要不断地注意自己的产品与用户画像的贴合度，用人群画像去反推自己应该发展什么样的产品。

我之前带过一个做中老年服装的学员，用户标签是 50 岁以上的小镇中老年。他在挑选产品时，选择了一款单穿透内衣、需要叠穿打底才不透的薄衫作为福利品，这就不符合中老年人的穿衣习惯，即使这款价格再低，也不建议拿它去引流，因为它对正价品的销售没有任何作用，反而会把人群带偏。

我们同样可以根据自己的人群属性，对自己的产品进行升级。例如挑选出来自己账号中，目标用户更喜爱的款式和风格，去做更加针对性的产品。

在人群画像和产品中，有很多学员会问我，如果某一类产品没有做起来，是不是可以直接换另一个毫不相关的产品继续做。如果要突然做大的转变，需要提前做准备，"硬转"对于已经有一定成交数量的账号来说是非常吃力的，而对于一个没有太多成交的低权重账号来说，影响会相对较小。

第 9 章　高薪运营必备：对标能力

做直播，从来不是跟自己比，而是跟市场上的同行比。如果某个赛道只有你一个商家，哪怕你播得再烂，也会有顾客停留、买单，这就是所谓的赛道红利期。而如果某个赛道有一万个商家，哪怕你的直播间各方面都已经足够优秀，依然有可能拿不到成绩。

我们对标的目的，是为了快速洞察市场和超越大部分同行。

然而，对于许多新入行的主播来说，他们常常不知道在观看其他直播时应该关注哪些细节，如何有效地进行竞品分析。

这一章我们来学习，如何有效地对标、学习竞品同行。

9.1 明确对标目的

我遇到过不少新人主播，从不对标，甚至非常排斥看同行竞品的直播，这其实是一个非常不好的习惯，对标是确认自己没有偏离市场、没有掉队的最高效的途径，直播不是自我满足、自我感动，自己认为自己的直播间好、产品好，是没有意义的。

通常，在直播间处于不同的情况下，我们寻找对标直播间的目的也是不同的。

- 起号期对标

在刚开始的阶段，我们更多是通过对标去建立直播流程。刚开始接触直播，对直播的话术流程、结构和运营方式还不够熟悉时，最快的学习方式就是观看别人的"答题"过程，通过学习同行业内优秀的直播间来构建自己的操作框架。

这时候，我们需要详细记录这些直播间的流程，通过分析他们的成功，筛选和设计出适合自己的直播结构。

- 长期对标

第二种对标的情况出现在直播间已经开始运营之后，目的是把握行业趋势、时刻洞察同行竞品的能力。这需要直播间的操盘者不仅仅局限于自己的赛道，还要关注其他可能并非直接相关但表现出色的直播间，探索他们成功的原因。

举一个非常经典的例子，T97咖啡的直播间在2022年爆火，直播间魔性的说唱式话术"咖啡你冲不冲，冲冲冲冲冲；福利你冲不冲，冲冲冲冲冲"和主播大嘴妹标志性的大嘴，为这个新锐品牌带来了一个月涨粉100万的惊人成绩，整个涨粉过程如图9-1所示。

图9-1

直播间说唱的形式，并不是该直播间的原创，早在2021年和2022年间，不断有直播间在用说唱的形式带货，直播形式虽然新颖，但是有的说唱直播间，并不能很好地和产品结合；而有的说唱直播间，说唱内容太过于复杂且没有视觉记忆点，不利于传播；T97很好地规避了这两点，在内容上紧紧围绕产品展开，同时极大地简单化了直播间的说唱话术，即使是刚进入直播间的新粉，也能在10秒内学会一两句说唱话术，最后加入主播嘴大的视觉记忆点，整体T97算是把说唱型直播间做到了极致。

一比一去抄好的模式、好的直播间，并不是做对标的核心目的。

而是找到核心的"起量"点，并把这个点做深、做精、做出差异化。

9.2 对标的前期准备

起号期的对标，我们首先要知道对标哪些直播间，以及如何去寻找对标的直播间。

很多新人主播没有接触过直播，一上来就容易盲目地对标错误的直播间，例如小红书的很多博主会选择对标董洁、伊能静、章小蕙的直播间。

董洁的直播间，如此清雅、舒服，讲品不急不缓，那是不是我也可以。

伊能静总是在直播过程中，用大量时间去分享自己的家庭故事、所见所闻，那是不是我也可以。

章小蕙普通话并不标准，直播间分享的很多都是她自己的爱用好物，我的普通话和镜头感染力好像和她差不多，我是不是也可以像她一样……

明星的直播间并不适合大多数人去对标，我们可以参考其好的地方，也要能看到其不可被复制的一面。

曾经有一个学员找到我，他在小红书上已经有了十几万粉丝，算是健身运动赛道非常优质的中腰部博主，笔记曝光也非常好，然而直播间成交量却一直不理想。其原本对标的就是董洁直播间，非常追求其直播间的"清冷感"，最后直播间确实呈现出来了"清冷感"，且也匹配博主本人的气质，然而用户的购物欲也同样被清冷感打消了。

归其根本，就是一开始的对标没有找对，不知道怎么去正确学习优秀的直播间。

9.2.1 如何选择对标的直播间

（1）流量来源保持一致

在挑选对标的直播间之前，我们先要去确定你所对标的直播间流量来源是与你的直播间保持一致的。

为什么我们不能对标明星的直播间呢？根本就是因为大家获取流量的方式是不一样的。明星直播间是如何获取流量的？一般是靠外力因素，例如他已经有了一定的名气，他不需要再通过直播间的质量或者短视频的内容能力去获得曝光量。

还有一种明星的直播间会通过借势的方式获取流量，例如通过很多的网红、博主帮他进行宣传，或者直接在直播间里面送礼品、抽手机、抽免单等，通过借势的方式来帮自己完成流量的聚集。

这个时候你没有他的外力因素，就没有办法参照他的直播模式。

主要的流量来源，分为免费流量和付费流量两种。

而免费流量中，又分为短视频（笔记）流量和直播间免费流量两大类，我们需要去选择和自身情况保持一致的直播间去对标。

比如你的目标是做以直播起号为主的免费流量，那么寻找的对标直播间，也尽量是以单纯靠直播起号的账号，而不要去对标笔记数据做的很棒、直播间数据看起来也不错的账号。

如果你是付费流量直播间或者你的产品更适合做付费流量，那么就去对标付费流量的直播间。

同时账号的内容上，也尽可能去找相似呈现方式的直播间。

你对标的直播间，流量来源与你的直播间理想情况越一致，则越值得你去对标。

（2）对标的三可原则

有了基础的对标方向之后，我们选择的对标还需要满足以下"三可原则"。

- 可复制。

上面举例的 T97 大嘴妹说唱型直播间是一个可复制的直播间吗？乍一看，答案是肯定的，因为说唱内容简单，似乎谁来唱都可以；但再进一步深入思考，想要找到一个高辨识度的主播，首先这点就不太好复制。

同样的逻辑，董洁的直播间可复制吗？其实并不好复制，因为她的直播间能过亿销量的核心并不在话术、产品、直播间活动等外部规划上，而在于对她这个人的多维度打造。

越是"人"作为主体而出众的直播间,反而越不好复制。

我们选择对标的直播间,需要是以你或你的团队能力为基准,能够触摸得到的程度。

- 可实操。

我们需要对应自己团队的实际情况去做对标,单人则对标单人直播间,团队则对标团队型直播间。

像弹窗频率、现场是否有场控协助主播调整直播间氛围、公屏区是否有"水军"间歇性发表评论等,都是我们在对标中需要考虑的细节因素。

同时对标直播间的视觉效果,是否能达到同样的呈现水平;直播间的场景、贴片、机位镜头的切换,是否都能保证不输于对标直播间,也都是重要的考核因素。

- 可持续。

以目前的对标直播间进行直播,你能持续播多久,也是比较重要但容易被忽略的关键点。例如我们有一个学员,是在源头基地播绿植产品。源头基地、厂家直播,确实一直是比较热门的直播间视觉呈现方式,但问题是他来回到源头基地进行直播,每天都需要4~5小时的车程,这个对于整个直播间来说,就是不可持续的,即使短期内获得了良好的效果,长期来看也无法坚持。

除了短期内的完成度,我们还需要考虑如果长期直播,甚至如果以后要拉时长直播,目前的这种直播方式是否适合自己、适合团队。

9.2.2 如何寻找对标直播间

(1)利用直播平台的搜索功能

很多新人做直播,会发现找到赛道中的头部、优秀直播间很简单,但是刚开始起号又播得不错的新号直播间很难被找到,更别说持续不断地找到新号直播间。

最直接的方法是,改变平台对你账号的内容推荐。

首先使用直播平台内的搜索功能,如果你是一名绿植直播商,可以在平台的搜索栏中输入和主推品相关植物的名称,如绿萝、白掌等。系统会展示出所有与这些关键词相关的直播间,你可以随机选择几个直播间,每个直播间观看1~5分钟,可以做正常的互动和商品点击行为。

之后,返回推荐的主界面,继续刷短视频,但是不与任何非绿植的内容互动,等待平台的算法开始向你推荐相关内容。这时,一旦出现与绿植相关的内容,立即进行点赞和互动,并在直播间进行停留互动,通过重复操作,这种方法能让你的账号逐渐聚焦于绿植类直播间,使得平台算法逐步优化推荐,帮助你深入了解行业内的直播方式和内容。

然后你就会发现,自己的账号能刷到很多直播间在线人数不多,可能只有几个人,但是播得很好的"潜力股"。

(2)精确选择直播间

打开直播平台,以商品关键词进行搜索,然后切换到直播栏目。这时可以根据直播间的在线人数来筛选对标的直播间。如果你的直播间平时的承接能力是10人,那么可以选择那些在线人数为20~50人的直播间作为对标对象。这是比较常见的寻找对标直播间的方式。

(3)利用平台工具

对于已经有店铺的商家、个体来说,各平台其实也通过大数据分析,归纳总结出来了你的账号或店铺的竞争对手有哪些。

例如抖音,通过访问抖店的电商罗盘,选择"人群"功能中的"场景人群",进一步点击"商品人群洞察",然后选择"查找目标用户",可以看到商品曝光人群的画像分析,选择商品曝光的TOP50用户。

这些就是抖音系统根据大数据分析的对标账号,你可以从中深入分析这些账号的运营策略和用户偏好,如图9-2所示。

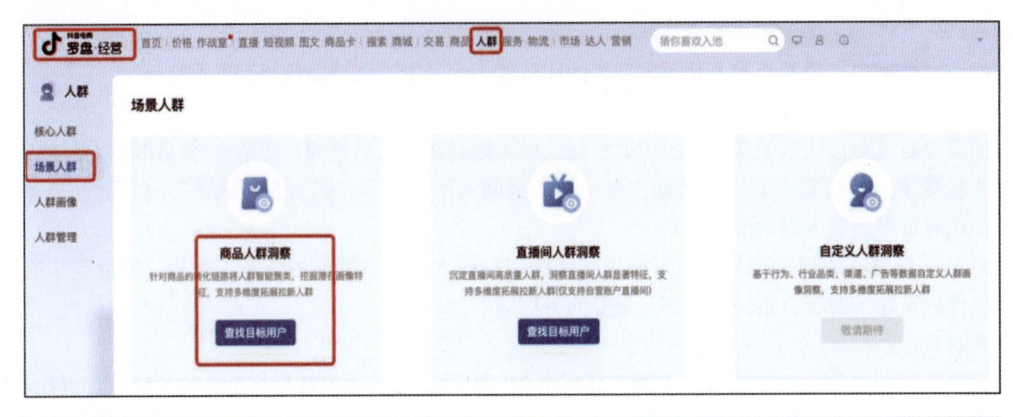

图 9-2

同样，小红书平台也有相应的官方渠道，在小红书千帆 PC 端后台，左侧栏的用户中，选择人群运营，然后查看画像，下拉到最底部即可看到平台为你筛选出来的 KOL 偏好账号，可以看到你的粉丝、新客、老客等人群，以及他们更加关注哪些账号，如图 9-3 所示。注意，粉丝人群和新、老客人群的对应人群画像会有明显差异，粉丝人群对应的账号会更泛，而已购买过的新、老客人群画像推荐的账号则会更加精准。

KOL偏好	
艾姐是主播（专业版）	羊咩咩爱聊剧
丑穷女孩陈浪浪	七颗猩猩
Winnie文	公主是用鲜花做的
猫眼电影	大眼睛主播培训
kk金牌主播培训师	闪一追剧中

图 9-3

9.3 系统化对标的具体步骤

很多新人在找对标直播间时，一上来就对标头部，且只对标头部直播间，其实这是一种较为错误的方式，因为头部直播间的优势，普通直播间不一定学得来。

例如很多头部直播间经常每分钟都要进行抽奖、送手机等福利活动，以及有上百万元乃至千万元的投流费用。

不可否认其直播间的话术、节奏、账号短视频等都非常高质量，但其中的核心爆量因素是普通直播间学不来的，所以自然没有必要作为主要对标的方向。

一般情况下，我并不推荐学员去一比一对标某个直播间，因为每个直播间、每个主播适配的内容风格都不一样，一比一很难做到超越你所对标的直播间。我曾经遇到过一个学员的直播间，话术、直播间场景、产品、账号内容都一比一模仿另一个直播间，视觉感受上几乎是做到了一模一样，但最后的成交数据却大相径庭。

比起一味模仿，我们更重要是在对标过程中，找到适合自己的方向。

9.3.1 向下对标

对标其实并不意味着我们要不断向上看，有时候向下看也同样重要。

从比自己差的直播间学习，可以帮助我们更准确地定位自己在市场中的位置。

如果你发现自己的直播间比大多数同类型、同阶段直播间还要差，这是一个明显的信号，说明我们的直播间存在一些根本性的问题，需要立刻解决。

我的很多学员就是在做向下对标时，才真正意识到了自己的问题所在。找不到可以向下对标的直播间，竞争对手看起来都比自己更加成熟，则说明你的赛道，竞争是非常激烈的，需要做好充足的播前准备和播前培训。

其次，通过分析那些表现不佳的直播间，你可以明确自己的优势所在。

例如，你可能会注意到某个直播间的场景设计非常简陋，或者主播的互动技巧和话术实施得很差。这时，你就可以深入思考自己在这些方面有哪些优点，是不是已经做得比他们好，或者还有哪些改进的空间。

此外，分析这些表现较差的直播间还能帮助你避免犯下同样的错误。在观察的过程中，你可以列出他们失败的原因，例如主播形象气质与产品重度不匹配、话术过于普通大众化、场景没有任何信息量等，然后反思自己的直播间是否也有类似问题。

这种对照检查可以作为一种防御机制，帮助我们提前去识别并规避潜在的风险。

107

9.3.2 同频对标

同频对标是较为重要的对标方式，即寻找和自己相同赛道且在自己能力范围内能达到的直播间进行对标，同频对标是提升自身直播间质量的一个重要对标方式。

我们需要从人、货、场三方面进行对标，如表9-1所示。

表 9-1

	同频对标直播间	你的直播间
主播外形和气质特点		
主播表现力		
主播话术特点		
直播间辅助人员		
主播服化道准备		
主播整体销售能力		
整体货盘特点		
产品品质、价格、设计、功能特点		
直播间视觉效果呈现		

为了方便大家更好地理解和落地实操，以一个做高客单珍珠饰品的学员作为实际案例进行展现，如表9-2所示。

表 9-2

	同频对标直播间	你的直播间
主播外形和气质特点	• 主播外形谈不上高颜值，但是气质有说服力，和产品高度匹配； • 视觉呈现出来的效果很像是精英阶层女主人的形象； • 气质温文尔雅，且声音好听，普通话标准，没有地方方言或口音感	• 虽然主播颜值过关，但没有突出的气质，也看不出来其生活阶层； • 气质声音都比较普通，没有特色的地方
主播表现力	• 主播采用站播的方式，不同于大部分饰品直播间是坐着播，就能很好地展现出饰品的整体穿搭效果； • 主播肢体动作非常有气质，没有额外的小动作； • 如果只看画面不听声音，主播的表情能看出情绪的传递，面部表情很生动，眼睛大部分时间会盯着镜头看，有很好的沟通交流感； • 如果只听声音不看画面，主播的声音也能觉得很舒服，不吵且有叙事感	• 坐播一定程度上限制了整体搭配的呈现； • 主播肢体动作比较碎，小动作有些多； • 如果只看画面不听声音，主播面部表情几乎不发生变化；并且看手机的公屏区，以及其他地方的次数非常频繁； • 如果只听声音不看画面，会觉得主播的声音很平，没有节奏变化
主播话术特点	• 5分钟左右一个品，开价完1次以后，会再进行2轮补单、开价、上车的话术结构，有的品如果效果好，还会进行3轮补单和逼单话术； • 话术框架：塑品讲材料、材质优势—讲设计—讲使用场景—讲使用效果—讲同行对比—讲定价原因—拉互动—开价—逼单—售后话术	• 5分钟一个品，没有2轮逼单，讲完就结束； • 话术结构较为单一，也讲塑品话术，但是使用场景没有提及，同时在措辞上，不如竞品直播间有调性

续表

	同频对标直播间	你的直播间
直播间辅助人员	• 直播现场最少有一个辅助中场控，是实时在接主播话，同时弹窗、上链接以及评论区定时做公屏区维护，评论区管理得较好，不会出现长时间没有人说话、评论的情况	• 场控与主播的搭配没有那么自然，气氛把握上稍弱一些；同时公屏区是几乎没有运营的状态，会出现大量时间公屏区没有人说话的情况
主播服化道准备	• 主播妆造简单大气，虽然没有突出大牌LOGO，但是能看出来衣服是较为低调的品牌产品； • 所有饰品的展示皆用专用展示架进行展示； • 直播间所有检测报告均能看见清晰、放大的塑封报告复印件； • 产品讲解时，会切换高清双机位镜头	• 主播的妆造精致，但是没有什么特点，看不出来任何信息量； • 饰品的展示仅仅是在主播手上、身上进行展示； • 检测报告的展示，不是特别清晰，消费者只能看见一张写满字、一闪而过的纸； • 单机位讲解，丰富度、细节度不够
主播整体销售能力	• 老板娘气质明显，人设有信服力； • 话术、节奏都非常自如，熟练度很高，同时话术各方面的表现也都较为成熟	• 主播没有人设，给到用户的感觉就是普通的售货员，人设没有信服力； • 熟练度很高，但是深度不够
整体货盘特点	• 平均单场直播3~5小时，日播；每场10个以内的产品；每周平均上新2~5款，每个月上新10~20款； • 产品以原创或爆款、大牌仿设为主，80%的产品是耳饰，其余15%为项链，偶尔伴有丝巾、手串等福利品； • 风格较为一致，但每月也会有3~5款是明显不一样的风格尝试	• 货盘的更新速度略慢，能做到一个月上新2、3款； • 产品以原创为主，风格整体一致性较强
产品品质、价格、设计、功能特点	• 淡水珍珠+18K金或925银作为搭配，设计上更为迎合市场主流爆款风格	• 材料基本保持一致，设计上更追求独特性，异型珍珠是我们店铺的特点，主打追求差异、小众的人群
直播间视觉效果呈现	• 背景营造出一种高端书房的气质，能看见复古黑胡桃木质感的书架，搭配复古琉璃灯罩；虽然款式有追逐爆款的大众感，但是在整体直播间背景的融合下，会觉得产品更加具有文化气韵	• 背景只是单纯的好看、精致；没有风格的呈现，也没有太多的信息量

这个学员在做完详细对标之后，就能发现自己的直播间与对标直播间之间的具体差别，从而也就能得出以下7点非常详细的改进措施。

① 增加主播气质打造，在妆容、服装上，营造高级白领的视觉效果，该风格也适合目前该主播的定位。

② 主播需要刻意减少肢体动作的表达，眼神要尽可能盯住镜头，同时增加自己表情的变化，声音上更加注重重音和停顿感。

③ 讲品节奏要丰富起来，设计多轮讲品的结构；产品塑品话术过于日常化用语，所以体现不出来高级感，要设计一些高端描述性话术，提前把这些高质量话术让主播背下来。

④ 设计主播与场控的互动话术，两人下播后要进行搭话练习，同时每天直播前，提前备好当天要充当"水军"的小号，以及评论区的话术发送也需要提前准备好。

⑤ 加入饰品的成列展示架，把检测报告放大打印，同时把检测结果标粗、标红，让用户在镜头前能一眼看出展示的内容是什么。镜头机位由于成本端考虑可以先不做提升，先通过主播手动把饰品伸到镜头前的方式进行展示。

⑥ 加强主播的人设塑造，在现有话术的基础上，提升话术的差异点。

⑦ 提升整个直播间的背景信息量，直播间背景不是好看就行，而是给到一种生活态度的氛围感，可以

增加法系背景的元素，突出独特、浪漫等元素。

在进行货盘对标时，我们主要是看自己的产品与市场水平是否保持一致，货是直播间销售的前提，如果本身货与平台相比，就没有太大优势，甚至可能说是劣势情况，那自然直播间要想起量也是很难的，直播只是销售的一种渠道，多数情况下，并不太可能通过直播把原本就没有市场竞争力的产品卖得更好。

9.3.3 头部对标

对标头部主要是为了洞察行业的趋势和走向，保证我们在这个赛道里是不掉队的状态。在这个过程中，尽可能保证自己的持续思考，例如头部的直播间产品机制是什么样的、在送什么样的赠品、在做什么样的款式和版型、设计是什么风格等，从而你就能判断出整个市场大致的趋势是什么样的。

同时对于头部直播间的学习，宗旨是，1. 学习行业内最新的运营方式，选择适合自己直播间进行周期性迭代的方法。2. 拥有长期规划目标。

很多主播不知道自己该走什么样的风格、不知道该给自己立什么样的人设，那对标头部型直播间就是一个很好的方式，因为头部的直播间大都都会有非常明显的个人特色和人设。

9.4 保姆级对标流程：话术拆解

话术拆解，这一部分的对标，如果做得不细致，就会变成无效对标。

我带过很多学员，都会反馈一个问题：为什么我的话术和其他直播间的话术差不多，但是他的直播间效果就会更好呢？

通常出现这种情况以后，当我们团队的专业运营老师把两个直播间的逐字话术进行完全拆解之后，就会发现，主播所认为的"话术一样"和实际上真的达到了同等质量的话术呈现，有很大区别。

接下来我们就来详细地拆分直播间的对标，在话术这个板块，应该如何详细地落地。

9.4.1 逐字话术拆解

为了方便大家理解，下面直接带入一个实际案例去拆解。

表 9-3 所示是我的学员完整的逐字话术，我们把主播的动作用黄色高亮出来。整个产品讲解完毕大约是 7 分钟的时长，对标的是行业内新起的一个新号，其日成交金额能在百万元左右。两个账号同样是卖车厘子，货源价格基本一致，话术结构也是基本相似的，最终的场观人数和成交金额却能相差 10 倍以上。

表 9-3

	直播间 7 分钟循环话术 - 逐字记录
产品痛点	我先给大家看一下我们家车厘子的大小，因为这个大小在我们车厘子这个行业是非常容易出现问题的一个环节，很多的商家会把 3J 的当成 4J 的去卖，会导致大家花了很贵的价格买回来，还是小的车厘子，所以我们的品质好不好不是我空口自说的，我先给大家来看一下大小，这个是我们家的大小，3J 级别的直径是 30~32 毫米，肉眼可见，是非常饱满的一个程度，然后如果你想要我们家 4J 的来，这个是 4J 的对比，以及旁边放的这个是 2J 和 1J 的对比，所有的大小都是清清楚楚呈现在大家面前的（拿着产品手动展示）
人设话术	像我们是源头车厂，我们做水果的源头供应链已经做了 10 年了，像之前我们都是不直接去做零售的，都是直接去给你们线下的水果批发商供货，然后他们要再拉到市场里面去，市场上面再分发给你们门口的水果店、零售店这样子的，所以我们其实是非常源头的那个环节，所以今天我们所有中间的这些差价都没有了，直接就是特别源头的厂家，然后直接到大家出货，你们能看到的大小和价格就是一个供应链供应商源头厂商的价格

续表

	直播间 7 分钟循环话术 - 逐字记录
塑品环节	所以不用担心我们的性价比高不高，也不用担心我们的水果是不是不新鲜，因为我们全部都是源头出货，如果我们这儿都不新鲜的话，那你再去水果店，再去这种市面上的市场去买，你肯定是更加不新鲜的。 （拿出旁边准备好的一箱车厘子）我给大家随便拆一箱，你们可以自己看一看，看到没有，这一箱全部是新鲜拆出来的，没有拆封过的，你看每一个果子都是干干净净，而且是硬邦邦，能看得出来是非常脆的那种质地，不是说软绵绵的，然后你一碰它感觉好像要烂不烂的那种品质，一看就是放了很久。我们家的车厘子日期都是新新鲜鲜的，基本上都是一个月以内的生产日期给到大家发货的。 像车厘子的口感，它不是 100% 的甜，它是甜里面稍微带着有一点点酸，但是那个酸不是拔牙的那种酸，是很刺激食欲，很好吃的那种酸，是 9 分甜 1 分酸的。大家如果说平时不是那么爱吃甜都会喜欢我们家的这一款车厘子的，并且水分也非常充足
发货/售后话术+开价环节	我们今天给到大家的快递全部是顺丰发货，所以你基本上今天拍，明天或者后天就可以收到货了，收到货都是新新鲜鲜的。不让大家空欢喜，白等待。你今天拍通常我们是当天发货，慢的话，第二天也发货了，不存在什么预售的情况。什么时候拍，我们就是什么时候给你发。 有任何的售后问题，例如说收到货了，箱子里面有坏的呀，箱子有破损的，有压烂的，有变质的情况。可以第一时间联系我的客服，我们是坏多少赔多少的，这个大家不用担心，我们也卖了这么多箱了，口碑和品质大家是自己可以看得到的。 我们家的价格肯定不是说市面上面那种非常非常便宜的，因为如果你们去买那种便宜的车厘子，价格是下来了，但是大小有没有这么大，你可能就是拿一个 3J 的价格，买了一个 2J。像我们家说是多大的品质，就会给你发多大的品质，水果这个东西都是一分价钱一分货的。 大家今天来到我的直播间，就都是缘分。觉得咱们家好的，想要的，想赶紧上车的，我们评论区把小 1 扣起来。主播给大家上库存，因为马上也要过节了，我们的库存确实是不多了。我要保证每一个人收到货都是新新鲜鲜的，所以没有办法说你们想拍多少箱就给大家发多少箱，公屏区扣了小 1 的，主播现在给大家上链接了

其实单看上面的循环话术，已经是一套较为成熟的话术了，而且本身人、货、场布置也不差，产品也有竞争力，如果是放在直播刚刚兴起的 2019、2020、2021 年，以上的话术是碾压级别的，但是为什么它出现在 2025 年，就卖不爆呢？

再来看其对标的同频直播间，如表 9-4 所示，是如何进行话术呈现的，同样把主播的动作用黄色高亮出来，同时把场外的场控说的话术，也进行标亮，方便大家观察区别。

表 9-4

	直播间 7 分钟循环话术 - 逐字记录
产品痛点	（拿标尺展示 3J、4J、5J 等的果子大小）很多地方给大家展示车厘子都看的是模型，（场控：对的）看的是什么样品，对不对？（场控：没错）在我家，我给你看我家发货的一个品质，因为现在很多商家拿小果当大果来卖，拿 3J 当 4J 来卖，（场控：降级混发）导致很多人根本不知道真实的 3J4J 到底有多大，（场控：对的）我希望大家给我半分钟时间，我带你们验个货好不好？（场控：好的）验完货你们再决定要哪个规格，行不行。（场控：可以，新宝宝要 3J 的，雨桐要 3J 的，然后要 3J4J 的都有的。）我先从 3J 开始验，（场控：可以！先看看 3J 的）（现场从直播间背景中的大量库存中，随机选择一箱，把一箱 3J 的车厘子搬上来验货，看细节）根据我这两天的数据来看的话，买 3J 的回头客确实很多。（场控：对的）
人设话术	我们这里是一批市场，我现在的地方是上海会展中心，然后广州的话也是第一站，广州、上海都是第一站，第二站是哪里呢？像你们当地的什么武汉的批发市场，浙江嘉兴的市场，这些都是二批市场。（场控：二批市场）三批是哪里啊？你们当地的水果店、零售商超，第四批就到你们手上了，所以今天你在我这里买的全部源头发货的，必须新鲜。（场控：对的）

续表

	直播间 7 分钟循环话术 - 逐字记录
塑品环节	先给你们看一下货品，（拉近景，看货的标签，能让用户清楚看到外包装上的出产地、日期等信息）3J 的正宗智利进口高货，（场控：高货）3J 的黑标是不是好货？（场控：好货）2024 年 12 月底的日期是不是新鲜货？（场控：新鲜到港的！） 它不是那种什么 11 月份的货，对不对？（场控：对的）全部都是 12 月底的货，（场控：要看 4J 飘 4，双 J 飘 2）这个是 3J5 斤的原箱，（拉近景，把箱子里面的车厘子提出来展示细节）（场控：可以，给大家看看啊，我的妈呀，够板正！太漂亮啦！）很多地方的原箱它是用什么呀？10 斤装的桶货给你分成两个 5 斤。（场控：对的）那种是没有氮气的，自己的话要把它拆出来，（场控：没错）咱家这个原箱板板正正、四四方方，不拆带不开封，从上到下，从里到外，颗粒饱满又匀称。（场控：对的）（特写镜头展现车厘子及箱子内部情况）你仔细看一下有没有水汽，（场控：必须干干爽爽）没有任何水汽，（场控：没有水汽）这是新鲜的果子，如果是冷库果的话，里面都是水汽，果子捏起来软趴趴的。（场控：对的）车厘子最怕的是什么？最怕的就是软趴趴，对不对？（场控：没错，最怕水汽，好的朋友们，3J4J 的库存不多了，要的朋友们打要！）我咬一口，大家听一下脆度啊。 （拿出一颗果子，对准收音器咬一口，嘎嘣脆的声音能够被明显地听见）（场控：哇塞，朋友们，要的朋友打要字，只有新鲜才有这样子嘎嘣脆声音，而且肉质饱满紧实，红黑红黑的，又甜又脆，咱们直接给你们现场测糖度，看一下我们家车厘子有多甜啊。）我再来测下甜度，你们在外面买的西瓜啥的是不是都 11、12 度？（拿出甜度测试仪器，把车厘子的汁液挤进仪器中，进行甜度测试）（场控：对，一般 11、12 度）我跟大家来看一下 18.1 度的（场控：天呐宝宝，18.1 度够甜了啊，甜到心坎里了，全部同款同度发）比西瓜高了好多个糖度了
发货/售后话术 + 开价环节	我们现在发的是什么？顺丰和京东，你来自北京的打北京，（场控：打北京）广州的打广州，（场控：打广州）上海的打上海。（场控：打上海）地点能发现货的直接上车，不能今天发的咱直接告诉大家，不让大家空欢喜白等好不好？（场控：可以，速度很快）现在我们发的是顺丰和京东，顺丰京东今天下单，今天发。然后我们是最快今天就能发货。（场控：今天发！今天能发！） 你们也可以截图录音、录屏为证，很多地方做活动，人家是拿什么小果当大果来卖，便宜 20 有用吗？（场控：没用！）有的甚至缺斤短两的，5 斤收到只有 4.5 斤，便宜 30，有用吗？（场控：没用！）有的拿冷库果、隔夜果当新鲜果子来卖，便宜 40 有用吗？（场控：肯定没用！） 我先声明一下，这种活动我是不做的，今天哪怕做活动，我也是基于品质再给你们做活动，（场控：只做回头客！）我只做回头客，（场控：对的）全部给大家做到的是什么？第一，每一盒净重给你发货，我希望大家收到货都去称一下重量，（拿出电子秤，现场用电子秤称重量）如果每一盒都不多不少净重给您发货，能不能下次还来回购？（特写镜头，让用户清楚看到电子秤上的数字）（场控：能的打能！5.09 足斤足两，只多不少！）你们也可以去访问你们所有看过的直播间，有谁敢跟你承诺？（场控：就咱们家了！）（拿出准备好的刻度卡尺，把车厘子放进卡尺中比对大小）每一盒你们去卡下卡尺，如果都是真尺寸不降级的话，能不能帮我推荐朋友过来？（场控：能的打能！）收到后都去吃一口，如果是脆甜可口爽口爆汁的，能不能下次都还来回购？（场控：必须能的！马上上车！）

以上，相信读者也找到核心区别了，虽然大家呈现出来的话术结构一致，但是实际的表现力度则是完全不一样的。

一个直播间靠主播说"我们家产品新鲜"，是远远比不上主播现场咬一口，让大家听到嘎嘣脆的那个声音来得有说服力；一个主播说"我们家水果特别甜"，也远远比不上真的拿出一个甜度测试仪，让用户看到甜度测试下来的数字来得有信任力。

空口无凭，凡是能用证据证明真实性，就通过证据、道具、实验等去证明。

9.4.2 统一分析整理

道具的展示只是一小部分，在上述的逐字话术中，能发现的问题，其实远远不止道具的使用这一处。

我们要将所有表现力不达标的地方，统一归纳总结出来，先让自己意识到问题的根源处，再做一一对应解决。

1. 节奏区别

- 对标直播间有强互动型的场控，实时在给主播做信息量的填充以及直播间氛围的铺垫。
- 主播高频进行道具展示，增加直播间视觉吸引力，同时让话术更有说服力。同时手机镜头展现上更加灵活；主播说到哪里的，相应的就可以给出特写画面，整体在内容呈现上，丰富度极高。
- 同样的时间内，竞品直播间多输出了500多字内容，竞品主播语速更快，信息量传递就更加密集。

2. 话术区别

在对比话术区别的环节，我们需要把同类型的话术放在一起，逐字逐句去抠其在表达上的区别，如表9-5所示。

表 9-5

	对标直播间	自己的直播间
人设塑造	• 我们这里是一批市场，我现在的地方是上海会展中心，然后广州的话也是第一站，广州、上海都是第一站，第二站是哪里呢？像你们当地的什么武汉的批发市场，浙江嘉兴的市场，这些都是二批市场。三批是哪里啊？你们当地的水果店、零售商超，第四批就到你们手上了，所以今天你在我这里买的全部源头给您发货的，必须新鲜。 • 我先声明一下，这种活动我是不做的，今天哪怕做活动，我也是基于品质再给你们做活动，我只做回头客，全部给大家做到的是什么？第一，每一盒净重给你发货，我希望大家收到货都去称一下重量，如果每一盒不多不少净重给你发货，能不能下次还来回购。	• 像我们是源头厂商，我们做水果的源头供应链已经做了10年了，像之前我们都是不直接去做零售的，都是直接给到你们线下的水果批发商供货的，然后他们要再拉到市场里面去，市场上面再分发给你们的家门口的水果店、零售店这样子的，所以我们其实是非常源头的那个环节，所以今天我们所有中间的这些差价都没有了，直接就是特别源头的厂家，然后直接给到大家出货，你们能看到的大小和价格就是一个供应链供应商源头厂商的价格

人设话术，最常见的大家都会说"我是源头供应厂商，我做XX行业X年了"，类似这种话术单独出现已经被淘汰了，但是如果不做竞标对标，你甚至可能都意识不到这类话术已经是很老套的表达方式了，新的人设型话术是用行业信息差去反面塑造自己的人设，通过"你说的行业内部"反衬出你确实是懂行的老板。

同理，类似"良心"商家等人设，也不是靠嘴去说，而是通过具体的行动，去突出自己的靠谱和良心，例如竞品话术中的"我只做回头客，我希望大家收到货都去称一下重量，如果每一盒都不多不少净重给你发货，能不能下次还来回购？"

根据以上方式，我们可以把自己的痛点、塑品、售后话术和竞品依次做对比，反复对比其中的核心区别，并修改自己的话术表达方式，直到自己能习惯性地脱口而出更高质量的话术，整个对标流程即算完成。

以上就是我们做对标的目的，明确地找到问题，然后修正问题。紧跟市场，永远保证自己的直播间在你所在的平台上，处于中等以上的呈现质量。

第 10 章 直播电商的货品逻辑

货是直播间成交的重要前提。

在信息如此发达的今天,各行各业的各产品可以说价格都是非常透明化的,如果货品本身不具有竞争力,无论我们在"人"和"场"的方面下多少工夫,也是徒劳无功。

可是如何确定自己的产品有竞争力?应该如何选品?如何对产品制定有效的销售策略呢?

在本章内容中,相信你会得到答案。

10.1 货盘认知

货盘（电商中的货盘，通常是指商家或卖家所拥有并打算销售的所有产品的集合）是账号、直播间、品牌最重要的商品输出渠道，而你关于货盘的策略，也间接决定了你的赛道、你的竞争对手、你选择的市场以及消费者来到你的线上店铺中，能接收到什么样的产品讯息。

在直播销售的过程中，如果没有进行系统规划，即使是再好的产品，也有极大可能被白白埋没。

我遇到过很多商家和个人主播，对于货盘极度不重视，把自己所有能卖的产品一股脑全部上架，然后一个一个按照自己喜欢的顺序去讲解产品。这么做无异于是在一开始，就把自己的直播电商之路堵死了。

我们首先要做的第一步，是归纳整理自己的货盘。

10.1.1 货盘归纳表

首先将所有产品进行整体归纳整理，把产品基础信息统一表格化，这样也更方便团队内部的信息拉齐，能让内部或外部成员快速且清晰地了解你的产品信息，如表 10-1 所示。

注意，不同行业可以根据此表，在细分分类上增加或减少标题栏内容，目的是更清晰地呈现你的货盘信息，表格化的目的是效率服务。

表 10-1

序列/货号	产品类型	名称/产品图	产品详细内容	直播间价格	库存数量	备注

这里我以一个学员商家货盘表为例进行展示，如表 10-2 所示。

表 10-2

序列/货号	产品类型	名称/产品图	产品详细内容	直播间价格	库存数量	备注
01-YP-21	引流品	早餐系列	华夫饼	9.9（5折）	100（根据 GMV 情况阶梯式发放）	每个 ID 限拍 1 单
02-YP-22	引流品	早餐系列	贝果 4 选 1：原味贝果、红豆贝果、全麦贝果、葱香贝果	9.9（5折）	100（根据 GMV 情况阶梯式发放）	每个 ID 限拍 1 单
03-CF-55	主推品	饮品 5 杯次卡	生椰拿铁、生椰冷萃、经典美式、浓香拿铁（口味任选）	69.9（7.9折）	不限量	不限单（15天有效期）
03-CF-60	利润品	高端饮品 5 杯次卡	澳白、鲜果生椰拿铁、燕麦醇香拿铁、香草樱花拿铁（口味任选）	99.9（8.5折）	不限量	不限单（15天有效期）

有了基础的货盘表以后，我们对于自己的商品呈现也有了更加清晰的了解。

10.1.2 货盘的重新分类

每个产品在直播间里，扮演的角色都是不同的，而不同类型的直播间需要的产品类型也是不同的。

我们先来讲，直播间的产品到底分为哪些不同的产品类型。

首先是最常见的三种类型：引流品、主推品、利润品。

1. 引流品

很多新人对引流品有着不小的误区，例如我接触过很多小红书上的成熟博主，不少都非常排斥流品，觉得自己的直播间如果出现引流品会非常"掉价"，同时营销感也会变重，这类"321 上链接"的抢货模式并不是自己所认同的直播模式。

这个就是对引流品非常深的误解，引流品本身不存在任何的"调性"，而是看直播间如何选择和合理地利用，如表 10-3 所示。

表 10-3

	引流款
释义	引流款也叫福利款，它的定位如字面意义一样，即通过直播间发福利的方式来吸引用户
目的	引流款目的不为赚钱，也不是真的给用户发福利，通常情况下有以下两个作用： • 拉高密集成交，拉高 OPM（千次成交单量）； • 做更多的浅层数据，拉升直播间人流量
时间点	引流品多出现于新号起号期、直播间开播期前 30 分钟、直播间人气数据大量下滑时
特点	引流款需要满足以下 5 个条件： ① 价值性（市场认可）。 价格不是引流款的关键，关键是价值大于价格。 例如：一个价格为 99 元的 21K 金吊坠可以作为引流品。 再例如：一瓶明显低于市场价的茅台即使是千元的单价，也是好的引流品。 ② 大众性（受众广泛）。 引流款需要能被大部分用户接受和喜爱。 例如：服装赛道，选择白色或黑色 T 恤，会比有明显风格，例如赛博朋克图案或者各种鲜艳纯色 T 恤更适合。 再例如：零食赛道，选择原味零食，就会比选择爆辣味、芥末味的接受度高。 ③ 关联性（与主推产品相互辅助）。 引流款与主推款的定位要有区分，同时又能互相辅助。 例如：美妆赛道，如果主推产品是日常使用的面霜，那么引流款可以是同一品牌的洁面乳。 再例如：男士服装，高端西装类产品，选择领带或口袋巾作为引流品，可以吸引相同的消费群体，比起选择与之无关的运动帽、男士袜子、皮带等更为合适。 ④ 通用性（适用性广泛）。 引流品于目标用户群体而言都能用得上。 例如：在配饰类产品中，手链的通用性高于戒指，因为手链的尺寸更加灵活，而戒指需要精确的尺寸。 再例如：同样是家居用品，装饰摆件可能只适合特定风格的家庭，而像抱枕、移动换鞋凳这类实用物件，基本上不管什么户型、哪种装修风格的家庭都能派上用场。 ⑤ 价格一致性（与主推产品价格匹配）。 引流品和其余货盘调性、人群需要保持一致。 例如：如果主要销售的是设计师品牌服饰，那么作为起号产品的配饰也应选择同一价位范围内的产品，如品牌钱包或手表，而不是廉价的市场商品。 再例如：在茶器茶具赛道，如果主推品的价格在 39~59~89 元几个档位，并且以茶盘、茶架为主，那么引流品用 9.9 元的茶巾就是非常不错的选择

续表

	引流款
误区	• 引流品等同于极致低价。 引流品并不真的追求极致亏本，而是追求相对低价。 例如，你的产品明显比同行更好，但是价格却比市场价低，就可以了。极致的低价，例如1元卖出成本100元的物品，可能会有很多用户哄抢，但是这种哄抢，对直播间起不到任何有效的帮助。 另外，不建议商家用过时、过季的库存产品充当引流品的角色。一是效果不一定好，二是会影响店铺的口碑以及人群的精准度。 • 引流品会吸引大量羊毛党。 引流品会不会吸引羊毛党和产品本身、主播话术以及具体放单量有关，如果正价产品为客单价500元以上的服装，引流品是9.9元包邮的T恤，那当然会吸引羊毛党，因为产品的人群跨度过大。 如果主播的话术是"今天你买不了吃亏，买不了上当，但凡拍了就是赚，闭眼入都不会吃亏"那也会增加羊毛党产生的概率。 同时引流品单量也不能过多，一般情况下占到总成交单量的10%~30%成即可，如果超过半数及以上单量都由引流品完成，则人群也会往引流品的目标人群上偏移。 • 引流品是主推品的试用装。 如果引流品与主推产品的功能、定位过于相似，那么引流品就自然而然变成主推品的"平价替换品"，自然会极大影响后续主推品的销售。 • 所有直播间都需要引流品。 并非所有直播间都需要引流品，纯付费直播间设置引流品反而会影响付费效率
话术结构	• 通过价值感话术营造留人噱头＋给出明确的放单门槛＋做浅层数据叠。 • 短频高次的放单节奏。 引流品话术是较为自由的，只要遵循以上几个要点，就都是可以的，并不存在适用于各直播间的万能引流品话术，读者可以根据自己的实际情况去做调整。 为了帮助大家更好地理解，这里进行实战话术的举例。 我们5分钟以后给大家开我手上的这个18K金的星河吊坠，注意不是那种几十块钱的合金饰品哦；如果你是老粉，肯定知道这款我们日常价格是699元的，今天我会直接给大家199元开，我是主播也是店铺的主理人，太复杂的套路咱们不想做也不会做，现在金价多贵大家都知道，这条项链净重超过1克，平时经常带高货的姐妹都懂这条项链有多超值，我看到"星星"和"海藻小姐"加了粉丝团，这样我们先开2单大家可以练一下手速。 （注意：不同平台要提前规范相应的直播违禁行为） 哪两个宝抢到了，来评论区告诉我一声，我今天就给两个小锦鲤安排发货；还有多少人没有抢到，但是想要的，我看下有没有。现在金价多夸张不用我说，来我直播间的富婆姐妹们都清楚，我们家所有饰品都是18K金以上，不含任何合金成分的，不存在一个吊坠看着好像很大很重，其实都是铁、铜的重量，就像这个星河吊坠，市场上同重量的18K金含量的项链，某周某福，我给大家看一下截图（拿出平板计算机，展示）899元的价格，我们的款式，今天输它吗？（场控：不输的，看起来还更高贵）我的含量，输它吗？（场控：不输的，都有克重证书）然后我今天的价格是它四分之一都不到，就冲这些，能不能先给主播点一下关注，要不然之后我再放福利，你都刷不到我的直播间。（场控：关注点起来，粉丝图加起来）我看"花海"姐妹一直在打想要，就属她积极，这样我们给花海宝上一单，其他要的，真的得让我看到你的决心，这个真不是随便发的福利。（场控：没错，真实开播宠粉的款式，错过不再上了）
重点	• 必须重点塑造稀缺性。 不限单、不限量、没有门槛则丢失掉了引流的目的。 即使是保持调性的头部主播如董洁、伊能静的直播间，也经常会用引流品去拉升直播间数据。 类似"因为确实今天价格很低，这个品牌方之前都没有过这个机制，我们再给大家上100单的库存吧，再多就真的没有了，因为现货就这么多，我不希望姐妹们今天在我直播间买了还要再等预售。"也是一种引流品的稀缺性塑造

续表

	引流款
重点	无论你的引流品是否真的有单量限制，我们都需要人为地给其加上更多的"购买前门槛"。在营销学上，有一种心理叫"损失厌恶"心理，即相比于获得100元所带来的惊喜感，人们对失去100元会更加痛心疾首。同理，引流款发福利真正吸引人的地方，不在于你究竟发了多少福利、给了多少好处，而在于营造出"注定有人抢不到""而抢到的人就赚了"的氛围。 • 必须要做浅层数据。 引流款的目的一定不是单纯地为了给大家发福利，更重要的是为了让数据集中爆发。最基础需要做到的点是，让用户来到你直播间的平均停留时长大幅增长。这也就意味着我们需要有足够吸引用户留下的产品，以及能够把用户"拖"住的由头
常见问题	• 可以用库存来当引流品吗？ 引流品本身的引流效果有好有坏，用知名品牌的爆款做低价让利和用自家品牌的压货库存作为引流品，效果肯定是不一样的。 • 为什么我的引流品留不住人呢？ 价值越不明显的引流品，则越需要主播用更多的精力去塑造其价值感；而价值感越明显的引流品，则不需要主播费太大的力气，用户也能因为产品选择留下。 • 我的引流品发完，用户就走了怎么办？ 在讲解引流品时，主播需要提前对接下来的主推品或承接品进行铺垫，见缝插针地让用户对品牌本身、账号本身产生认可。同时要筛选出真正精准的目标用户，所以我们在讲解引流品时，就要拿主推品的场景话术去讲引流品，目的就是为了讲到目标用户的心坎里去。 总结来说，如果上完引流品，就要转正价品了，那么在卖这个引流品时，就要提前去做准备，让大家对接下来的主推品充满期待感。 • 主播总是一股脑就把引流品放完了，怎么办？ 引流品是主播当下的筹码和底牌，引流品是否能发得好，如果说技巧和经验占50%，那么另外50%则由天赋决定。我曾经面试过上千个主播，发现一个有意思的规律：但凡是在未入职期间就能给自己讨价还价、争取利益最大化的主播，他们在未来的工作中，也多半能把这项技能用在直播卖货上。这里说的争取利益最大化不是单纯地向公司方要求我要XXX的底薪和提成，而是其能通过摆事实、讲道理，把"客观事实"放在你面前，让你不得不考虑给他一定的资源

2. 主推品

主推品属于货盘当中最重要的商品定位，但如前文提到的，很多新人对于主推品的认知并不准确，详细的主推品介绍如表10-4所示。

表 10-4

	主推品
释义	主推品也可以叫爆品或者正价品，是一个直播间卖得最好的某一或某类产品
目的	创收、盈利的同时，为直播间带来持续正向的数据反馈
时间点	直播间50%~80%的时间都是在进行主推产品的销售
特点	主推款需要满足以下3个条件： ① 爆款潜力。 主推品不是选出来的，而是测出来的。 在线下或者其他平台卖得好的品，不代表换一个平台，换一种销售模式也能卖得好。 大部分的主推品都需要通过一定的测试去证明，最直观的数据就是商品点击率，即主播在讲品时，有多少用户点击了商品。一般情况下，当你发现自己的某个产品相较于其他产品，拥有更高的商品点击率，即说明这个产品有爆款的潜力，可以进一步测试

续表

	主推品
特点	当然数据并不是唯一决定性的衡量标准，如果是付费的直播间，即使商品点击率低，通过付费精准投放，也有能将产品卖爆的可能性。 ② 同赛道竞争力。 主推款在同赛道同类型产品中是否有竞争力，无论是主播运营或商家，都需要对自己产品有深刻的理解和认知，需要自己去做功课，去了解、深刻感受自己的产品。 这是个基础到不能再基础的基础。这句话看似是一句废话，但是非常多的主播和运营并不了解自家产品、不了解行业产品，对自己的产品甚至不喜爱、不认可。 在这种情况下，是不可能播出来的，而这个点，也被极大地忽视了。 如果本身产品没有竞争力，例如用料、设计、价格都没有优势的情况下，很难跑出来。即使卖出去了，退货率也会很高。 如今直播电商行业，主推品本身在赛道中没有优势，会很难生存。 ③ 匹配主播及账号。 为什么小红书平台的买手章小蕙的直播间，客单价可以超过 1600 元，并且很多主推品多为小众品牌；而快手很多巨头主播的直播间客单价都在百元左右，并且以知名度较高的品牌及日用百货品为主。 核心原因在不同平台、不同账号、不同主播，调性、风格、目标人群都不一致，我们的主推品需要与自己的直播间风格和主播风格相互匹配
误区	• 凭自己的审美去确定主推品。 即使是有深度行业经验的博主，我一般也不建议完全根据自己的审美和经验去确认直播间的主推品。因为个人审美并不能代表大众审美，以及直播是通过镜头去展示产品，也并非所有产品都能在镜头前完全展露出自己的优势，很多品其实并不适合直播即时展现的方式。 例如很多品是短视频卖货还不错、有一定潜力，但是拿到直播间去展现就完全不行的情况，其实核心点就是在于直播间的展现是实时效果，没有办法做到短视频那样，完全展示"精致的那一副面孔"。 • 主推品不用强调价格。 很多新人会认为主推品即等于赚钱的正价产品，就会不好意思过多讲解产品的价格，因为大部分主推品都没有价格上的优势。这里有一个误区是，描述产品的价格并不一定是为了突出性价比，而是让用户更充分地了解他为什么要花这个钱，这个定价到底是怎么产生的。 例如，"手工编织的藤椅会比普通的椅子贵出几倍的价格，是因为会手工编织藤椅的师傅本身就不多了，在整个 XX 省，这样的手工艺人也只有最后的几百名了，并且每一个手工艺人每天也就是做 1 把椅子，所以价格会贵，当然这样的椅子耐久度也更高，像他们当地人都是世代传承的去用，除了一些污渍，看不到任何的损坏。"就会比"这个椅子都是手工师傅编织的，人工成本很贵"要来得更清晰、有说服力。 以上的话术并不是让大家去编，而是把自己产品为什么价格合理的那个理由讲出来。 • 主推品一年四季都能卖得好。 其实很多产品都会受到季节周期的影响，例如酒水通常在冬天是旺季，很多酒水类产品都需要靠年末的销量支撑全年的运营；所以不存在全年不受季节周期影响，永远稳定的主推品。 还有一些本身迭代周期就比较快的赛道，如服装，相对来说主推品爆单的周期也会更快，发现一个品数据短时间内上来之后，尽可能增加直播时长、增加销售渠道（例如多发带货短视频、多开不同小号直播等）去把这一波爆款发挥到极致
话术结构	主推品的话术结构在前文主播篇中已经有过详细的介绍，这里不再过多赘述，分别强调免费流量和付费流量的一个核心重点。 • 免费流量（自然流量）直播间（强种草感的）：塑品 + 人设 + 互动话术 + 购买理由（成交话术）。 免费流量直播间的话术重点是围绕"兴趣"展开的，所谓种草话术和普通话术最大的区别在于，主播不是单纯地介绍这个东西好，而是介绍一个新的理由，去激发用户的兴趣，痛点、利益点切莫浮在表面上。 举例一： "有没有平时唇纹特别多的？可以用这个唇膜，很滋润，厚敷一晚上，第二天起来唇部就是亮亮的少女唇"

续表

	主推品
话术结构	对比下面这套话术： "唇色深就很像深宫怨妇，而且涂什么口红，颜色都不正，有多少姐妹真的是有这个问题的，公屏区飘 1 让我看到一下，因为我自己就是，这个问题困扰我挺多年了，我不知道是不是我才是那小部分人，评论区的姐妹们你们都没有这样的苦恼吗？哦我看到了有几个姐妹跟我一样！我是有一年冬天特别干，就用了这种可以厚敷的唇膜，它含 XX 成分，能滋润嘴唇的同时提亮唇部，特别是厚涂一个晚上之后，第二天起来拿棉签一挂，死皮直接一条一条就下来了，然后嘴唇就像 biubiu 过了一样滋润，有那种少女唇的感觉。" 以上两组话术就是付费流话术和免费流话术最核心的区别展示，免费流更需要能够激发：分享、种草、兴趣感。 • **付费流量直播间：塑品＋互动话术＋购买理由（成交话术）。** 付费流量直播间的主推品话术，核心重点在购买理由上，因为来的基本都是有兴趣的用户，不用再去激发大家的兴趣，主播需要做的就是说服用户为什么现在要在你家买，则相应的品牌背书型话术、比价话术、同行对比话术、福利型话术、售后保障型话术就更加重要了。 付费流量直播间的话术，最好能配合直播间的运营玩法去塑造产品火爆的氛围感，例如通过憋单、商品开价、上下架链接、卡库存等方式，让用户产生"商品很火爆"的实际感受
重点	• **穿插着做浅层数据。** 很多主播在进行主推品销售时，说着说着，就不记得要去和用户互动了。主推品作为直播间里讲解时长最长的品类，是必须要养成互动习惯的，否则会出现越播人数越往下掉的情况。 • **多方位话术输出。** 我们在话术方向上的不同尝试，就好像是在攻克一个你不知道属性的敌人一样，到底是用火攻，还是用物理攻击能有效果？你不知道，所以轮番尝试才是最好的处理方式。主推品的话术方向也是如此，我们并不知道用户会被哪些点打动，可能是价格、可能是商品本身的性能、可能是商品的华丽外表、也可能是来自其他买家的好评等。而很多新人主播，在不知道敌人属性的情况下，不断地用同一个话术方向，例如不停地塑品、塑品、塑品，全部围绕着产品本身展开，那自然就收效甚微了。 • **讲透很重要。** 上面我们说了要多方位输出话术，尝试不同的话术方向去攻克用户，所以不少主播又会产生新的问题：每个点都讲到了，但每个点又好像都没讲到。 例如： "我们这款粉底液亲肤感真的很好，滴在手上就好像是水流动的感觉，很容易铺开，而且遮瑕力也是足够的，像什么斑斑点点啊，暗沉都可以遮住，然后平时也不用担心它会氧化，我们是 8 小时持久持妆的，今天拍下价格划算，因为额外还送半正装的小样，相当于 5 折了，咱们其他地方都没有这个价格的哈。" 以上这段话术，看似什么方位的话术都讲解到了，其实每一个点又都没有讲透、没有与同行产品拉开差距，就会变成无效话术
常见问题	• **主推品的数量该怎么定呢？** 一般情况下，蓝 v 商家类型的账号，在主推品的数量策划上不宜过多，基本维持在 5 个以内；而博主类型的账号可以适当增加主推品的数量，主要依据粉丝粘性而定，博主本人的号召力越强，粉丝粘性越高，日常私域流量运营的越好，越适合多主推品的策略。 另外，一些以"清库存""品牌清仓"等噱头为主的账号，也同样适用多主推品的策略。 • **单一主推品，用户不会觉得腻吗？** 一个良性的、以直播卖货为主的账号，是需要不断有新人进入的，我们并不是娱乐或内容型直播间，大部分来到你直播间的人，通常都只会看你数分钟的时间，并不会在直播间停留过久。所以不用在意，用户听到你总是讲一样的内容，会不会厌烦，因为你的话术本身就是讲给时时刻刻会来到直播间的新用户听的。 而有的新人主播为了不让那几个有黏性的老粉离开，就一直与老粉互动，讲一些只有老粉才能感兴趣的内容，反而会影响新人的进入，本末倒置

3. 利润品

利润品于整体货盘的规划，有一定战略意义。特别是主推品需要走量、利润又比较薄的直播间，如何设置利润品就较为关键了，详细的利润品介绍如表 10-5 所示。

表 10-5

	利润品
释义	利润品是直播间中能够带来最高利润的产品。它们不一定是成交量最高的，但每笔销售的利润较大，对整体的盈利贡献显著
目的	最大化收益，同时提升直播间的品牌价值和市场竞争力。利润品还可以帮助直播间在市场中稳定位置，吸引并维持高消费能力的顾客群体
时间点	利润款通常在直播的高峰时段，例如观众互动最活跃或人数顶峰时期
特点	• 需要一定的粉丝黏性或背书。 一般利润品的销售需要建立在对销售者的信任之上，例如基于对销售者人品的信赖或对品牌本身就有足够的深度了解。 利润品的成交很难发生在当下，更多是通过一定周期的接触，最后在某个时间点达成成交。 • 利润品本身需要具备额外功能或卖点。 例如，夏天的风扇，可以是一个主推品；而带有不同风挡、能出冷风、能净化空气的风扇，则可以成为一个利润品。 再例如，普通的面霜组合，可以是一个主推品；而带有修复功能、主打抗老去皱系列的升级产品，则可以成为一个利润品。 利润品本身就是为了小部分人群的深度需求提供服务的产品
误区	• 利润品就是"割韭菜"产品。 很多行内人会把利润品定义成"收割"类产品，对于这个观点我个人是非常不认同的。 三万元的香奈儿包是利润品，但它是收割产品吗？如果它卖给一个需要攒钱才能买得起的用户，那它就是收割品。如果某利润品的定位是，全部卖给需要攒钱才能买得起的用户，那么这个品牌爆雷，就几乎是可以预见的未来了。 把不同的产品，匹配适合它的用户，是利润品的核心点。 不要让不适配的用户，去买他本不该买的产品，是销售者的职业道德。 • 利润品不等于高客单价。 一管 99 元的 XX 膏，成本三元，可以是利润品。 一个十万元的爱马仕包，成本在万元以内，也可以是利润品。 利润品的重点在于，补充主推品所不能达到的功能或目的
话术结构	• 正常主推品话术结构中，突出价值感话术 + 差异性话术 + 目标人群使用场景。 • 穿插在主推品之后，以连带 + 预告的方式讲述利润品。 举例： （前面正常讲主推品），如果预算比较充足，想要更明显的 K 老效果的，我们可以去选择 X 号链接，它是 40 浓度的玻色因，要知道高浓度的提取过程是非常复杂的，我不追求性价比，我就要短期一下子就能出效果的、看到变化的去拍 X 号链接，3 天会看到光泽度上来了，15 天那种嘭嘭弹弹的感觉有了，非常舍得在脸上花钱的姐妹，这款是必囤的，虽然在护肤品里，它可能确实算贵的，但是如果你要跟每个季度都要去做一次的项目的钱比，就便宜很多了，日常价位 XXXX，今天额外优惠到手 XXX。 高阶版本的利润品话术结构可以参考小红书某头部买手主播的话术： "我在美国住的时候，当时好像是 2018 年，一个教授推出了一个面霜 the rich cream，我就觉得这位教授他花了 30 年去研发一个面霜，我一定要试试看到底是怎么一回事，我跟我的团队说我们一定要上，马上要上！他们就说这么贵是什么？听都没听过，我说这个就是好东西，我第一次用的时候，我涂在脸上，我睡觉第二天醒来，我发觉好像我的细胞从里面透光，我以为自己很夸张，然后我连续测试了七天，我就发觉我的皮肤透光，用了二十几天的时候，我就发觉我的肤质还原到一个好像从来没受过侵害，或者是从来没经历过紫外光的那种地步，我当时用这样一个说法跟我的团队说，就像白雪公主，她从来没受过伤害，她一醒来她就是一个完美的肤质，就是一个回到你原来肤质应该有的原生状态"

	利润品
重点	• 是谁来卖利润品？ 利润品往往需要更强的专业性，更有消费力的群体并不会因为简单的三言两语就会进行购买，通常此类用户也接触惯了市面上的好产品，所以主播自身对于利润品及整个市场需要有更深度的了解。 其次，看起来像谁，比实际上是谁，更加重要。一个看起来养尊处优的伪富婆形象，比长得小家碧玉的真富婆形象更适合卖高客单产品。其他产品也是如此，能卖得出利润品，首先在整体气质和外貌上，主播和产品就需要互相匹配。 • 只为精准人群服务。 利润品注定是针对小部分人群的产品，所以在讲解的过程中可能会出各种负面声音或者各种非目标群体离开，这都是非常正常的情况，把目标人群在意的点讲深讲透，不要因为氛围的变化而影响内容的输出质量
常见问题	• 每个直播间都需要有利润品吗？ 不一定，如果没有合适的利润产品或者账号并不适合做利润品，可以没有这个分支分类，只有主推品或者只有主推品+引流品的货盘结构也是很常见的。 • 什么样的直播间适合利润品？ 有强粉丝黏性的博主类直播间、有强品牌背书的品牌型直播间、能深度解决用户问题的产品类型，例如知识付费类服务型直播间、脱发抗老等硬需求类直播间

我们理解了直播间最基础和重要的三类货盘之后，可以再简单了解剩余的一些功能型货盘，以帮助我们更好地完善直播间的货盘策略。

10.1.3 货盘的分支分类

1. 品牌款

如何让直播间挂车的商品更具有性价比、更能凸显自身价值呢？

比如，当你的主推品为某产品的五包装礼盒时，可以再上架一款该产品的单独包装链接，以显示五包装的优惠力度。

再比如你的主推品是29.9的香奈儿平替色口红，那么品牌款就可以挂399的香奈儿口红。

品牌款的目的并非为了销售，而是提升直播间调性，让一些平价替换产品有了明确的对标对象或者有机会讲述更多的品牌故事。

2. 常规款

如何能最大化用户的购买欲望，同时让用户在直播间也能产生"逛街"的快感，既让用户有挑选的感觉，同时也能为直播间带来浅层数据的叠加？

这个时候就需要常规款了，常规款一般作为主推品的衍生作用，例如买了日用品的用户他可能会想买收纳用品，买了眼妆的顾客或许也想看看精油或者香水等。

常规款比较好的利用方式是成套组团出售。

例如虽然介绍的是眼影盘，但是要打造同款森系少女轻盈感妆面，我们还需要2号链接的口红、3号链接的森系香水、4号链接的发带。

再例如想要夏日宝宝出行玩得开心，不仅需要主推的防晒霜，更需要2号链接宝宝专用墨镜、3号链接孩子专用驱蚊液、4号链接宝宝专用露营小书包等。

常规款的目的是：最大化提振用户的消费力，让用户可以一次购齐所有相关产品。这是个屡试不爽的组品策略，也是大部分头部多品类直播间都在用的货盘思路。

3. 承接品

一般有引流款的直播间，可能会出现引流款发完后，主推品不好承接的情况。

这个时候我们就需要一个承接品来过渡，常用于一些客单价稍稍偏高的自然流量直播间，例如客单价要 300 元往上的衣服，用 19.9 元的产品引流之后，用户大都不会购买正价产品，但是用户有可能会接受第二个 59.9 元的产品，这个产品就叫承接品。

承接品也需要有爆品潜力、有一定性价比突出，整体话术节奏及氛围感营造的需求度和引流品是相似的，唯一不同的点在于，承接品需要更加注意人群的矫正，以及接下来主推品的提前预告和铺垫。

10.2 爆品逻辑

我们可以将销售行为简单理解为爆品逻辑。

不仅仅是在直播电商领域，很多电商行业、消费品行业都有一个通用的二八定律，即大部分的销售额由小部分的产品创造，商家、品牌不断地推出各种新品，实际上是为了找到某一些用户下单率最高的产品，然后通过规模化，不断地把该爆品的制作成本压到最低，拔高其利润率，从而在市场中形成优势。因为你的量足够大，则成本可以足够低，即形成了天然壁垒。

作为销售方，我们如何去判定自己的产品是否有潜力呢？

10.2.1 市场分析

无论我们是以商家的身份进入平台抑或是以个人的身份进行市场，我们都需要明确自己的产品，在整个市场中处于什么样的位置。

不少商家在没有调研过市场的情况下，会主观地认为自己的产品因为有非遗等差异化因素加成，从而就认为自己的产品一定会受到大众的喜爱。

其实，一个产品、一个品类是否能有发展空间，是有迹可循的。目前的直播电商行业，已经有近 10 年的发展历史，各行各业可以说是不存在"横空出世"的爆品，能打爆的产品，皆是已经在市场中获得一定反馈和认可，有一定基础的产品。

最优的"爆品"是在其他电商平台都已经获得过数据的反馈了，而在你想做的平台上还是一片"净土"，似乎没有人发掘。

例如我的账号能做到一年垂直类 10 万 + 的粉丝，也是得益于这一点。直播知识赛道在抖音平台已经内卷到一个极致了，然而我在 2023 年时，通过市场调研发现，小红书这个平台居然没有任何头部团队在直播知识赛道里能够出圈，内容也都千篇一律，而除了直播的能力之外，我也有将近 10 年的自媒体内容经验，于是就有了"艾姐是主播"这个账号的快速崛起。直播的爆品也是如此，通常这类的爆品一旦被发掘出来就有比较长的可经营周期。

其次好的爆品是，提前预测、预判到市场的需求趋势。

再其次是，市场上新兴升起的爆品，在初始阶段的快速跟进。

如何去细节分析产品目前的趋势和未来的发展方向呢？目前比较高效的方式是，通过第三方的数据软件。

这里以飞瓜为示例，给大家进行详细展示，如图 10-1 所示。

图 10-1

我们在主界面，商品栏可以看到不同时间节点上平台的爆款有哪些，以及大数据也会分析、预测接下来的爆款会有哪些，如图 10-2 所示，我们可以直接看到在某个周期内，平台的用户对于哪些产品的搜索热度是直线上升的趋势，从而以此去判断自己的产品是否符合周期性的发展规律。

图 10-2

在最右侧的近 30 天销量 TOP3 栏中，点进去可以看到该分类下的店铺及产品的详细情况，如图 10-3 所示，并且每一个分支领域的产品都可以看到详细的数据，可以找对应我们产品情况的店铺，去做详细的对比分析，去研究竞品店铺是如何完成销售这一行为的。

图 10-3

通常我自己的团队去做某一赛道的账号或赋能商家前，都会将该赛道近期（日、周、月）爆品榜单，以及年度榜单，全部下载导出来研究规律。其中研究年度情况主要是看一些周期性的规律，例如最简单的，夏天从 4 月中下旬开始防晒衣就进入热卖期，而真正防晒重度的 7、8 月反而要开始准备秋款上新了。这些都是可以从大数据的年度货盘中，实实在在得出的数据结论，如图 10-4 所示。

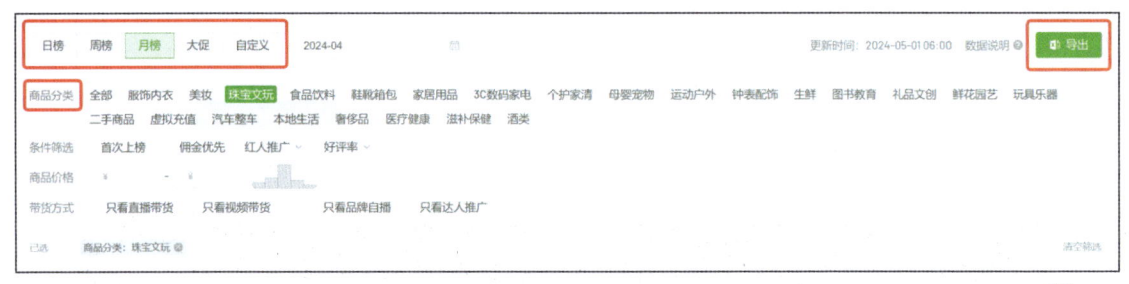

图 10-4

数据导出后，一般是得出一份完整的货盘分析数据，从销量到销售渠道都比较清晰明了，如图 10-5 所示。

图 10-5

整体分析对比后，我们大概就能知道自己所做的品，有多少人正在做、他们是什么价格、他们通过什么样的方式、他们说什么样的话术。行业经验比较深的商家，甚至能找到爆品的源头厂家直接拿货，我有一个长期服务的服装类商家，在供应链这块，不仅能够做到爆款的自设自产，当市场上出现其他爆款时，老板娘能做到第一时间获取源头厂家信息，并做到几天之内，爆款同款的即时跟进。

在分析市场这个过程中，建议大家尽量不局限于自己所在的平台，而是各个平台叠加自己所在的平台，综合去看。

能在大平台上爆量的产品，如果没有在其余平台上崭露头角，则说明这就是一个非常好的切入时机。例如很多小红书上的爆品，其实都在抖音上爆过很多轮，每个平台都有自己的调性不假，但是大平台之所以大，是因为其再小的分支也有足够大的基数做铺垫。

10.2.2 自我分析

当一个品类，在某一平台上，已经竞争到白热化的阶段，就不适合大部分小体量的商家去参与竞争了，多半就会回归到品牌与供应链的竞争上。

于大部分产品和商家而言，在既没有品牌优势，也没有供应链的优势下，在竞争激烈的红海赛道，是很难存活下来的。

我接触过的很多商家，之所以能从普通个体做到千万量级以上的销量，其实能拿到成绩的核心点并不在于自身产品的强弱,而在于是否能找到了红海市场(指的是竞争激烈、饱和度高的市场环境)里的蓝海分支,这也是能多快地做大的核心因素。

这里举个例子,儿童玩具赛道在十年前的电商市场就属于绝对的红海拥挤赛道,然而儿童玩具中的益智桌游则是当时红海领域里,没有人深耕的蓝海赛道。我的线下学员"当当玩具屋",也是迅速在发现了这个赛道后,结合小红书笔记做公域流量的推广,从而迅速成为了赛道的黑马,如图10-6所示。

图 10-6

经常有人会问我卖什么是风口、卖什么比较容易爆,其实这是没有意义的问题,因为不存在只要拿出来就一定能卖爆的产品,所有最终能卖爆的产品都是多方努力下的结果。但我们可以做到的是,从不同方向,更多去思考,从而为自己的产品创造更多的可能性。

这里给读者三个自我分析的思路。

1. 差异化的针对人群

我的产品是否能针对某一类人群,聚焦解决一些他们更深层的问题,让这部分用户真正觉得我"懂"他们,再由一小部分人群扩大到更广的人群。

2. 差异化的细分功能

以上这一小部分人群,我用什么方式来体现对于他们的需求满足。除了产品本身,精神层面、社交属性方面也是需要考虑的方向。

例如躺岛品牌,那个开创了新一代年轻人睡眠需求的网红品牌,它为什么能够受到新一代年轻人的追捧喜爱呢?因为其不仅仅是卖枕头这个单品,同时还有颜值满足,多巴胺的色彩选择在以往的枕头领域几乎是不会存在的;功能满足,创造了躺在猫肚皮上的舒适感这个概念;精神满足,通过每天发晚安短信、出一些有趣的周边和躺平放松的风格来打动用户。

3. 差异化的展现形式

如果这样物品在这个平台已经卖得很好了,那么其余平台是不是还有一定的机会?可能甚至还没有人开始卖?

如果这个平台的产品都是以品牌力度为主,那我是不是可以突出人性化,以一个更贴近生活的"人"来代替品牌的宣传?或者我干脆把自己打造成IP的主要宣传出口?

以上,产品能卖爆,从来不是上架然后就爆了,都是通过对于市场、对于产品的销售渠道不断地研究、打磨、尝试、优化的过程。

爆品说白了，爆的不是产品本身，而是信息差、是找到趋势之后的跟进速度、是对市场的提前预判。在信息越来越发达的年代，不会善用大数据的商家、没有自己获取信息渠道的商家和个体，也是极度容易被淘汰的。

10.3 直播间如何排品

通常来说，直播间起号分为四种方式：引流品起号、主推品正价起号、付费起号、短视频起号。

- **引流品起号**

在直播初始阶段，使用引流品来建立直播间的基础数据和精确的观众群体。通过引流品的吸引力及主播的直播技巧，可以有效提高直播间的账号权重。

如果是通过引流品起号的直播间，通常在前期 3~7 天拉升期，整体以引流品为主，尽可能让场观人数不断突破人群上限，后续根据流量情况，可以适当加入承接品和主推品去测试流量的反应。

通常这是免费流量商家常用的起号方式，对主播个人能力要求极高，起号的速度很快，但是号也很容易产生波动和违规及同行投诉。

- **主推品正价品起号**

主推品正价品起号是许多商家追求的起号方式，但也是最难的一种。不仅要求主播的个人能力以及团队整体的综合能力过强之外，还需求你的产品本身就有极强的竞争力。否则，在观众对直播间缺乏信任的情况下，很难吸引他们购买正价品。

主推品正价品起号多半会带有一些"马扁套路"的运用，即通过主播持续营造产品氛围但就是不开价、不放单的方式，让用户持续聚集在直播间。

主推品正价品起号的直播间，多数是单品类直播间，通过那一个最有竞争力的产品，完成直播间的组品策略。需要注意的是，如果该单品本身数据表现不佳，例如客观层面，商品点击等相关商品端数据表现差；主观层面，对比了市面上所有的产品都不具有竞争力。那及时换品、重新定位产品就是当务之急。

- **付费起号**

付费起号分为纯付费起号和微付费起号两种。

纯付费起号：适用于目标观众明确且需求清晰的直播间。当产品功能明确且能解决特定问题时，纯付费起号效果更佳。

一些高溢价的产品，也只合适付费起号，例如高客单的服饰、鞋靴箱包等。平台的平均客单价多数在 200 元以内，而你的产品要 1000 元的客单价，那么纯自然流量直播间起号几乎是不太可能的。

纯付费起号的直播间排品原则遵循成本原则，即在 ROI 目标范围内，测品和选出转化率最高的产品进行主要输出，附带销售利润品。主推品与利润品占比可以为 7:3，可以不需要设置引流品。

如果人气数据差，想要通过引流品来拉高浅层数据，那么需要和付费投放的规划进行匹配。不要在付费跑量周期内，进行引流品的发放，可以在直播刚开始的 10~20 分钟以内，付费正在启动时，销售引流品；或者偶尔周期性少量快速地进行引流品的销售。

微付费起号：能够缩短探索目标观众的时间。通过手动筛选人群的方式。精准进入到直播间的群体。注意，付费不是直接给你的账号打上标签的过程，付费只是把目标的人群推到你的直播间来，具体他们能不能打上标签，要看你整体的直播间如何去对这些人群进行承接，如果能承接得住，你的标签才算是打上了。

微付费起号可以用在所有起号周期中，一般综合实力过关的直播间，付费金额在千元以内，即可看到明显成效。是一种非常灵活的起号方式。

其排品根据不同的直播周期进行转换。

- **短视频起号**

短视频起号竞争力强，门槛相对较高，需要具备一定的内容创作能力。

通过短视频展示产品优势,并在用户心中留下独特印象,从而吸引他们到直播间。成功的短视频起号,最重要的目的还是为了吸引流量,账号的短视频粉丝和直播间的粉丝是两种人群模型。如果前期通过短视频拥有了一定的流量及权重,那么开播以后,相应的粉丝群体也会第一时间收到通知,如果能将首批积攒的粉丝人群进行转化,那么后续的人群推送则会更加精准,效率也会更高。

短视频起号的账号,在商品上,尽量与短视频保持一致,或者有清晰明确的引导路径,告诉用户视频中的产品在哪里。如果爆量短视频与直播间售卖产品不一致,很容易产生流量的白白浪费。

总体来说,排品没有非黑即白、必须要遵从的原则,因为本身直播电商就是一个较为灵活的渠道,也不存在所谓的"跟着我做,你就一定能成"的方法论。

适合别的品牌的策略,并不一定适合你。别人能爆量的话术,不是一比一抄过来我们就也能爆。

我们更重要的是弄懂其中的逻辑,再于自己的账号、产品上不断地尝试、优化。

10.4 直播间如何测品及转款

直播间进行测款的前提是,所有产品的基础准备工作到位,例如商品主图、产品详情页,要做到最起码的清晰、干净、明了,有一定风格化的审美。不要拿盗图或者各种一键化生成的图片去做主图和商详页的装修。不能让用户一眼就从商详页中看到"盗版""不专业"的既视感。

同时保证产品的测品环境均处于一样的情况下,中控的弹窗频率要一致,主播对于产品的讲解时间、讲解方式、话术框架等也要一致。同时该做的流量数据也一样要做,例如互动数据,以及流量低谷期去放引流品拉升流量,公屏区正常的控评、"水军"运营等。

如果流量太低,测款是没有意义的,因为很多时候,总场观一两百人的直播间也可能会出现商品点击率40%~50%的情况,这并不能说明你的产品是个非常有潜力的大爆款,因为人群基数太小了,流量甚至都打不开。

测款这一步,总结来说要建立在账号稳定、流量稳定、讲品环境一致的基础上。

接下来介绍如何转款。

如果在转款过程中,发现自己流量很容易流失,那么我们可以来学习以下6种转款方式。

- **热点型转款**

根据最近的热点话题搭配产品,就好像聊天一般,把自己的产品带出来。

例如"最近多巴胺配色真的太火了,就是哪个女孩今年夏天没有一件颜色靓丽的衣服穿,主播真的会心痛!如果你觉得糖果色好像有点张扬、有点土,就真的大错特错,接下来一定会让你大开眼界,看一下我们2号链接,今年全新的XXXX款。"

再例如"最近有没有人看《芭比》啊,芭比同款的洋娃娃款短裙,想不想看?穿上就是洋娃娃本娃,我直播间有多少女生是不太爱穿短裙的?有没有?因为我知道短裙真的有点不方便出门,但是我们今天这件真的不一样,有没有不爱短裙的,快告诉我,一定有!一会我们5点要上的那条,真的跟其他短裙的设计很不一样,日常款的同时,好看、洋气!"

- **无中生有式转款**

虽然没有人问,但是依旧可以营造出有很多人在询问、在等待的语气,来增加用户的期待值。

例如"然后一会我们先上一款所有老粉都在等的款好不好,这个款老粉已经等了3个月了,新粉肯定都不知道,因为之前我都不敢讲,一讲你们就让我上,我又没货可上,今天现在来到我直播间的宝们,你们来的非常是时候,真的是来得早不如来的巧,别人苦苦等了3个月,你今天来了就能直接拿下。"

再例如"刚才那个问我X号链接的宝还在吗,我说会给你试就一定会给你试的,我很宠粉,就是说有点梨型身材的,穿什么裤子好看对吧,我现在给你看一下哦,我们的3号链接,你真的很有眼光,它就是专门解决你在意的梨形身材的问题的。"

- **预告式转款**

提前告诉用户你接下来的"惊喜"和用心程度。

例如"一会 12 点大家记得一定要回来我们直播间，因为要上一个我们当季的新款，纯原创的一件中国风大衣，是能穿出飒爽国风的感觉的外套，光是这个衣服的料子我们就定了三个月才拿到货，国风的料子你永远不用担心它过时的，因为穿的就是韵味不是一时的时尚。"

再例如"我们这件讲完了之后，就要开始讲秋装系列了，真的太期待了好吗！有没有喜欢焦糖色风衣的，还有今年非常火的牛仔辣妹靴，一会整套给大家上哈。"

总结，转款的重点在于，用合理的方式，给出预期。

要给大家一个接受下一件产品的理由，同时这个理由还需要能让人足够期待。

普通的一句"我们一会要上新款哦"，实在无聊至极，没有任何期待感，但是如果加一个理由"想不想看耗时 1 年，重工完成的裙子长什么样？"那即使原本可能不想买裙子的人，也会被这个"噱头"调动胃口，从而继续停留。

直播的核心和转款其实是一样的，就是不停地制造有吸引力的理由，让用户能够继续看下去。

第 11 章 高薪运营和主播必备：数据复盘

不会复盘，意味着每场直播都要从 0 起步。懂数据，意味着我们知道平台考试范围有哪些；会复盘，意味着我们能发现每一次考试分数不理想的原因是什么，答案去哪里找。

11.1 单场和长期数据复盘

系统地复盘共分为两个阶段：单场数据复盘与长期数据复盘。

能够完整地看懂数据，是复盘的第一步。

理解数据意味着能准确分析每次直播后的问题所在，而不只是凭感觉或是仅依赖中控、运营的意见。我遇到过非常多主播，不会看数据或者团队压根就不给主播看数据，其实这都是非常不合理的。

不同直播平台的流量分发逻辑和重点考核数据都是相同的，接下来以抖音和小红书两个平台为例，深度剖析数据背后的意义。其余的直播电商平台，读者也可以根据同样的思路进行自我复盘。

即使不做抖音平台的读者，也建议深度了解、学习抖音的逻辑算法和核心数据。因为整体来讲，抖音的直播算法逻辑在所有直播平台中，都算是非常成熟的了。

11.2 基础版数据复盘

直播单场的数据复盘，是每次下播之后必须要去看的数据。

以抖音平台为例，目前其在数据归纳整合上，是所有直播电商平台中最全面的。

通过抖音官方抖店后台，来到抖音电商罗盘数据，也就是我们常说的数据大屏，可以分为三种，分别是带数据分析的专业版、简易明了的基础版，以及直播中给予主播实时展示的主播版，如图 11-1 所示。

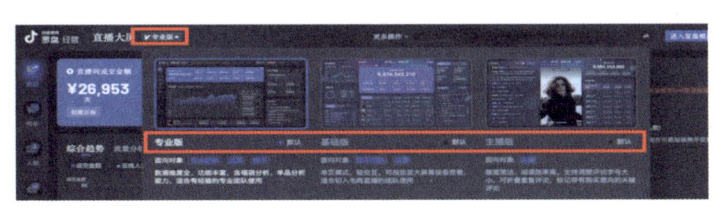

图 11-1

单场数据的复盘，通常以专业版和基础版的复盘为主。

我们按照从易到难、由浅入深的逻辑去讲解数据端的复盘。

基础版的数据大屏分为 5 个区域，如图 11-2 所示，分别是流量来源区、基础直播数据区、流量走势区、用户画像区、商品数据区。

图 11-2

11.2.1 基础直播数据区

1. 直播间累计成交金额

直播间累计成交金额就是直播间常说的 GMV，包含实时退款金额。一般下播后的 GMV 会有 0%~50% 的发货前退货，这都是正常现象；有一些福利型直播间发货前退货可能会达到 50% 甚至以上。数据面板上的 GMV 并不代表最终售卖金额，也并不是 GMV 数字高，就一定等于卖得好，需要综合投流成本、退货成本去分析。

2. 成交件数

成交件数就是直播间成交了多少件商品。通常追求 OPM（千次观看下的成交单量）的直播间，会特别在意成交件数的数据。直播其实就是赛马的机制，某一项数据能做到明显高于同行时，则更容易获得平台倾斜的流量。追求 OPM 的直播间更适合多样化、大众化的选品。

3. 成交人数

成交人数即直播间有多少用户进行了购物。这个数据通常会综合成交件数一起分析。例如，当买手型直播间需要做组合型销售时，就可以通过观察成交人数和成交件数的比例关系，观察粉丝购买力是否被完全开发。

举例：当主播拥有自己的粉丝群体时，比起推荐单品产品的模式，还可以加入套组购买的模式。例如冬季美拉德全套穿搭推荐，从外套到内搭到帽子到饰品等，去增加单个用户的成交件数。

4. 点击 - 成交转化率

点击 - 成交转化率即购买人数和商品点击人数的比例，是直播间整体数据考核的重要点，点击 - 成交转化率过低会影响直播间的整体流量。

如果该数据过低，该如何调整。

- 货盘筛选：优化曝光点击率高，但是成交率低的产品，直播间并不纯粹追求产品越多越好，没有任何存在的目的且数据表现差的产品，需要周期性地进行优化。
- 优化主播的成交话术质量。一般纯付费流量直播间，点击 - 成交转化率可以保持在 5% 以上，10% 左右就是比较优秀的品了；免费流量的直播间，目前我所操盘过的大部分能单场破百万的直播间，这个数据很多能做到 20% 以上，如图 11-3 所示。该数据从一定程度上，也能反映出产品本身的竞争力。

图 11-3

5. 千次观看成交金额

GPM（千次观看成交金额）即每一千次观看能成交多少 GMV。注意，这里考核的是千次观看，指的是一千次观看，所以 GPM 并不等于 GMV/ 场观人数。用户越精准、越有价值，则 GPM 越高，GPM 也是直播间流量转化效率的直观体现。通常情况下，这个数据越高越好，但并不绝对。

GPM 是主播直播能力的直观体现方式之一，如果是已经趋于稳定的成熟账号，主播在换播过程中，经常性轮到自己上播就掉 GPM 数据，则说明自己相较于其他主播的流量承接能力较弱。

6. 成交粉丝占比

成交粉丝占比即直播间成交人数中老粉的占比。老粉一般指提前一天对账号进行关注或曾经有过购买行为的人群。当天进行关注后再进行购物的粉丝，并不算作老粉占比。老粉成交占比过高，并不能单纯说明好与坏，也需要根据自然流量的转化效率，综合分析。

例如，有的直播间会通过付费的方式，购买平台的精准粉丝，那么这种情况下，成交粉丝占比高，也是正常的。老粉占比高的同时，自然流量少、新粉成交低，则说明直播间需要针对新粉进行产品、话术的重构，同时通过短视频、付费等方式去协助自然流量新粉丝的进入和承接。

7. 平均在线人数

平均在线人数即直播间平均在线人数。并非所有直播间都需要大场观、高在线人数，平均在线大几千、GMV 甚至超不过五位数的直播间非常多，而平均在线十几二十人，单天能做到几十万的直播间也大有人在，所以不用过于在意在线人数的高低。不同梯度的在线人数，对于主播能力的需求也是不一样的。如果主播没办法稳住低在线人数的直播间，那么高在线的直播间也同样会因为控不住场而白白浪费流量。

8. 累计观看人数

累计观看人数即直播间总场观人数，注意这里为总人数，非总曝光量。通常 UV 价值和总场观人数，这两个数据会放在一起复盘，UV 价值为：每个进入直播间的用户所产生的价值，公式为：当场 GMV 数据/总场观人数，即每个进入直播间的用户所产生的价值，建议读者可以养成看到数据就从侧面估算一下 UV 价值的习惯。该数据和 GPM 的核心逻辑是一样的，只不过 UV 价值的重点在每一个用户所能提供的价值上，这个数据也从侧面说明了该直播间每一个用户的质量高低。

为什么小红书的用户是直播行业公认的高质量消费群体呢？大家可以去观察小红书的买手直播间，大量头部直播间的 UV 价值都能达到 20~30，也就是每进来 1 个人，即能够给直播间带来 20 元的 GMV，而抖音的头部直播间 UV 价值很多都在 10 以内，所以每个平台、每类用户的区别，都可以在数据身上看出差异性。

9. 新加粉丝团人数、新增粉丝数

新加粉丝团人数、新增粉丝数即直播间转粉数据。粉丝团有入团门槛，要把这个数据做起来需要产品本身极度有竞争力和直播间有一定套路型话术。于大多数普通直播间来说，粉丝团数据难做上去，非常正常。转粉率通常为 3%~5% 就算是中等偏上的数据，有一定粉丝基数或稳定型直播间，2%~3% 就是不错的数据了。转粉率和主播的转粉话术频次、质量高度相关，如果主播本身没有转粉话术、人设话术的设计，那转粉率低是必然的。

新增购物团人数是粉丝团功能的电商升级功能，相比于用户需要付费才能入团的门槛，购物团可以直接加入。对于纯电商型直播间来说，降低了一定的数据门槛。两者界面如图 11-4 所示。注意，截至本书出版时间，粉丝团的模式切换一个月只能切换一次。切换路径如图 11-5 所示，抖音手机端点击"+"按钮，选择"开直播"，即可进行调整。

图 11-4

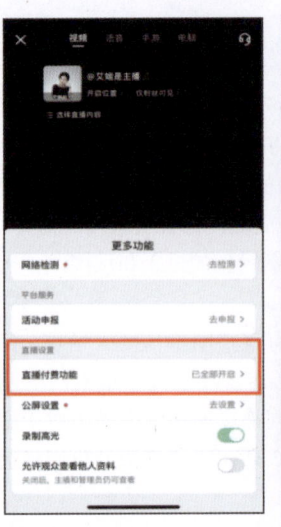

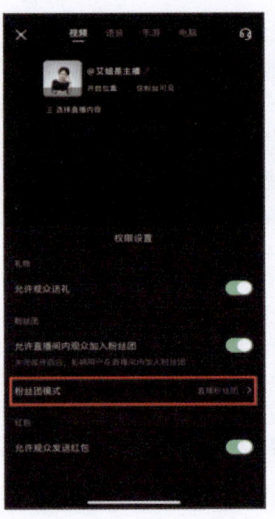

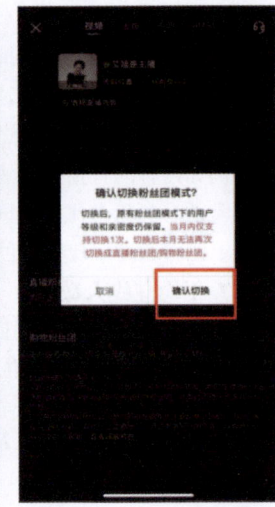

图 11-5

10. 人均看播时长

人均看播时长即平均每个用户在你直播间停留的时间。该数据和 GPM 一样，是整体数据中非常核心的关键数据。人均看播意味着直播间的浅层数据的基数做得如何。停留是所有浅层数据的基础，如果直播间没有停留，更不用谈后续的成交数据，所以人均看播时长是一个非常关键的时间节点。

在大部分情况下，停留时长高于 45 秒，即算是正常数据。很多新人在新号开播时，会用自己的小号或者各种亲朋好友的账号来给直播间做数据，其实这反而会让直播间的标签变得不精准，这些外部数据无法直接决定直播间的成败。

停留时长如果低于 30s，则需要分析：

- 直播间场景是否高质量、是否吸睛，整体视觉感受是否优质、有无设备明显问题。
- 主播话术和状态是否在线。主播是否有情绪感染力，话术是否是有效话术、是否有足够的话术密度。

11.2.2　商品数据区

商品的数据复盘，是一个寻找规律和爆款、综合商品自身竞争力去优化直播间的过程。

商品区的数据样本如图 11-6 所示。

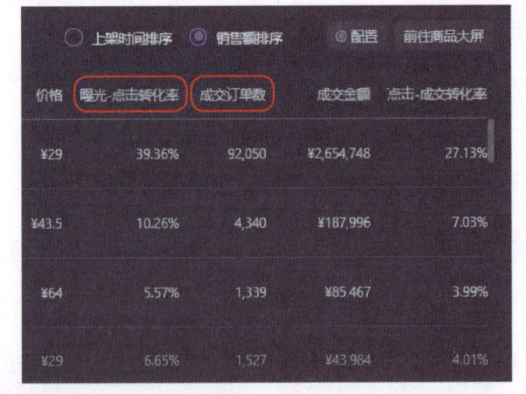

图 11-6

我们需要着重观察的数据是**曝光 - 点击转化率**和**点击 - 成交转化率**。

曝光 - 点击转化率即产品用弹窗的形式曝光给进来的用户看到了，有多少用户进行了点击；点击 - 成交转化率即用户总共点击了这么多次商品链接后,有多少点击最终完成了下单成交。

第一,通过这两点去观察主推品自身吸引力。

如果有高曝光-点击,但点击-成交率低,则可以改进成交话术后,再次测试。

如果曝光-点击低,则优化商品视觉呈现和主播增加引导点击产品话术,并对比同行产品,分析自身产品优劣势,是否要进行价格调整、设计调整等一系列动作。

曝光-点击率超过20%,点击-成交率超过10%,则可以视为有爆款潜力。

若主播能力达到60分以上,商品的曝光-点击率低于10%,点击-成交率低于5%,需要考虑流量来源问题,多数情况下这类品会建议做付费流量。

第二,通过这两个率去观察是否有其余的潜力产品。

例如主播甚至都没有讲解的品或少量讲解的品,曝光-点击率就明显比其他产品更高的品。

第三,货盘思路设计与调整。

这里有一个比较深度的利润率问题,大家有没有思考过,为什么直播间需要排品呢?

为什么有的直播间走自然流免费流量的模式卖单品,有的直播间卖多品还需要区分主推品和利润品,而有的直播间完全走付费流量推单品呢?

其实核心点都在利润率上。

抽象去讲这个概念可能会有些难以理解,我们以图11-7所示为例。

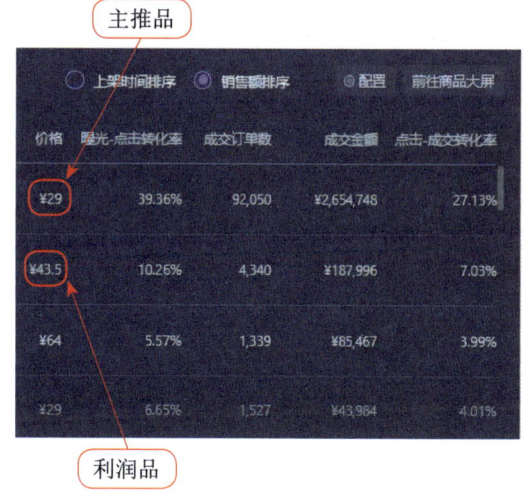

图 11-7

我们来详细算一下产品的利润率。

主推品为29元的某产品,主播在10分钟内一直在讲解该主推品,假设这10分钟一共进来1000人,曝光-点击转化率是39.36%也就是约394人点击了此产品,其中27.13%的人次进行了转化,也就是394*27.13%=107人,因为价格是29元,所以最终10分钟内,该产品的成交金额为107*29=3103。假设主推品的毛利润10%,则赚310.3元。

我们假设43.5元的利润品,其收益率为50%,那么达到310.3的毛利金额,只需要有15人进行利润品的购买即可。

也就是说100人买了主推品和15个人买了利润品,从收益的结果上来说是一样的。

这就是我们为什么要研究货盘的原因,货盘思路实际上是产品的利润思路。因为同样的10分钟,主推品卖3000元和利润品卖650元的最终收益是一样的,但是又因为主推品比利润品更加吸引人,更能做好浅层和深层数据,所以很多直播间没办法全程卖利润品。

平台也发现了商家的这个痛点,所以推出了付费投流的功能,去帮助那些利润高、但是又不是那么吸引人的产品,去直接把用户"拉"过来,直接从源头解决利润品没办法做流量的问题。

以上例子只是为了帮助读者更好地理解,在实际中会有一些细节上的区别,大家需要根据自己产品的实际情况去做判断。

多品类直播间会比单品类直播间有更深层的能力要求,所以我们需要根据自己的实际情况去选择排品策略。

这也是我为什么一直强调直播间不存在万能爆单方法论,因为每一个策略的制定都需要针对直播间的具体情况来调整,这也正是直播间运营存在的核心意义。

11.2.3 流量来源区

通过流量来源来判定自己属于付费流量直播间还是免费流量或免费加微付费直播间,如图 11-8 和图 11-9 所示。

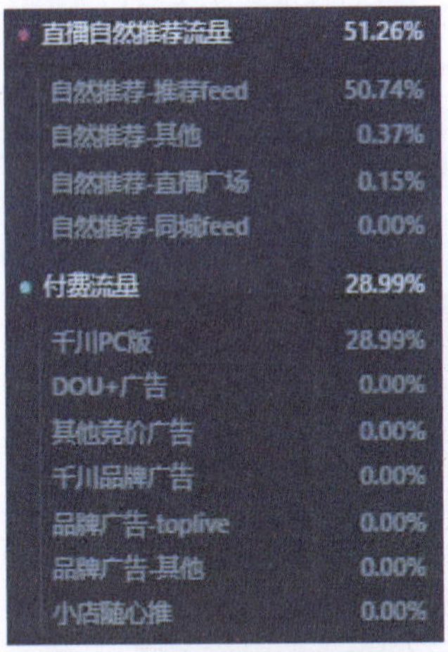

图 11-8

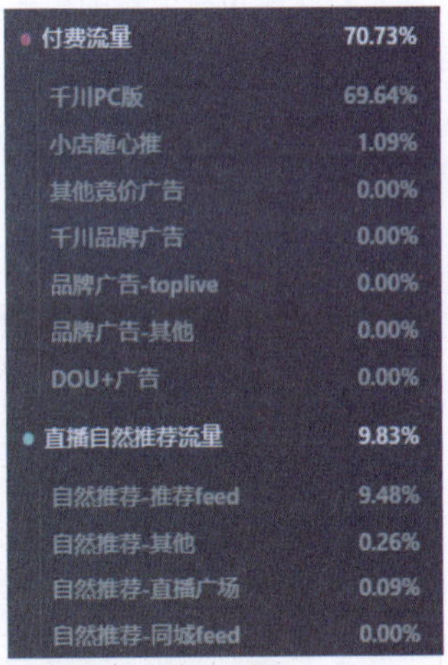

图 11-9

一般付费流量超过 50% 即可归类为主打付费流量的直播间。很多电商人在流量来源上,会有困惑:为什么我的自然流量一直贴底?是不是账号有问题?哪里违规了?是不是权重不行?是不是有平台的暗限流?

有这个困惑,我们可以去看专业版数据大屏中的流量分析模块,看一下自己的自然流量 GPM 数据是多少,自然就会有答案,后文中也会详细拆解此块内容。

大部分情况下不存在账号问题,如果违规了平台会给账号发送违规或相关处罚通知,如果账号自身信用分、口碑分都正常的情况下,不会存在限流。

11.2.4 流量走势区

流量走势,一看峰值,二看趋势,三看收尾。

不论新号或是老号,通常情况下开播都会有一波系统推荐的流量,我们叫开播极速流。极速流的承接,也决定了第二波流速的推送。开播接极速流的开场话术及开场策略是必须要提前设计的环节,同时开播峰值的承接与流量大小,需要进行前后对比,例如今天开播,明显开播流量没有昨天高,需要分析其中原因。

二看趋势,趋势主要看是否做到了二波流、三波流,好的趋势是整体呈现波浪状,如图 11-10 所示,如果能在波浪中看到上升趋势就更好了,如图 11-11 所示。

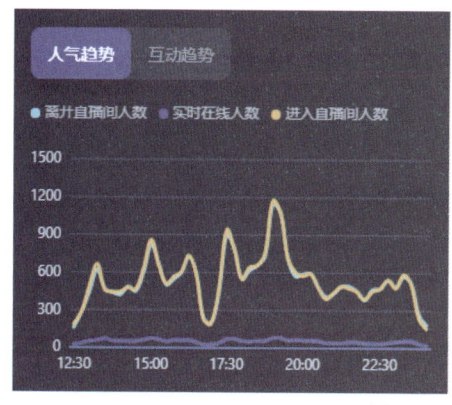

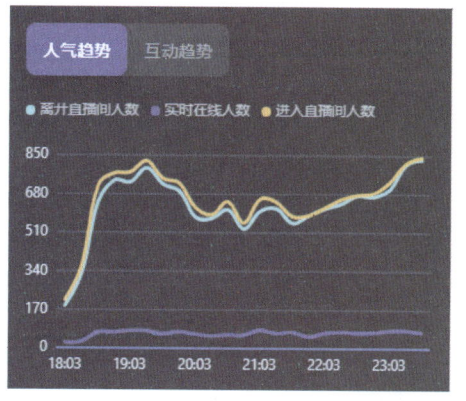

图 11-10

图 11-11

如果整体直播间流量趋势是 L 形的，只有一个顶点，然后后续就是不停往下坠，一直坠到下播，如图 11-12 所示的走势。说明成交密度跟不上，需要观察具体是从何时开始掉，配合着成交频次去观察。要想趋势上升，需要做到周期性单量的递增，再白话一点：假设这 5 分钟，直播间成交了 5 单，那么下个 5 分钟，直播间就需要成交 5 单以上的单量，如果能做到，则流量趋势上涨是必然的，这也是为什么这么多直播间不会一次性把所有库存上完，而是要刻意做憋单或者 5 分钟 /10 分钟 /15 分钟话术框架的原因。

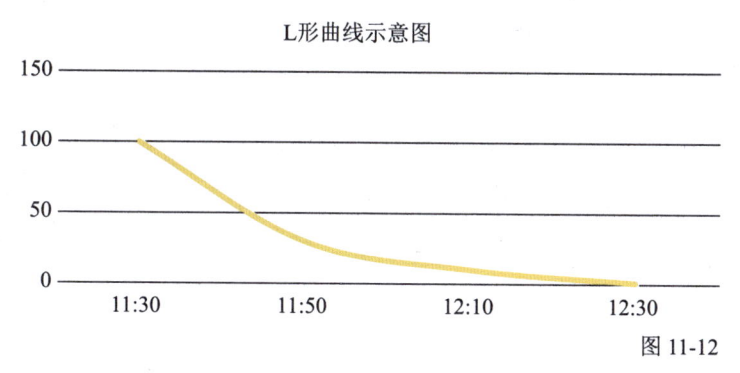

图 11-12

如果极速流来了以后，一直没有成交，或者 10~20 分钟不定期蹦个位数的成交，除了要优化成交密度外，还需要提升主播和产品的综合竞争力。

注意，有的直播间播着播着会发现自己没有开播极速流了，这个极速流是怎么来的呢？

开播极速流是平台对于你整体数据的考核，包括前一天数据、一定周期内账号的直播数据、整体店铺分数情况等。有极速流的账号，起码意味着平台认为你的账号有一定推流的价值，当我们发现自己直播间一直处于 L 形的人气趋势中，则需要更加谨慎对待接下来的直播场次。

三看收尾，如果整个直播间人数掉无可掉了，再下播，会一定程度影响第二天的初始推流情况。尽可能让自己的直播间处于正常趋势、正常人数的情况下下播。

付费流量相对于免费自然流量，其考核的因素就会少很多。因为付费流量的流量走势可以通过人为去控制，无非是转化成本高低的问题。通常情况下，投手不变、投放计划不做大的调整下，主播能力越强，则整体投放效率也会越高。但同时投放也会受到整体大盘的影响，例如流量紧张的下午时段，投放效率总体会比中午晚上等热门时段要低。简单来说就是用户在哪个时段更愿意刷手机，那么那个时段就更容易爆单。用户变多了，同时竞争的商家也变多了，所以还需要考虑自己是否有一定的竞争力。

11.2.5 用户画像区

用户画像区域会显示购买群体的性别、地域、年龄等基础信息，根据这些基础信息，我们主要需要判断：
- 产品实际购买人群与前期预测的购买人群是否匹配。

- 在人群画像没有跑偏的情况下，根据人群去输出相应的针对性话术。举个简单的例子，同样是卖羽绒服，主要用户聚集在南方还是北方，对于产品的需求度也是不一样的，南方更注重版型、轻便、设计感，北方更注重保暖、充绒量，然后才是版型等相关卖点。

11.3 专业版数据复盘

专业版数据大屏如图 11-13 所示。

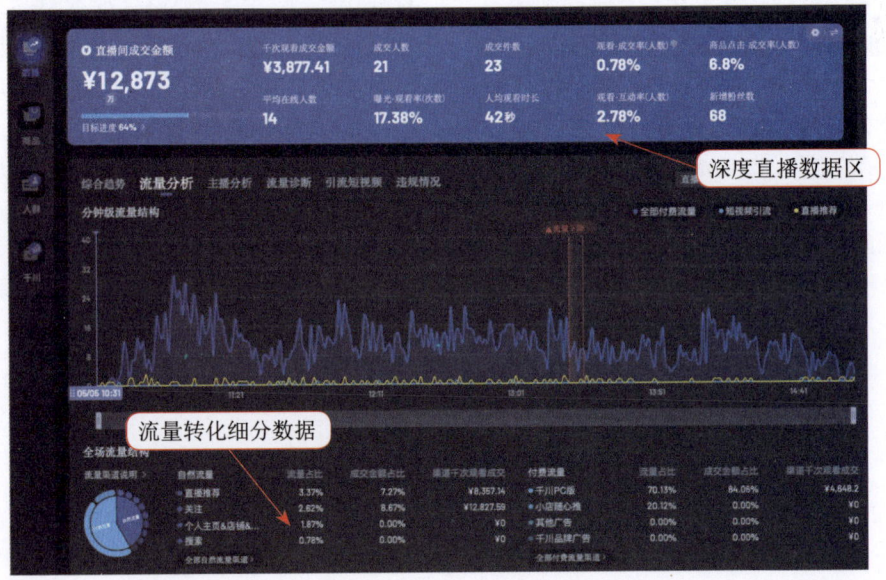

图 11-13

除了在上节中我们提到的直播基础数据以外，专业版数据大屏可以根据自己直播间的需求，进行数据的展示，如图 11-14 所示。其中打勾的数据，都是较为重要的数据指标。

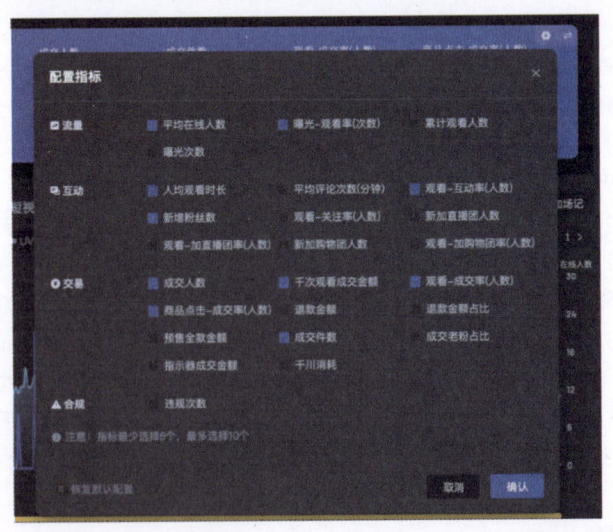

图 11-14

在专业版数据大屏中，流量端、主播端、引流短视频端的问题，平台都会通过大数据去帮账号做一定的分析，这里我详细强调两块较为重要的数据指标，一是流量转化细分数据，二是五维四率漏斗数据。

1. 流量转化细分数据

很多人会苦恼，为什么我的直播间直播推荐流量越来越少，几乎贴底甚至是停止推荐了？如图 11-15 所示。其实原因很简单，先判断自己账号是否违规、店铺是否有大幅度掉分情况，排除因为客观因素导致的流量异常情况后，看一下近期所有直播中，账号流量转化细分数据中，直播推荐流量有没有成交、千次观看成交是多少就知道了。

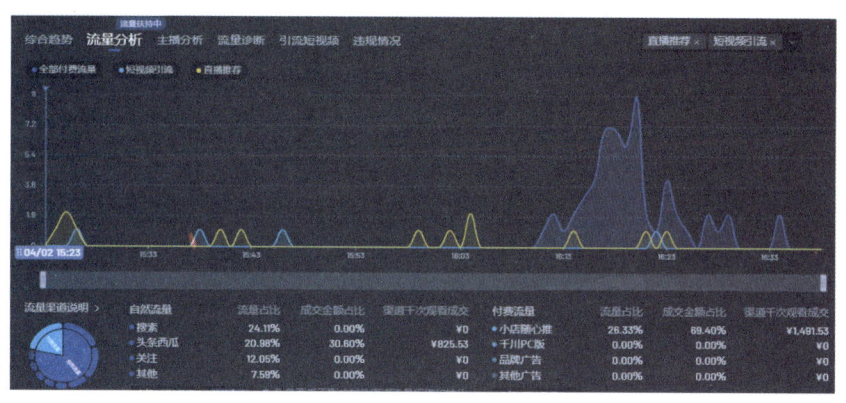

图 11-15

如果没有成交或者远低于同行的千次观看成交金额，那么没有直播推荐流量是非常正常的。这种情况下，提升主播个人能力的同时，设计完整的 5-10 分钟直播运营节奏，让用户能够周期性地完成一定成交量是首要目标。

2. 五维四率漏斗数据

在深度直播数据区中，出现了新的数据指标：曝光 - 观看率，这是行业内每个直播间必看的数据。它的完整数据内容叫五维四率，也叫漏斗数据，直播间所有的问题方向出在哪里，都可以通过五维四率极其快捷地分析出来。

完整的五维四率在网页端的抖音电商罗盘数据中，选择"直播详情"，在核心数据中可以找到，如图 11-16 所示。

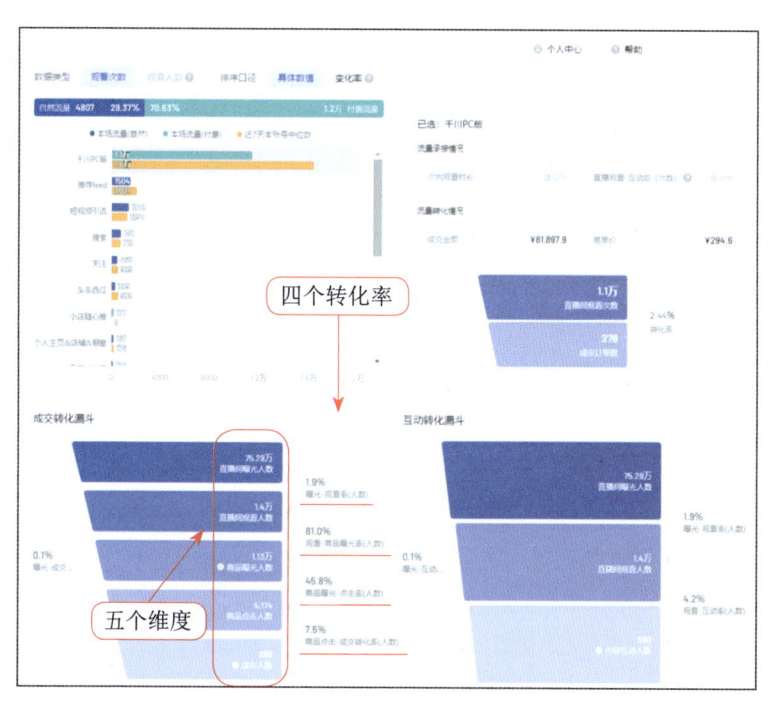

图 11-16

（1）五维数据详解

直播间曝光人数：直播间曝光到用户眼前的次数。

直播间观看人数：直播间曝光给用户后，多少用户选择进入直播间。

商品曝光人数：进入直播间的用户，有多少看到了商品的弹窗、接收到了商品的信息。

商品点击人数：用户实际点击商品链接的次数。

成交人数：提交订单，并完成购买的用户数。

（2）四率详解与改进方法

◆ 曝光 - 观看率：进入直播间的人数 / 直播间曝光的人数。

注意点：

曝光 - 观看率是整个直播行业谣言重灾区。

这个数据不存在绝对的标准，流量渠道的不同，曝光 - 观看率也会有很大的区别。通常情况下，短视频引流下的曝光 - 观看率，本身就会比直播间推荐 feed 流的比例要低。我们在分析曝光 - 观看率低时，一定要先去看流量的具体结构是什么样的，如图 11-17 所示。

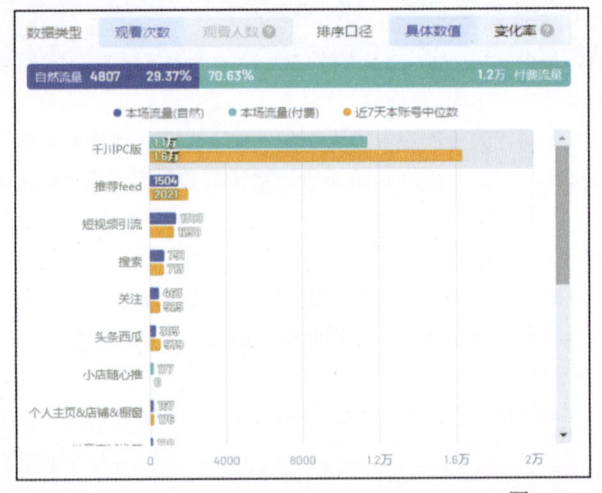

图 11-17

很多人会强调曝光 - 观看率一定要做到 20% 以上，其实并不是曝光 - 观看率高，直播间的流量一定高。

例如我曾经操盘过的很多自然流量直播间（不以视频流量结构为主），单场 GMV 都在百万元以上，但是曝光进入率基本都在 10% 以下，如图 11-18 所示。

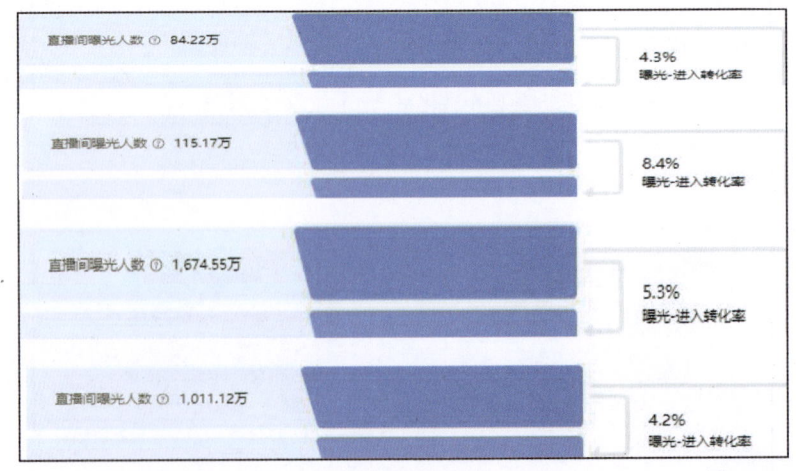

图 11-18

大部分付费的直播间，甚至这个数据越低反而人群越精准（注意不绝对化），进入率低并不等于转化率就一定低。

但这也不是说这个数据不重要，而是要综合整体账号的情况去做判断。

重点是曝光进来的人和最后成交的人，是否能形成良性比例。 例如，直播行业曾经现象级的直播间——佰草集延禧宫正传，靠着精致和极其创新的古装剧直播场景快速出圈，纯新号开播 10 天左右，单场直播 2 小时便达到了百万级场观人次，曝光量更是突破千万级，如图 11-19 所示。

直播/开播时间	直播销售额	直播销量	直播商品	观看人次	UV价值	直播销售均价	GPM	留存率
直播时间：28分16秒 2021/11/05 19:00 - 2021/11/05 19:28	4.8w	1438	15	25.9w	0.18	33.71	187.17	51.85%
佰草集新号开播，10W观众正在宫里抢浮力！！ 直播时间：2个小时25分24秒 2021/11/03 20:00 - 2021/11/03 22:02	30.7w	4288	16	102.2w	0.3	71.68	300.73	60.36%

图 11-19

因为用户没见过这种模式，自然就想点进来看，这类直播间曝光 - 进入率数据高是毋庸置疑的，然而进来的用户，甚至很多是完全不会购买护肤品的人群，那自然后续的转化数据就没法跟上。收益跟不上投入，空有曝光，却完不成变现，一个现象级直播间，最终只能很可惜地黯然离场。

我们可以把直播间的曝光量看成是一个分母，最后的成交量看成分子。

分母变大，而分子不变甚至变小，则不是一件好事。

分母变大，分子也要有同样变大的能力，才是一件好事。

纯粹追求曝光 - 进入率的增长，没有意义。这个点可能有些难以理解，但我认为摸透了这一点，其实抖音的核心算法就算是理解到位了。

那么应该如何调整呢？

如果直播间人的基数太小，那么即使曝光 - 观看率非常高，也并不能说明你的直播间就有很高的吸引力，需要把直播间的阶段性密集成交做好，先把人数提升上来，再去看曝光 - 观看率才有意义。

当直播间场观人数少且曝光 - 进入率还特别低时，可以着重优化场景及主播状态。

注意这里说的优化场景并非是场景的精致度，而是视觉吸引人的程度。举个例子，一个精装修的样板房背景，没有任何生活痕迹，它虽然很精致，但是处处透露着"假"；而一个原生家庭场景，家具杂物很多，但都收纳得整整齐齐、分门别类，虽然场景上并不那么"高大上"，但是很接地气、很生活，能透露出这是一个很会收纳的家庭，也算是一个好场景。同理主播也是如此，一个有"观众缘"的主播，并非一定是颜值非常高的主播。

◆ **观看 - 商品曝光率**：接收到商品链接（看见弹窗）人数 / 总观看人数。

注意点：

观看 - 商品曝光率正常需要达到 80% 以上，优秀的直播间能做到 90% 以上。

应该如何调整呢？

如果这个比率低，可以从以下两方面调整。

- 增加中控的弹窗频率。
- 增加主播和场景的基础留人能力，场景要有氛围感、有信息量，主播基础的上播状态、表现力和话术信息量也要有。只有有效停留的用户接收到商品弹窗后，才会被计数在内，刚进就出的用户即使在进入直播间的那一刻已经接收到商品弹窗了，这也不会被算作是观看 - 商品曝光率。

◆ **商品曝光 - 点击率**：看见弹窗人数 / 点击人数。

注意点：

这个数据越高，说明人群越精准、产品吸引力越大，一般成熟的付费流量直播间做到 40% 以上都是正常的。

普通自然流量直播间需要做到 30% 以上，尽可能不低于 20%。

应该如何调整呢？

如果这个比率低，可以从以下四方面调整。

• 审核直播间所有商品链接的基础建设，排查是否出现商品主图不清楚、排版或审美无序、不清晰、不好看等问题。

• 及时上新、及时淘汰不被市场认可的款式。有些直播间，主播、场景都比较优秀的情况下，这个值还上不去，一般说明是产品本身出现问题。商家自己主观认为卖得好的产品，不是真的好产品，能被市场大众验证后的产品才是真的好产品。

• 增加主播对于商品链接点击的引导型话术，例如"我们详情页里还有各种各样的穿搭和上身效果，产品的详细材料介绍、检测报告等都有上传，在意品质的宝可以直接点开产品链接看一下详情页的介绍，主播说得再多，不如大家眼见为实。"

• 增加整个直播间的视觉信息量，例如，贴片上可以多呈现今天直播间的福利活动情况、积极营造直播间产品火爆的氛围感。毕竟如果产品正在做活动，肯定是比日常情况下去售卖更有吸引力。

◆ **商品点击 - 成交转化率**

点击 - 成交转化率在本章 11.1.1 中已有详解，这里就不再过多赘述。

整体来说，五维四率是找到直播间问题的重要渠道之一，很多时候直播间数据不好，其实平台已经非常明显地告知我们答案了。

（3）如何寻找官方同行数据进行对标

许多电商从业者比较苦恼的问题是，不知道如何判断数据的好坏，不知道同行的数据如何。

在这里给大家分享一个行业信息差。来到网页"巨量创意"，在创意工具中选择"直播诊断"，如图 11-20 所示。

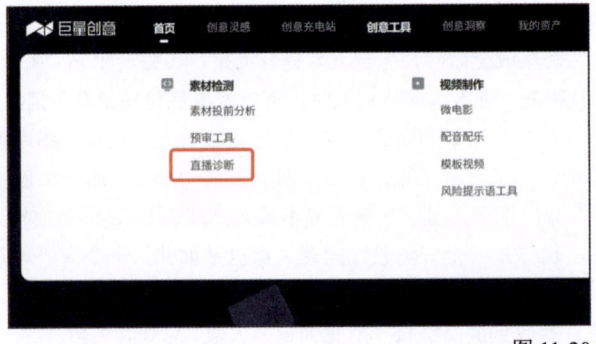

图 11-20

输入自己的行业、付费流量占比情况、直播间的五维数据，对比标准选标准，如图 11-21 所示。

图 11-21

点击"诊断"按钮，即可获得一个基础的诊断，如图 11-22 所示。

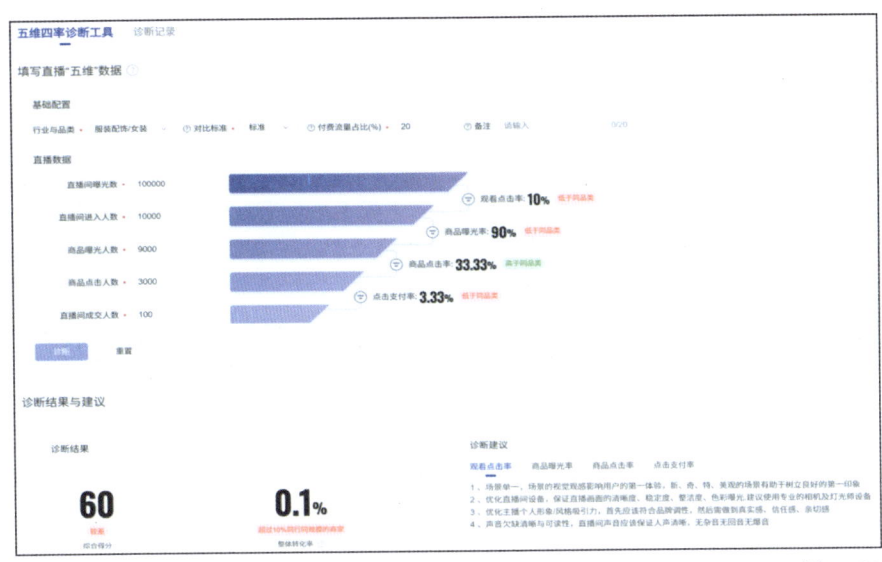

图 11-22

在图 11-19 中，既可清晰地知道自己哪个环节是优于或低于行业内平均值，同时也可以获得一些平台的诊断与建议，总体而言所有的数据都不是唯一衡量和评判的标准，还是那句话，我们对于数据要有自我分析、归纳总结的能力。

11.4 付费数据复盘

如果是付费流量为主的直播间，还会有一个付费流量的千川投流数据大屏，主要是投手在投流过程中的付费流量数据展示，如图 11-23 所示。大部分数据如何分析，11.3 节已经有了一定的拆解，唯一重点需要强调的是 ROI 的核心逻辑。

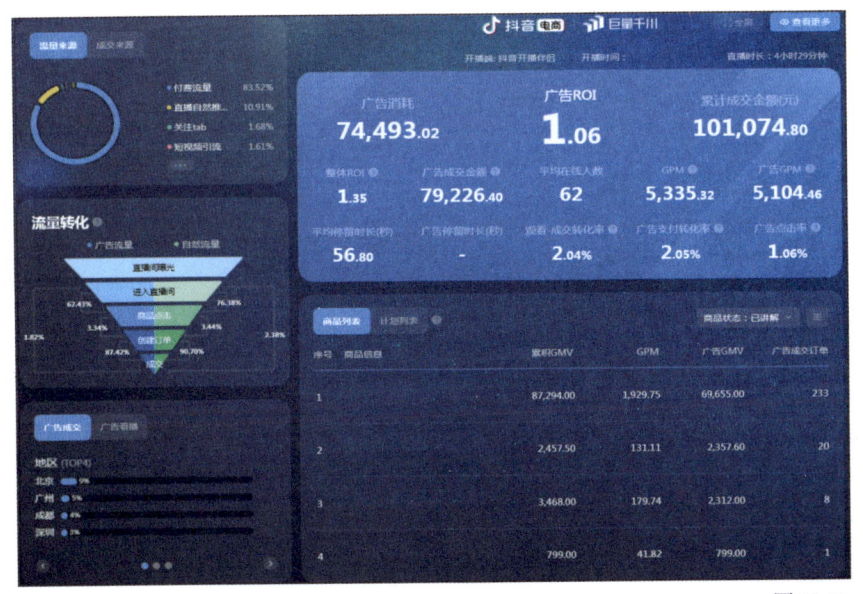

图 11-23

ROI 指投入产出比。假设我开了一家艾姐服装店进行直播，今天投入了 100 元买付费流量，最终整个直播间成交 190 元，那么整体 ROI 就是 190/100=1.9；如果这 190 元里，有 110 元是广告 ROI 带来的成交，剩下那 80 元是账号自然流量免费渠道带来的成交，则广告 ROI=110/100=1.1。

ROI 是整个团队所有人必须非常明确 + 了解的一个数值，它直接决定一个直播间的盈利情况。

并且所有人要知道，什么是直播间的**保本 ROI**。

咱们先说为什么，再说怎么算。

直播行业，于电商人而言，最大的痛楚是，起量了，老板不愿意发提成，老板真是黑心啊！

于老板而言，最大的痛楚是，起量了，别人都以为你赚飞了，其实赔了多少只有你自己知道，真是打碎牙往肚里咽。

很多直播间，老板、主理人并不会告知团队成员毛利，只是给到一个 ROI 目标，认为毛利是团队机密。这就导致后续一旦卖起量了，老板会发现实际上卖了这么多货，但并不赚钱，直播团队则会认为明明卖了这么多钱，老板却一点表示没有，他实在是太无情。然后一个原本已经看到发展曙光的团队，就因此渐行渐远。

这就是典型的信息没有拉齐。

让团队所有人拥有基础的成本意识，是非常重要的。

所以，保本的 ROI 怎么算呢？

保本 ROI 计算方式是 1/ 毛利率 / 签收率。

例如，你的产品成本为 20 元，售价为 50 元，那么毛利就是 30 元，毛利率就是（50-20）/50=0.6。而产品的最终签收率（去除发货前退货 + 确认收货前退货）是 80%，那么保本 ROI=1/0.6/0.8=2.08，整体 ROI 需要在 2.08 以上才是保本的。

但是要注意，满足了保本 ROI 其实还是亏损状态，因为毛利不等于纯利。

为什么现在女装等行业如此难做？因为女装直播退货率普遍已经达到 60%~70%，甚至 80%~90% 都有，退货后的货损耗怎么办？仓储怎么办？二次怎么销售？等等，一系列后续问题的解决才是核心竞争力。

11.5 长期数据复盘

直播行业，每周都有新规出台，每周都有新黑马账号出现。每三个月就会出现大的变革，每半年直播运营玩法方向，都会发生大方向上的偏移。

我们唯一能对抗直播行业这些不确定性的方法，就是长期坚持复盘，自我迭代。

11.5.1 长期复盘的准备工作

以下是通用版的直播间数据记录表格，分为 9 大板块，如图 11-24 所示。

	A	B	C	D	E	F	G	H	I	J	K	L
1		开播时间			基本数据					流量数据		
2												
3	日期	直播时间	直播时长（h）	GMV	整体ROI	直播间累计观看人数	在线峰值	在线均值	人均观看时长（s）	自然流量占比	付费流量占比	看播粉丝占比
4												
5												
6												

图 11-24

M	N	O	P	Q	R	S	T	U
互动数据					五维四率数据			
加团人数	新增粉数	转粉率	曝光-互动率	观看-互动率	曝光-观看率	观看-商品曝光率	商品曝光-点击率	商品点击-成交转化率

V	W	X	Y	Z	AA	AB	AC	AD	AE
价值数据			售后数据				小店数据		
客单价	GPM 千次观看成交金额	UV价值 GMV/场观（人数）	直播期间订单退款数	直播期间订单退款金额	直播期间订单退款人数	退款率	店铺体验分	带货口碑分	信用分

	A	B	C	D	E	F	G	H	I	J	K
1	商品数据										
2-3	产品编号/名称	产品定位	直播间价格	产品毛利率	直播间成交金额	发货前退货金额	单日毛盈利	商品曝光-点击率	点击-转化率	库存情况	本日销量排行
4		利润品									
5		主推品									
6		福利款									

图 11-24（续）

以上表格可以根据自己实际情况去做调整，大部分直播间需要每天进行数据记录。

11.5.2 长期复盘三步走

1. 第一步：定周期性目标

将结果进行周期性目标拆分，如图 11-25 所示。

账户名	平台	GMV 目标	GMV 完成情况	日均 GMV	天数	任务完成率	时间进度	剩余天数	日均 GAP
	抖音	1,500,000	¥460,872.00	¥46,087	10	31%	32%	21	¥49,482

1 月基础 GMV 目标 150W

图 11-25

明确在本周期内，要完成多少的数据目标。

如果是起号期，可以分不同的档位，例如最低、中等、最高冲刺目标等。

目标一定要按照自己的实际情况去制定，虚高的目标只会给予团队和自己更多负面影响。

2. 第二步：每日复盘和定期对比市场

进行每日复盘的同时，需要对比当日数据和同类型商家的差距，找出自己的优势项进行延续，并对劣势项进行调整。

可以去看竞品和市场数据，在抖店后台也可以看到官方给我们列的排名情况，如图 11-26 所示，在网页端抖店后台的罗盘数据里，看是否与同行同级别商家缩短或拉开了差距。

图 11-26

3. 第三步：以 7 天 /30 天为维度，进行周 / 月度复盘

观察自己账号的目标完成情况，分析目标达成或者未达成的原因。

主要观察以下三方面。

- 直播间进行了哪些调整和升级，对应数据上看到变化了吗？如果看到了好的变化，则继续深入，如果没有变化，分析 + 深入调整没有变化的原因。
- 哪些数据指标有了明显的提升，对应自己做了什么样的动作。
- 哪些数据下降了，下降的原因是什么，怎么处理以及未来如何规避。

以上，通过每日复盘和长期复盘，一步一步提升自己直播间的综合实力，是最快拿到结果的捷径。

做直播，最怕的不是主播不会上播、数据没有起色等，而是一个月前是这些问题，一个月后，发现还是一模一样的问题。

第 12 章　小红书直播及数据复盘

小红书是整个直播电商行业公认的，拥有巨大潜力的增量市场。

小红书拥有过亿的日活量，用户数量其实并不算大，却拥有着全网几乎最高消费力的一波群体。

自 2023 年凭借直播出圈以来，越来越多的用户和商家都开始意识到，小红书直播似乎正以势不可挡的趋势，进入直播电商领域。

12.1 小红书直播

小红书的直播价值到底高在哪儿？

为什么行业内经常会有人说小红书的 1 个粉丝等于抖音上的 10 个粉丝呢？

其实核心点就在 UV 价值上，即每个进入直播间的用户所产生的价值。

如果这个概念还是不太好理解，我举个例子，每个城市都有类似于 SPK、恒隆广场、德基广场等高端商场，也会有较为普通的购物广场。

当然我们不能说每一个去高端商场的人，都有很高的消费能力；也不能说逛普通购物广场的人没有消费能力。

但是总体上来说，去高端商场的人，其平均消费的金额，会大于普通购物广场的用户。

平均下来，这每一个人能创造的价值，就叫 UV 价值。

有时一家奢侈品店可能一个月也就 100 个客人，还不如普通购物广场半天的人流量，但是这 100 个客人中，有一个客人，经常一次性买一百万元的物品，这就直接把整个商场的 UV 价值都给拉高了。

例子可能有些夸张，主要目的是为了大家能更好地体会其中的含义。

这就是小红书的用户为什么价值高的原因。

12.1.1 直播流量逻辑

小红书直播电商板块相对于抖音，走入大众视野的时间点实在谈不上早。

2023 年 1 月 13 号，董洁直播间爆火出圈，才真正让市场看到了小红书直播的潜力。又或者说，小红书在直播这个早已拥挤的红海领域，终于找对了自己的差异化道路。

然而差异化的表现形式之下，并不意味着就有核心本质的区别。

小红书的直播推流和现阶段已经非常完整的抖音直播到底有多少不同，又有多少相似之处呢？

直播数据大屏是一个很好的突破入口。数据不仅仅是冰冷的数字而已，它是平台给我们圈定的"考试范围"。如果说我们自己是最想要做出成绩的人，那么平台绝对是第二想要我们做出成绩的"人"。

特别是小红书现在还处于直播商业化的飞速发展过程中，就更需要源源不断的"好学生"来吸引更多的"好学生""富二代""天才选手"进入自己的平台。

不用质疑小红书对于直播的倾斜力度和程度，但凡是做过小红书内容的读者，一定能深刻地感受到从 2023 年开始，对内容本身的流量挤压和平台明显的政策倾向。

然而这份"偏爱"能持续多久，未来商业化进程到底会如何发展？每个做小红书的个体、商家都需要有自己的判断。

通过网页端登录小红书千帆后台，在左侧直播栏中选择"直播场次"，接着在"直播数据"中查看直播数据，截至本书出版发行前，整体直播电商数据如图 12-1 所示。

点击数据详情后，就可以得到关于某场直播的详细数据，观察所有数据的情况是每场直播最基础的复盘。

我遇到过很多小红书博主或者商家，没有看数据的意识，这是非常致命的。无论是笔记或者直播，看数据、优化数据都是有可能做出结果的基础运营动作。

图 12-1

在数据详情页面的"诊断分析"栏可以看到平台给出相应的数据优化建议，平台就会给出相应的同行数据及优化意见，如图 12-2 所示。

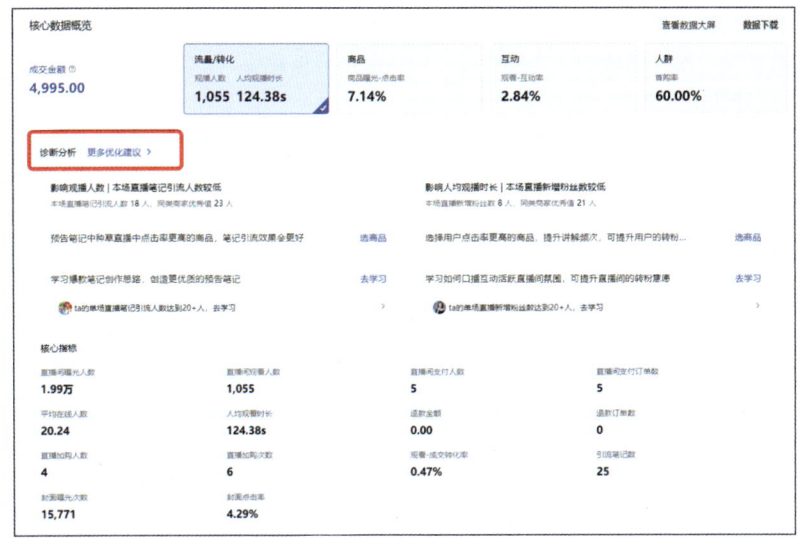

图 12-2

12.1.2 小红书独有的曝光模式

小红书直播间的推流逻辑是怎样的呢？为什么小红书直播不给我流量呢？

直播间浅层数据和成交数据是所有直播平台的"核心必考项"。就像无论去哪个平台发布短视频，平台都会考核内容的质量，但是"质量"很主观，如何客观化呢？进而就演变出涨粉率、完播率、互动率这三个指标。

直播也是如此，如何考核一个电商卖货型的直播间质量是高还是低呢？

就是浅层数据加成交数据。

除此之外，小红书的流量大还额外考察两个数据，即"封面图点击率"和"预告流量"，如图 12-3 所示。

149

```
        进房数据
        1,553
        观看人数

   整体流量    预告流量

   封面曝光次数           29,994 次
   封面图点击率           2.5%
   停留5s人数占比         48.8%
```

图 12-3

  和其他平台不同，小红书的推送采用页面分栏的方式，即用户可以在推荐页面一次性看到 4~6 篇内容，用户通过封面和标题选择自己想点入的内容。

  这种推送方式也造就了小红书直播独有的"封面图点击率"数据，通常这个值要做到 4% 以上算是较为优秀。

  预告流量则是账号在直播前进行的相关直播预热动作，例如笔记预热、小红书群聊内预热等，通过这些预热内容，点击了预约的人群，在账号开播时就会收到推送。

  封面点击和预约人群，都是小红书直播非常精准的直播流量来源。

  这种模式的好处是，极大地增加了直播间用户的精准度与信赖度，1 个用户能产生别的平台 10 个，甚至 20 个用户才能达到的消费水平。

  但同时，这也需要商家个体投入更大的精力去维护账号、打造个人 IP、运营账号内容等，小红书比任何平台都更加重视笔记内容与直播的联动。

1. 流量来源

小红书的主要流量来源一共分为 6 种。

- 发现频道：在"发现"页通过点击封面进入。
- 推荐 feed（上下滑）：通过上下滑直接进入直播间，或者下滑短视频时看到简易直播间点击进入。
- 消息推送：通过小红书 APP 推送、开播推送、预约推送等方式进入。
- 笔记：在"发现"页中，点击笔记的"直播中"头像进入直播间，或者在笔记详情页点击"直播中"头像进入。
- 关注：通过关注渠道或页面，进入直播间。
- 付费：通过聚光付费推送给用户，用户再自我选择进入到直播间。

和其他直播平台不同，小红书的直播流量来源是较为多元化的。

小红书的直播流量体系可以分为 3 大板块，如图 12-4 所示。

```
    内容流量        直播流量        付费流量
```

图 12-4

  内容流量指通过相关的内容来到直播间的用户，例如发现频道、笔记、关注等，这一部分流量是较为精准的，内容流量更多是基于账号标签给直播间推送的人群。

  我个人认为这一部分的流量在未来不短的时间里，甚至都会强于平台付费流量的精准度。因为很多时候，用户是跟着这个买手、博主买，购买原因中会有很大一部分源于博主的性格、特点、经历、专业等个人因素，而不是纯粹购买心仪物品的逻辑。

  直播流量指通过本场直播数据模型及历史直播数据模型推送而来的流量，例如推荐 feed（上下滑）、直播广场等。直播流量是更多基于直播间的情况，经过大数据推算而推送的流量。

在小红书纯做直播、不发笔记或者很少发笔记，只做直播流量，可不可以呢？

是可以的，并且也有成功的可能性。

但这有两点基础要求，第一点是直播间拥有极其出色的控场能力，能把流量聚集的同时，让用户进行互动和下单，这个逻辑和抖音纯自然流直播间的整体逻辑是一样的；第二点是需要非高门槛产品，什么意思？如 399 元的高端保温杯是高门槛产品，一个 19.9 元的马克杯则没有那么高的门槛；一条 1999 元的珊瑚手串是高门槛产品，一对 59.9 元的珍珠耳环就没有那么高的门槛。大多数人能用得上且考虑成本也不会太高的产品，就是非高门槛产品。

付费流量是指：通过聚光、乘风或者薯条付费进入直播间的流量。

2. 流量转化效率

不同的流量来源，其对应所需要的技能要求是不一样的。

内容流量和直播流量的转化效率差别极大。

内容流量做得越好，你的账号人设内容越站得住脚、越垂直，则这个流量板块的转化效率会越高。

直播能力越强，越会设置不同的直播间运营玩法，越能说好成交话术，则直播流量的转化率就会越高。

很多博主型账号，发现频道的流量来源转化率甚至能比直播流量的转化率高出几十上百倍，如图 12-5 所示。

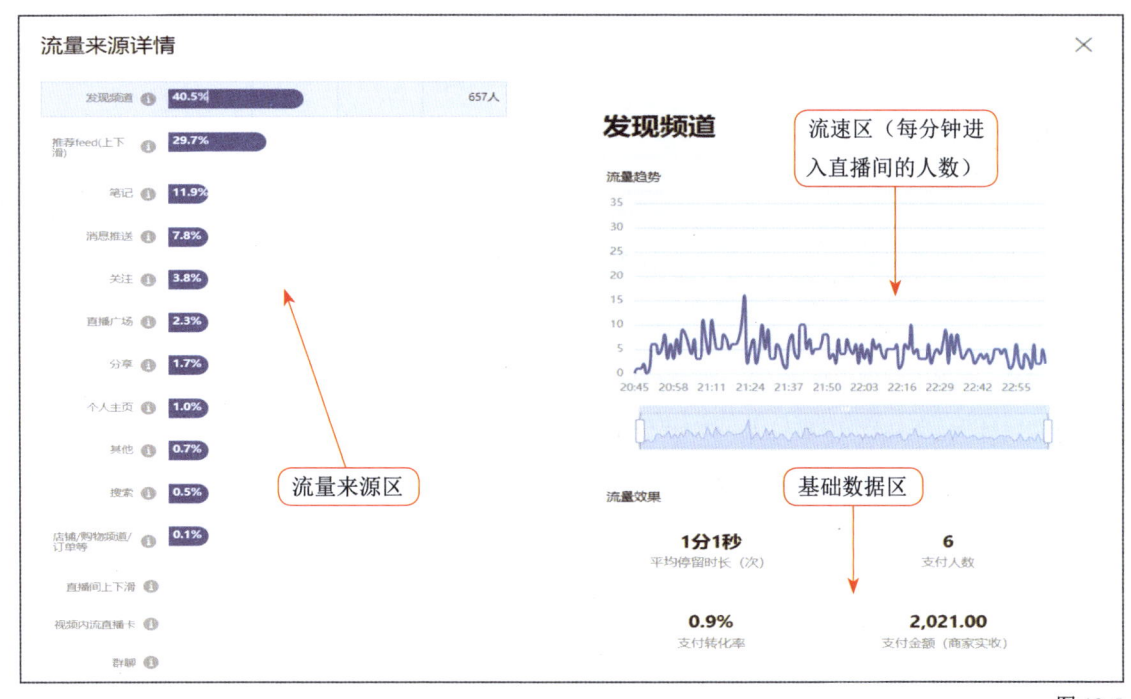

图 12-5

例如这是一个知识付费类型的直播间，我们拿到这张数据表，首先进行基础的数据拆分。

从基础数据区来看，61 秒的平均停留时长和 1% 左右的转化率，对于同行类知识付费直播间来说已经基本合格了，渠道平均客单价为 336 元，渠道 GMV 是 2021，该渠道的 GPM 千次观看成交金额（公式为观看人数 /GMV×1000）粗略估算为 3000 左右，如果后端还有高价利润品做私域承接，那么这个数据可以算非常优秀了。

从流速区来看，虽然频道的直播间流量进入速度平均仅维持在 5~10 人左右，但整体的基础数据表现还是不错的。可以通过憋单和放优惠券的形式，继续拉高较弱的（1 分 1 秒）停留时长；从 22 点开始，进入流速低迷期，有可能是主播状态和话术导致，要配合成交密度数据加直播间片段回放，看一下具体成交情况及主播状态，再进一步优化下半场直播的节奏。

以上就是拿到数据以后，一个细分数据的复盘流程。

其中场观数量也是本书中强调过的，在线人数其实并不那么重要，并不是所有直播间都一味地需要大流量来支持。

对比再看来自直播流量的数据情况，推荐 feed 流进入了 483 人，占总流量的 30%，如图 12-6 所示。平均 26 秒的停留时长和 0.2% 的转化率，支付人数 1、客单价 1 都表明了该渠道下用户群体的极度不信任，以及主播整体的话术、货盘对于直播推荐流量来说，并不适配。

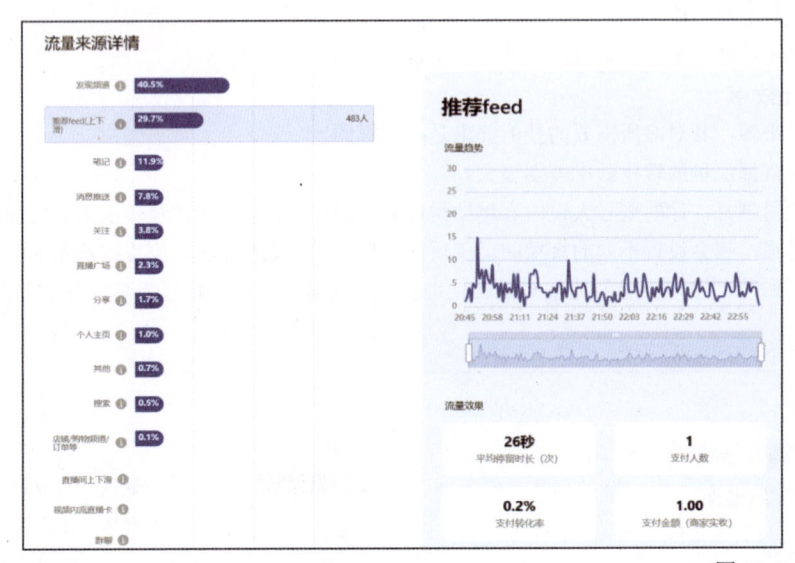

图 12-6

某一个端口的数据表现差，也会间接影响整体直播间的推流。从这个数据表现上来看，我们需要去增加如何能让用户快速信任主播的人设型话术、背书型话术，同时还要重新进行货盘设计，将面向老粉和新粉的产品做区分。

如果是以电商产品为主的直播间，通常也会遇到上述问题，例如我的一个做饰品赛道的学员，明明不是特别高门槛的产品，数据却能产生如此大的差异，如图 12-7 所示。

分类方式	子项	观看人数	下单人数	支付人数	支付金额（商家实收）
来源渠道	发现频道	2658	96	96	21601.40
	推荐feed	1803	18	18	2605.00
	笔记	790	24	24	4850.60
	关注	116	7	7	3656.90
	直播广场	81	2	2	129.70
	消息推送	37	0	0	563.00
	其他	21	9	9	667.50
	直播间内跳转	5	1	1	99.00
	搜索	14	1	1	93.00
	个人主页	7	2	1	123.80
	分享	1	0	0	0.00
	直播间上下滑	0	0	0	0.00
	开屏	0	0	0	0.00
	关注频道	0	0	0	0.00
	购物频道	0	0	0	0.00
	笔记详情	0	0	0	0.00

图 12-7

发现频道的观众人数和推荐 feed 渠道观看人数，相差仅仅 30%，而最终的 GMV 差距却将近 10 倍。

这种情况，在越是会做笔记、做内容的账号上，体现得就越是明显。做内容和做直播间，有本质营销上的区别，做不好推荐 feed 流量的直播间，意味着整体直播间的直播能力不足，从主播直播技巧到直播间运营方式都要做提升。

如果发现频道和推荐频道都做得不好,那么先从内容能力或者是直播能力中,选一项去进行针对性突破。

12.2 小红书的长期数据复盘

小红书直播也需要长期进行数据复盘,长期复盘的意义在于制定阶段性目标和问题。

12.2.1 小红书的转化漏斗

接触过抖音的读者都知道五维四率漏斗数据的重要性。同样,小红书直播也有自己的漏斗数据。但很多直播间不知道如何去看,在千帆网页版后台选择左右数据栏,接着在数据中选择直播数据,最后选择直播间分析,如图 12-8 所示。

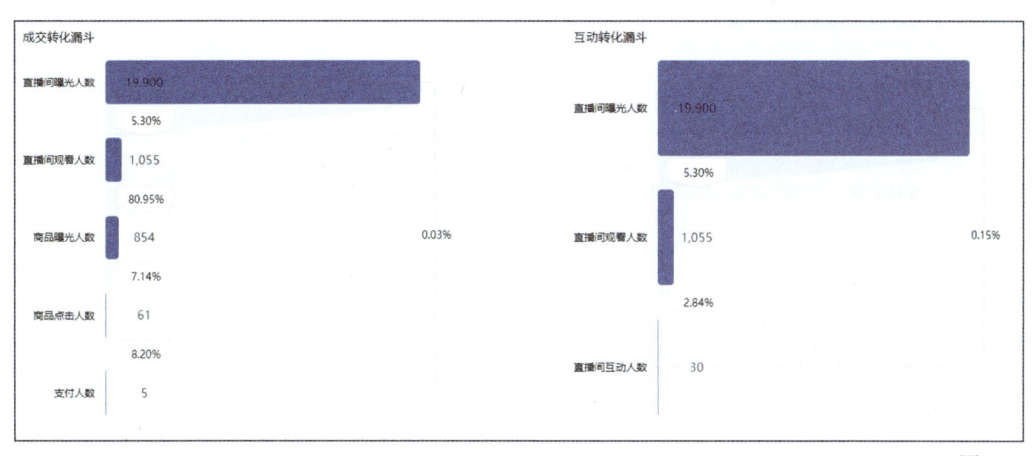

图 12-8

1. 观看 – 商品曝光率

观看 - 商品曝光率值指商品曝光人数 / 观看人数,如图 12-8 所示的 80.59%。

一般正常情况下,需要达到 80% 以上,将商品链接曝光到用户面前是所有成交行为的第一步。如果这个比率低,可以从以下两方面调整。

① 增加弹窗频率。

② 增加主播加场景的基础留人能力,场景要有氛围感、有信息量,主播基础的上播状态、表现力和话术信息量要有,尽可能不让用户快进快出。

2. 商品曝光 – 点击率

商品曝光 - 点击率指商品点击人数 / 商品曝光人数,如图 12-8 所示的 9.49%。

该数值下,每个赛道的指标都不一样,越是高门槛的产品自然点击率越低,而越是日常、有一定价格优势的产品,该数据也会越高。我们可以综合直播行业的平均数据去进行比对,一般情况下,电商类产品需要做到 20%~40%。

如果这个比率低,可以从以下两方面调整。

① 审核直播间所有商品链接的基础建设,排查是否出现商品主图不清楚、排版或审美无序、不清晰、不好看等问题。

② 及时上新、调整、淘汰不被市场认可的款式或者产品。主播在上播时,也能通过数据大屏实时看到

商品点击率情况，作为主播需要现场灵动调整，优先把精力分配给实时表现较好的产品。

③ 增加主播对于商品链接点击的引导型话术，例如"我们详情页里还有各种各样的穿搭和上身效果，产品的详细材料介绍、检测报告等都有上传，在意品质的宝可以直接点开产品链接看一下详情页的介绍，主播说得再多，不如大家眼见为实。"

3. 商品点击 – 支付率

商品点击 - 支付率指支付人数 / 商品点击人数，如图 12-8 所示的 7.81%。

这个数据由于小红书存在商品"闪拍"功能，无法点击商详，只能直接购买，所以漏斗会出现商品点击人数小于商品支付人数，造成商品点击率 - 支付率会大于 100%。

如果这个比率低，可以从以下两方面调整。

① 优化产品链接，整场直播下来，没有"求讲解"和商品浏览量的产品，可以考虑及时从直播间的货盘选择中剔除。

② 优化主播的成交话术质量以及直播间的运营活动玩法。对于在价格上没有优势的博主来说，可以通过发放满减券或买 XXX 返 XX 的形式，去增加产品的成交率。

12.2.2 小红书的数据记录

在小红书网页端千帆后台的直播数据中，可以单独下载每一场直播的详细数据，如图 12-9 所示。

渠道名称	观看次数	观看人数	人均观看时长（秒）	支付金额	支付订单数	支付人数	直播间观看支付率（人数）
消息推送	71	69	96.9275	0	0	0	0
直播间上下滑	259	219	47.9498	999	1	1	0.0046
个人主页	4	1	2312	0	0	0	0
笔记	44	38	161.4211	0	0	0	0
店铺/购物频道/订单等	9	9	19.2222	0	0	0	0
其他	48	47	175.8936	0	0	0	0
视频内流直播卡	48	42	235.4048	0	0	0	0
搜索	8	8	21.625	0	0	0	0
直播广场	25	25	522.72	999	1	1	0.04
发现频道	632	577	112.8111	2997	3	3	0.0052
关注	43	34	243.9118	0	0	0	0
分享	2	2	317	0	0	0	0

图 12-9

其中，平台已经帮我们整理好了核心数据、流量渠道分析、推广流量分析、引流笔记、商品分析，这些重要数据指标都是需要长期做对比与分析的。

直播间转化漏斗需要我们每天下播后手动去记录，并进行观察。

第 13 章　直播间如何留人、如何互动

留人和互动可以称得上是大多数直播间最令人头疼的两个问题。如何让用户留得住？如何又能让用户和主播进行互动呢？本章将从底层逻辑和落地技巧两方面把这两个难题讲明白。

13.1 直播间留人的核心

至少有上千个做电商的朋友都问过我一个问题：有没有留人话术，能让我的直播间把人留住呢？

2021年往前的直播间，留人或许只需要一个9.9元的福利品和一些"套路感"的留人话术，例如"花开富贵，我今天新号开播，请你/送你/给你一个我家XXX，我今天只为做数据。"或者"5分钟以后，我们直播间开始抽免单，现在离开的用户，一会儿肯定抢不到。"

一个简单的福利品或者一个明确的指令，告诉用户待在你直播间的好处，就能把人留住，但这种方式仅限于2021年及以前。

现在的直播间，无论哪个平台、做什么类目，直播间的数量都多如牛毛，早就过了那个用户会好奇直播间的年代了。

第一秒停留首先看的是人、货、场的基础配置，如果一个直播间的"整体装修"毫无亮点，就是一面大白墙加前面摆着产品，这样的直播间就算主播能力再强，用户也不会给主播展示自我的机会。

13.1.1 直播间留人基础

如果你现在的直播间，用户快进快出，多半是场景和主播的视觉体验有一定问题。

用户来到一个直播间，他接收不到主播话术上的信息，但是他能感受到这是一个什么样"感觉"的直播间，用户进来直播间，瞬间又出去了，说明他对于直播间的整体感受不好。

我们在解决直播间留人的问题时，可以先按照以下思路，排查是否是某些客观层面出现了问题。

1. 场景

整体场景是否清晰、明亮？还是能明显感觉到像素都不是很清楚？整体场景是否有信息量呈现？如仓库、果棚、种植基地等都是很原生的好场景；如果是室内场景，你的室内场景是否有调性、风格的呈现？比如：如一个北欧风格的家、一个老钱风格的后景搭配，还是一个谈不上高质量，也没有信息量呈现的布景。

场景是否能清晰地展示产品，例如麻质衣服，能够清晰地让用户看见麻质的纹理；珍珠饰品能清晰地让用户看见珍珠的光泽和颜色。还是无法看清产品的细节、材质、面料，只能大概看出产品的外貌。

2. 主播

主播整体妆造符合直播间调性，如产品是异域风格的香水，则主播整体妆造也可以配合香水风格进行异域风情的打造；还是主播穿着普通T恤、画着谈不上精致的妆容，开一个美颜或者滤镜就在直播了。

主播整体的气质是否突出，能明显感觉到主播是否有较高的契合度，例如卖高端珍珠饰品的主播，看起来像一个有气质的、温文尔雅的阔太太。

主播的状态是否情绪饱满，无论何时进入直播间，都能看到主播脸上挂着笑容或者眼睛直视屏幕；还是一脸冷漠或者疲惫；或者看不出任何情绪。

主播的声音像一个真实的人在说话和推荐产品，就好像是身边很会买的闺蜜或者很懂行的博主；还是声音感觉没有起伏，就像是机器人在套话术；或者一看就是一个在背稿子、背话术的主播，一个没有灵魂的"打工人"。

主播的肢体是否放松自然，直播间画面能经常"动起来"，让用户拥有目光可以关注的焦点；还是主播一动不动；或者只是进行无意义的小动作，整体看起来像一个"AI数字人"。

3. 产品

产品整体的呈现效果，是否具有一定的冲击力？让用户立马就能感受到这个产品的质量应该是不错的；还是产品从视觉效果上就没有优势，产品看起来非常平平无奇，链接头图等也毫无审美。

产品从外观、质量、性价比等方面都有一定的竞争力；还是能很轻易地在别的地方买到价格更低、性价比更高的产品。

人、货、场的基础要素，大家可以根据自己的实际情况对号入座，如果自己直播间的人、货、场都大幅落后于其他同行类直播间，那么用户快进快出是一定会发生的结果。

13.1.2 主播留人技巧

直播间拥有一定客观基础后，我们再去进行留人技巧的提升才是有意义的，技巧是建立在基础之上的，技巧和能力相辅相成才能达到最终的效果。

1. 福利留人

发放福利是直播间最基础、最直接的留人方式。福利留人的重点是营造福利的感觉，而非真的要把这个福利送出去。如果用户今天留在直播间，能有机会抽中手机、抽到免单等等，亦或者用户能有一种"今天福利好多"的感觉，那么用户留在直播间里的比例就会大大增加。

很多直播间会在起号期，以送、请、试用等话术，如"来我今天请大家尝试一下我们店里的XXXX""我今天请大家试穿我家的XXXX"，或者还有通过评论区安排水军发评论的方式去引导用户为了福利停留。

再如，评论区出现水军A的评论，"主播，是我今天拍完，确认收货以后，就会返我128元的意思吗？"主播看到评论，回答，"对，这个XXXX用户说得很对，现在在直播间的用户，都明白了吗？不明白的评论区再来问我。"

这种方式最大的问题在于，随着平台不断完善平台规则，很可能昨天还能进行的模式，今天在平台上就违规了。所以提前去摸清楚你所在的平台规范很重要。

我这里举一个小红书平台纯新号开播、自然流量实战话术案例，如表13-1所示，一个月直播突破200W+销售额。读者主要可以进行流程和模式的学习及拆解，并根据平台和实时直播规范做调整。

表 13-1

结构	话术	重点拆解
开场话术 + 福利预告	各位粉丝，我们今天是刚开播的第10天，新来到小红书这个平台，现在能刷到我直播间的新粉姐姐们，今天外面专柜上千的牛皮包包，真皮的哦，就是我手上这一款，我今天1折福利给大家，没有任何套路，就是很看好小红书平台，所以我们整个店都搬过来了，之前我们的包包，在其他平台，都是大几百的价格，卖了也有几万单了。今天我要宠你们一把！五百、四百、三百，我都不要，二百块我也不要	开播话术尽量不要说没有意义的铺垫内容，快速切入主题，让来到你直播间的第一波流量，知道今天有什么福利优惠、有什么特价机制，简单来说，就是快速给用户一些"好处"，让用户有留下的理由
简单塑品 + 第一波福利话术 + 成交话术	这个牛皮大包，能放雨伞、手机，容量非常大！左边放矿泉水，右边放平板计算机，中间是磁吸扣。准备好，价格一步到位，198元买牛皮大包，我再送一条门店丝巾，马上拍下！尺寸是长30cm、宽16cm、高20cm，裸包重不到500g，相当于一瓶矿泉水的重量，拿在手里非常轻便，也好装东西，我不做套路，价格已经开好，姐姐们喜欢就直接拍	这一部分的话术不是重点，快速略过，不需要让用户心动，只需要让用户觉得产品款式还可以，我还能再看看即可
重要卖点介绍 + 二轮福利准备	很多姐姐们，没有做过皮具可能不太了解，像这么大的牛皮包，只要是敢承诺纯牛皮的都不可能是今天这个价格，198元通常来说这个小的手拿包是可以的，例如我们以前卖得很爆的这个小香风的经典菱格手拿包，也是纯牛皮的，里面能放手机、口红、粉饼，没有线头，外壳软牛皮，软的同时保证质量，怎么刮、磨、蹭都不会掉皮磨损的。198元平时就是这个大小的包	能把用户留下来的产品卖点在精不在多，强调那个最有价值的卖点，同时悄然引入第二个福利

续表

结构	话术	重点拆解
无中生有+二轮福利塑品	什么？有姐姐说不要赠品的丝巾，要送这个小包吗？我198元买个牛皮大包，真皮的我也不挣钱，纯粹做宣传的，再送你一条丝巾，你是送的那条丝巾看不上，你看上我这个手拿包了，就想要买个包，再送一个包，就两个包198元是这个意思吗？等等我想想，因为说实话，我这个包也不算小，198元就算买这个小包，也是很实惠的价格，现在两个一起100多元，而且两个包都是牛皮的，这个说实话我真的要补很多钱。 牛皮材料的价格都是很透明的，而且我不是这个材料，直播间这俩字不可能说得出来，都是进口小牛皮，门店专柜直发，现货有礼盒包装，牛皮检测报告都带过来了，全部盖章，有理有据，不是真皮，平台链接都上不了的	营造出现场临时增加额外福利的效果。 这么做的原因在于，如果一开始就把所有福利全部透露，反而会让用户觉得这个福利没什么。 营造直播间的"抢购"氛围，需要一些刻意设计
进行互动数据+成交话术+售后话术	这样吧，我也刚刚开播，说实话现在直播间人数还不多，我可以送几单，但是就几单的名额，今天福利归福利，运费险肯定还是要有，得确保大家买得放心，买得安心。不喜欢可以退。 想要再送一个小包的，姐姐们点个关注，满屏扣一波，老板大气，愿意点关注的人，交个朋友，行吗？ 我们中控手动记录一下，今天是粉丝、跟我互动的，我们到手就3样东西，丝巾我也还是照样给好不好。 如果满意，请给我们五星好评，能给五星好评的买家秀，扣个能字，手拿包送你。记得答应扣能的人，统计下来。我这个包不挣钱，牛皮检测报告假一罚四，七天无理由。你们都买过牛皮包，懂价格。整张的意大利进口小牛皮，不撞款，新款，去直播间看一下，别的直播间都没有。做品宣只走一波，不加单不补单，能抢则抢	福利一定要有门槛、有合理的发福利理由。 平白无故白送且没有上限的送福利，只会让用户觉得你的福利是假的或者福利力度没有吸引力。 互动话术是为了瞬间把直播间的浅层数据做起来，扩大直播间的下一波推流量。（关于直播间推流逻辑，可以直接去看本书第7章，不懂直播推流的读者建议一定要看。） 第一波开价的话术，要紧跟售后话术，先要让用户没有考虑成本地购买，如果今天踩坑的几率非常大，用户后续的购物都没有保障，那么下单前的考虑成本也会增加
成交话术	感受一下容量，性价比超高。左边右边两个空间，中间拉链隔层，细节给大家拉到极致了，能放5把雨伞，苹果、华为手机都可以放，门店专柜直发，全套礼盒包装，不比那些上千元的包装差。一共10个姐姐互动了，那这样就10单，送手拿包，今天赠品都是大几百的价格了，真皮牛皮不便宜的。夏天你出门，这两个包利用率太高了，上班通勤或者周末打麻将、出去玩、逛超市、遛狗，真的太方便了。仅此一天，下不为例，现在能在我开播期间刷到福利的，你真的算是捡到了	完成第一波转化，转化率如果跟不上，还可以继续增加成交话术的占比，突出今天福利力度之大、亏损之高、产品质量之好，都是可以的

福利品留人，首先要考虑不同平台的违规问题。

福利品留人的核心关键如下。

- 真实感的营造，人、货、场需要能让用户相信直播间的产品品质，以及主播的信任度要够。上述话术的视频案例，本身主播和直播间场景的专业度就非常高，主播外形酷似老板、艺术家和手工艺人的气质，直播间场景足够有质感，且有制作高定手工包的场景氛围感。

- 产品本身要有足够的福利感，如果上述的牛皮包定价598元一个，以上的模式依然也是行不通的。

但是198元两个牛皮包，本身的性价比是足够高的。

- 话术节奏紧凑，全程不要丢失"福利"的氛围，并且主播自己得首先相信，今天198元是绝对超值价，肢体、话术都需要有底气，真正亏本卖货和普通卖货的话术节奏、表现力都是不一样的，简单来说就是需要一定"演技"。

2. 用产品憋单留人

什么叫憋单？

就是明明这个产品现在就可以上架、可以开链接让用户购买，但是直播间偏偏要先讲一大堆话术，才将产品上架的过程，就叫憋单。无论是正价品或者福利品都可以使用憋单的方式。

很多用户不喜欢憋单，很多主播也很害怕憋单。但憋单于直播间的留人来说，能起到明显的作用。而憋单的核心就是，不断引发用户的好奇心，让用户能一直停留在你的直播间里。

注意，正价品的憋单，一定建立在直播间有一定精准的目标用户后，且产品本身要有竞争力和吸引力。本身没有竞争力的产品，憋单的效果也会大打折扣。

憋单的结构如图13-1所示。

抛出钩子 + 极致塑品 + 成交话术 + 二轮憋单准备

图 13-1

为了帮助大家更好地理解憋单，我这里以一个夏天防晒服的实战案例做举例，如表13-2所示。

表 13-2

结构	话术	重点拆解
痛点+价格预告	夏天像把冰块穿在身上一样的防晒服，今年新款黑科技，而且今天上新的价格是以往你们看到的防晒服的一半都不到	把产品最突出的那个卖点，用不经意的话术表达出来
反向促单+人设话术	你今天一定不要因为价格这么低，就哐哐下单，哪个姐妹家里现在没有一件好的防晒服？可能家里大几百的都有好几件了。所以，今天一定要先听我说，我推荐的东西，从来都是因为比别的更好用，或者有新的升级。纯粹低价的产品，我不会推，我知道你们也一定看不上	全程做好评论区控评+直播间活动（抽奖、福袋等），利用抽奖口令引导用户停留，例如口令或者评论区水军可以往"两位数吗？衣服好好看/这么便宜吗？真的假的"等话题上引导。 人设话术尽量少说，融合在其他话术中，少量说一些即可。因为本身人设话术没有留人效果，主播说"我是XXX老板娘，我有XX家工厂，我做XX十几年了"类似的话术，于用户的停留上，没有帮助
塑品话术（利益点+同类对比）+上道具	来首先是面料，你们知道防晒服已经到现在是4.0的版本了，你们但凡去年买的，都是3.0版本的。我现在手里这件，拿在手里就好像是水一样，就流过去了那种冰凉的感觉，没有任何被东西覆盖住的感觉，因为用的是原纱型冰丝面料，不像以前那种，像织毛衣一样织得密不透风，所以当然会闷热，也会很重，同样的防晒服，这件比普通防晒服轻了40g左右的重量。（上道具称）	塑品环节，能留得住用户的秘诀是，让用户身临其境，脑海中有"想象的画面"出来，让用户对你的形容，有100%的感知。 例如"其他面料很不透气"，用户听到这句话没感知，就有划走的可能性；而用户听到"其他面料就像织毛衣一样，密不透风，所以当然会闷热，也会很重"，脑海里就有"感觉"了，就会更容易想要留下来

续表

结构	话术	重点拆解
塑品话术（利益点+痛点+爽点）	然后整体版型是长款、收腰的，到脚踝的长度，我把拉链拉起来，腰线出来了是不是？像一条裙子的感觉出来了对不对？完全没有一点防晒服穿上去就变大妈，要不就是去接孩子，要不就是去菜场的感觉；这个穿出去玩、去迪士尼，非常出片，给大家看我穿它去打卡拍的照片，美不美？我已经提前穿了1个多月了，每天出去暴晒，拍各种真实的照片，让你们看到它在真实的各种生活环境下，也是一条很仙很美的裙子，你甚至不会觉得它是一件防晒衣	能停留超过1分钟的用户，都是购买欲望比较强烈的用户，需要进一步促进大家下单的决心，给大家一个下单的理由
成交话术（开价话术）	今天其他不说了，99元我直接开价，我非常有信心这件防晒衣上架就会空库存，因为就算你去买一条普通的、什么都没有的、这么长的一件防晒衣99元，它也是划算的。321上链接	全程做好评论区控评+直播间活动（抽奖、福袋等），评论区评论往"上架/怎么拍呀/已拍"等词汇引导
成交话术（逼单+售后+人设话术）	这么好的料子以及版型，说实话，我们照着159元、199元去卖也一定卖得好，因为实打实的版型面料放在这里了。 如果家里是已经有防晒衣的，你可以拿回去对比一下，我今天这件99元的是不是比咱家里三五百的要好看、透气、舒服，不是的话，我们都有运费险，直接退回来。 我账号在这里、店铺在这里，不是说做一次生意，就不做了，质量好不好，我在这儿说得再多，不如大家自己拿回去体验。 我周围很多做博主的朋友，她们对衣服的要求都很高，这件是我朋友每个人都最起码留下了一个颜色的衣服，我有个做户外美妆的朋友，5个颜色上个月我还没上架的时候，她就全部拿走了。 好东西真的是要抢的现在，遇见一次货对版、价格还这么实惠的衣服，不容易，我也真的会珍惜每一次的信任，也因为是你们，我才能做到今天，所以我更会去选好的产品，把质价比、性价比都做到尽可能好。 最后一波库存了哈，今天拍，今天就能发，近一点的地区，几天就能美美地穿出去玩了，夏天的室外活动、逛街、露营、去海滩边都没问题的	中场控做好氛围搭配，配合主播进行氛围铺垫。 开价以后的成交话术非常重要，要营造出来"争抢"的氛围感，同时要迅速打不同方向的成交话术，例如案例中的人设话术、售后话术、用户反馈、使用场景话术，以上这些话术，要在产品开价、上链接以后，迅速抛出来。 如果第一波销量不理想或者很理想，都要迅速截断，该停的时候一定要及时停住，开始准备第二波下架-憋单-开价的过程；其中具体的节奏可以根据直播间实时节奏进行调整

憋单对于主播话术的信息密度要求很高，所有话术都必须是必要话术，且互相之间不能有重复。一旦话术有重复的信息量，用户就会觉得厌烦然后离开，憋单用户能等得住的核心原因是，用户一直不断地在接受新的刺激，从而让购买欲战胜憋单等待中的烦躁感。其次，开价前后需要做好直播间氛围承接，不光是主播要加快话术节奏，场外人员更是要做好配合，这个过程要一气呵成，不能让用户感觉一开价用户就都溜了，而是一开价用户更加热情了。

3. 点对点留人

点对点留人最忌讳把用户的名字点出来，然后说一些"废话"。

例如,"这位花开富贵宝宝,喜欢什么都可以跟主播说的哦。""这位 momo、用户 689588 还有星星是我,欢迎你们来到直播间,我们今天是新号开播哦,主播手里拿的这个 XXX 真的很好看。"

以上这些不是点对点留人话术,而是点对点逼退用户话术。这样的点对点就好像是上课突然被老师点中名字一样难受。

点对点的核心是,告诉现在极少的人群,你能提供什么价值给他们。如果产品本身就属于大众用品,快速、简短地告诉用户,你今天直播间的福利是什么、优惠是什么、你的优势在哪里即可,如果你的产品定制性很强,或者你在某一方面的专业度很强,例如你是专业的美妆博主或者健身博主,那么可以用你的定制化服务以及专业的知识进行点对点留人。

同时直播间的人越少,则点对点越需要主播更加饱满和自信的状态,很多主播一看直播间就个位数在线,点对点首先话术气势上就输了一半,感觉自己好像也对自己的产品很不自信。

留人不是某一句话术就能起到留人的作用,即使某一句话说得再好,下一句话又拉胯了、说不到重点了、重复废话了或者没有逻辑了,那用户依然会划走。整体来说,留人,是主播综合能力和直播间场景氛围建设的综合体现。

13.2 直播间互动的核心

最基础的互动是停留,我们只有把停留数据做好,把用户真正留在我们的直播间里,用户才有可能跟我们进行更深度的互动。

除了停留以外的互动行为还有很多种,点关注、给直播间点赞、加入购物团、在评论区评论、点击商品链接,这些都是用户常见的互动行为。我们在直播过程中,不用追求每个互动数据都做到极致,更好的方式是有的放矢,将其中一两项数据做到极致就可以了。

13.2.1 互动的前提与基础

想要用户与你互动,我们对于互动这件事本身就需要一个正确的认知,大多数主播都会有以下几点认知偏差。

- 无效互动

很多主播都会有一个疑问,我说了互动话术呀,为什么用户就是不跟我互动呢?

首先,我们要认知到很多话术属于无效互动话术,例如,"来想要的给主播扣 1/ 新进来的,可以给主播点下关注 / 拍下的,给主播打一下已拍哦。"

互动的本质是利益的交换,不要认为点一个关注这个动作很简单也并不费事,用户就会点关注了,只有用户感受到点关注确实对他有益处之后,用户才会点,没有用户真的会平白无故就顺手点一个关注。

比起简单的一句"一定要点关注",再给用户一个关注的原因,其实就可以增加用户互动的概率了,例如,"我们家专注做很多小众女装,你在其他平台不可能看到我们这样的款式,如果今天你觉得这条裙子很符合你的审美,说明我的品牌是为你量身定做的,可以关注我们,我们每周都会上新,关注之后也能看到更多其他有品位的设计。"

- 互动是一种习惯

很多主播对于互动,就是想起来就说两句互动话术,想不起来就 5 分钟、10 分钟也不会说一次和互动有关的内容,就哐哐自己讲,如果评论区没有人主动说话,就不停讲自己的话术内容。

我们需要将互动视为一种习惯,互动话术它需要深度融合在我们的话术中。

但凡你觉得你说出的这句话是利他的、是可以变成疑问句的、是可以成为"筹码"的,你都可以将它变成互动的方式说出来。

例如，原本你就要试衣服，在试衣服之前，就可以说"有想要看主播上身试一下的吗？你们想看哪个颜色，白色还是黑色款？"原本你就要过款了，过款前，可以让用户去选择"想要看哪一款？1 号是 XX 风格，2 号是 XX 风格，10 秒的时间，扣一下数字。"

例如，你是卖生鲜水果的，原本你就要告知用户产品的发货时间，类似"我们江浙沪是 1~2 天，XXX 是 3 天左右，收到了有任何问题都有售后"，其实你这句话本来可以不互动的，但是把它改成"我们生鲜食品，物流太重要了，宝贝你把你的城市打在公屏我看一下，然后告诉你一般是几天到货好不好，主播也怕你收到不新鲜的呀，"然后再接"通常来说江浙沪都是 1~2 天的"是不是互动感就会更好一些？

- 互动是选择题，不是填空题

让用户"说"出自己的想法是很难的，但是让用户做选择会简单很多，如果我们的互动话术本身就门槛很高，那用户自然不知道从何互动起了，所以我们要帮助用户找到合适的互动点，例如最简单的"大家想看 1 号链接还是 3 号链接？"就比"直播间喜欢哪款跟主播说一下哦 / 有什么问题扣在公屏上"更合适。

- 根据数据去判断互动效果

还有很多主播，会非常苦恼自己的互动为什么做得不好。但我一看数据，会发现其互动数据在同行产品中，做得是非常不错的。

其实互动率于直播间来说，3% 可能算一般，但是 5% 有可能在同类产品中就已经算很不错了，但是 3% 和 5% 也不过是百人里，多了两个人互动而已，大部分人都不和主播进行互动是直播间的常态，我们做互动的目的，是跟同行进行数据对比，而不是真的需要让直播间每个人都跟我们互动。

- 互动要追求死磕

千万不要怕互动没人理，很多主播在直播时发现，说了一句互动的话术，没人理，觉得很尴尬，于是立马扯开话题，下次互动还是没人理，又很尴尬，继续扯开话题，以此往复。

如果我们在进行一个强有力的互动点时，这个产品确实已经是贴钱、亏钱的产品，就是想要做一波数据、拉一波流量，这个时候没人互动或者互动热情不高，宁可这个产品最后不上架或者少放单，也不要轻易、草草了事般地把福利放出去。可以反复强调你的福利究竟有多划算、你为之付出了多少心血，例如"主播今天这个真的是亏钱上的这个产品，这个是我们的进货单，成本真的不止这个价格，拜托大家帮主播点一下关注，好让我这个钱亏得稍微舒心一点好不好。"再或者"我看扣 1 的人真的不多，那我也没有必要上那么多单，就给我们花开富贵上一单，其他人就不要抢他的了，直播间剩下 XX 个朋友，真的你们不知道自己错过了什么，我知道有一些新进来的朋友可能不知道直播间在发什么福利，再给大家讲一下。"

13.2.2 互动技巧总结

本节再来总结一些直播行业通用的互动技巧。

- 筹码叠加

一个产品，今天是福利价给到用户，怎么把福利突出的同时，尽可能让用户和主播互动起来呢？我们可以用筹码叠加的方式，例如：

"主播开始上福利了，我们今天 9.9 元给大家"（加价值）。

"主播开始上福利了，这种外面都要卖到两位数的，我们今天 9.9 元给大家"（加价值）。

"主播开始上福利了，这种外面都要卖到两位数的，我们今天 9.9 元给大家，但是只有 30 份库存，有多少人想要呀，我看看够不够"（加价值 + 个数限制）。

"主播开始上福利了，这种外面都要卖到两位数的，它不是普通一个杯子，材料高硼硅，热水 100°，瞬间再倒冰水，不会炸，并且是迪士尼正品 IP 联名款，我们今天 9.9 元给大家，但是只有 30 份库存，有多少人想要呀，我看看够不够"（加价值 + 个数限制 + 强塑品）。

"主播开始上福利了，这种外面都要卖到两位数的，它不是普通一个杯子，材料高硼硅，热水 100°，瞬间再倒冰水，不会炸，并且是迪士尼正品 IP 联名款，我们今天 9.9 元给大家，不浪费时间，运营小哥 60

秒倒计时，给我们 1 分钟时间上一下库存，目前我们是准备了 30 份库存，有多少人想要呀，我看看够不够"（加价值 + 个数限制 + 强塑品 + 强氛围）。

- 创造互动条件

如果直播间没有互动空间怎么办呢？有些商家或者主播可能会头疼"我这个产品，也没有大额优惠力度，也没有任何赠品怎么办，我只能干播呀。"

其实哪怕就是今天没有福利，本来就是 99 元的东西卖 99 元，也可以设置"109 减 10"的优惠券，价格虽然还是 99 元，但主播的话术可以是"今天主播额外给粉丝一张 10 元的优惠券，金额不大，因为我们家利润压得很低，不像别的直播间，能一弄就是半价，我们该多少就是多少钱，不会说给你标一个一千多的价格，然后要你等 5 分钟，开价变成 109 元，这种没意思，另外，没有领到券的评论区扣个 1，我看到就会让助理再给大家上好吗。"

- 工具类互动

充分利用平台的各种抽奖、福袋、优惠券工具进行互动，例如"福袋马上要开了，一定不要离开哦，离开了肯定中不了的啊，今天万一中福袋了，我们阿玛尼的口红就是你的了。"千万不要小看平台推出的各种功能，如果这个功能对直播间起不到明显的作用，平台是不会多此一举去添加、维护这个功能的，很多直播间优惠券或者福袋都发得极其随意，例如"给大家发了优惠券啊，左上角领一下"，那么用户其实也不会为了这么随意的福利而选择留下，只有主播在话术、在表现力上，对其展现出了足够的重视，用户才有重视的可能性。

- 无中生有式互动

在没有互动时，可以让中控、场控、助理等配合用小号提问，或者自己扮演用户，例如"160cm，59kg 穿什么码？"然后自己回答"我们家的衣服特点就是遮肉，特别是肚子这一块有一圈的，像主播一样，这条裙子都能给你收得好好的，而且一点不勒人，但是因为我们家尺码卡得特别严，就是为了穿出来能有更好的效果嘛，所以你可以把身高体重都打出来，要适合自己才真的能穿出效果来。"

在人少的时候，做水军互动的目的，不是为了真的回答一个问题，而是用回答问题的方式，把更多的信息量带出来，同时带动更多用户提问的可能性。如果没有水军配合，也可以自己假装回答问题，不用觉得尴尬，直播间的人群是流动的，刚进来的人其实根本不知道直播间之前发生了什么事情，也不会很刻意去注意评论区谁提问题了，提了什么问题，主要的是主播把回答问题的状态带出来。

- 羊群效应式互动

很多时候，人会不自觉地跟着别人去做一些动作，例如看到评论区很多人在打 1，打已拍，自己就想留下来多看看这个直播间到底是哪里吸引人，就像刷短视频的时候，看到点赞少的视频就会想划走，看到点赞非常多的视频即使开头很无聊也会想要坚持看下去，是一个道理。

当我们直播间有一定人数时，可以反向使用羊群效应，例如：

"这么多新进来的朋友都在点关注吗？天呐你们真的太识货了吧，你们这么给力，我也不墨迹，给我们直播间的新粉朋友们上一下福利。"

"我看到花开富贵一进来就点了关注，这样子，我们刚刚券不是发完了吗，再给花开富贵重新上一下，其他想要券的新人朋友如果还有没抢到券的，可以点个免费的关注，我们现在统一上优惠了。"

- 利他式互动

利他式互动是直播间最基础的互动方式，例如：

"有没有身高 160cm 以下跟主播一样小个子的姐妹？有打个有，主播给你看个主播私藏的好东西，没有的小个子姐妹就不给大家看了，高个子真的理解不了这个东西有多好，可能还会嗤之以鼻，所以没有的话，我就真的不上了。"

"身高体重报一下哦，我们家尺码偏大一点点的，主播真的怕你们买大了到时候又要换，浪费的是咱们自己的时间对不对，谁不想一次性就买到一件又美又合身的衣服对不对？"

13.3 主播的自我复盘

本节主要详细讲述主播如何快速提升自己的直播能力，即使在没有任何其他人员的帮助下，也能精准找到自己在话术上的问题。

拆解自己的录屏逐字话术是非常高效且有针对性的方式，我们可以对自己薄弱的环节进行录屏，例如你总觉得自己开播接不住开播流量，那么就去录屏或者看自己开播前 10 分钟的直播回放；如果你觉得自己成交做得不好，成交率明显比同行，或者同账号其他主播数据要差，那么就针对自己在做成交的录屏进行逐字复盘。录屏转文字的免费软件非常多，飞书的飞书秒记等软件都可以操作。

1. 录屏逐字话术分析

这里以我们实际的学员案例为例子进行展示。

以下是直播间成交话术的录屏转文字话术。

成交话术：今天我们是新品首发，价格是美丽的，并且量都是有限的，如果卖完了就不会再有，并且咱们家今天的这个品质在外面最少需要 2000 元一饼，甚至很少能遇到这个等级，所以如果你今天遇到了还是很有缘分的。

找到问题点：价格如何美丽？数量如何有限？为什么今天品质很高？为什么今天遇到了算缘分？把以上这几个点详细地、有理有据地说出来，同时要增加成交话术的占比，如果一个产品，最重要的成交话术都如此不痛不痒，那用户就更加不会购买了。

以下是改完之后的成交话术，如表 13-3 所示。

表 13-3

结构	话术
价格机制	这款 XX，今天是新品首发的第一批，一饼的价格是 XX，老粉都知道，我家上新当天第一批的价格是要比后面补货的第二批第三批都要便宜，今天卖完第一批，后续再补一饼的单价就要 XX 了，你算一下六饼要贵出来多少
品质比价	就这么跟你说吧，就冲这个品相，你看这个油润鲜活的汤色，这个苦与甜的黄金比例，这个耐泡度以及这个纯净持久的香气，你随随便便去外面买，都是至少 2000+ 一饼的，我讲这个毫不夸张，因为我手里光从我这儿拿货的代理，就百来号人，他们的定价我大概都有数，甚至碰到经营成本高的，你花 2000 元都未必能碰到这个等级，所以如果你今天遇到了还是很有缘分的
建立信任	说回来，为什么我能给到你这个价格，因为我是供应链，我就在原产地，你们碰到市面上很多卖茶叶的茶商都是从我这里拿货，我有很多跟着我快喝了十年的大老板客户，一年在我这儿买茶最少都是能消费 20W+ 的那种，我跟你们说，即使你们不相信我，但是你们要相信这些大佬的眼光，这些大佬阅茶无数，如果我这儿品相不好卖得又贵，人家怎么会跟着我快喝了十年呢？商人都是聪明的，所以跟着我们 XXX 买茶
打消顾虑	买过茶叶的都知道，这种吃喝的东西买回去就不好退了，这也是我们这个行业还有那么多茶动不动就几千块一饼的原因，反正就是做一次生意也不能退，当然就坑一个是一个。我们家今天所有的茶，都会额外送两包小的预包装，如果第一次喝我们的茶，先拆小包装的，或者你要送礼怕品质不给力，你就先自己尝，喝要是觉得不值这个价格，立马退回来，都有运费险

自己是什么样的问题，就针对性地去做相关环节的录屏。如果自己实在不知道怎样改得更好，就把同行竞品的逐字话术拉出来，去拆解他们的话术结构和节奏，研究每一块内容话术是如何呈现的，再和自己的进行对比修改。

在这个过程中，主播个人能力的提升是很快的。大多数情况下，自己在直播时，哪些话术说得有问题，只要把逐字稿拉出来，立刻一目了然。

第 14 章　不同阶段的直播团队搭建

与线下销售或传统电商不同,直播电商是一种高度依赖团队合作的商业模式。

在直播的世界里,团队应该追求的是"1+1>2"的协同效应。但在很多情况下,团队反而会变成制约直播间发展的负担。

本章将系统性地探讨直播团队的构建,学习如何打造一个更加专业和高效的直播团队。

14.1 做直播的所有准备工作

想弄明白自己的直播间需要配备多少人员,首先要搞清楚直播间都有什么工作要干。

14.1.1 直播的全部准备工作

我们先将直播间所有需要做的工作完整归纳在表 14-1 中。

表 14-1

方向		具体内容
直播前	商品端准备	产品市场调研,确认产品方向及竞争力
		选品: 1. 供应链确认价格机制及库存情况; 2. 根据账号、品牌、直播间具体情况,选择适合的选品
		产品上架: 确认产品的相关准备工作落地,商品详情页清晰、美观,图片无分辨率问题,整体无排版问题
		店铺装修: 1. 博主要注意个人化元素突出,例如链接及头图上,显示"XX 博主专属链接"; 2. 注意店铺口碑分、产品评价的提前准备,新店尽量不要出现 0 销量、0 评价、无口碑分直接上播,同时店铺分不能过低,过低会影响直播间推流和付费投放; 3. 店铺客服实时在线回复(一般是早 8 点到晚 11 点,考核 3 分钟回复率)
	场景准备	直播间场地布置: 1. 所有设备到位准备; 2. 相机开播场地建议 15m² 以上,如果是太大的场地要考虑回声问题; 3. 网络测试、网络准备(家用宽带提前测速升级); 4. 灯光、直播间场景整体装修、布置
		道具准备: 1. 直播间前景视觉准备:桌面产品样品准备、赠品样品准备; 2. 产品相关道具准备:活动介绍手卡、产品信息 KT 板、产品相关实验道具等; 3. 直播间道具准备:传菜铃、产品展示架等
		视觉效果准备: 1. 直播间贴片准备; 2. 主播妆发风格,提前定妆
	直播间运营规划	直播间基础规划: 1. 开播时间、开播时长; 2. 开播预告、预热视频拍摄; 3. 账号简介编写及粉丝群建立
		直播间货盘规划: 1. 上架商品数及货盘规划:主推品、引流品等不同功能产品的数量核定; 2. 规划货盘排品、测品流程,并预定每个产品的详细讲解时间; 3. 直播间额外活动、福利的节奏安排

续表

	方向	具体内容
直播前	直播间运营规划	直播间运营规划： 1. 制定直播间前期起号流程及安排（选择引流品起号、搭配短视频起号或者需要接入付费流量等）； 2. 主播话术脚本准备，包括开场话术 + 品牌 / 人设话术 + 塑品话术（利益点、痛点、价值感话术、使用场景话术）+ 成交话术（逼单、憋单、售后话术、同行比较话术）+ 互动话术； 3. 产品销售模式规划：是否憋单、是否要做产品开价环节、是否做限时限量、是否做产品闪拍等； 4. 直播间详细流程及节奏安排； 5. 如要付费，提前搭建付费人群包计划、准备好投放所需要的短视频、提前对接 ROI 等投放目标，并与主播沟通投放节奏； 6. 敏感类目做好平台提前报备及违禁词、违禁行为梳理
	小号演练	主播侧： 1. 小号试播，尝试跑完整体直播间流程； 2. 回看录屏，寻找有问题的环节，持续修正； 3. 整体流畅后，再用大号开播
		其他人员磨合： 1. 中场控与主播的配合默契度； 2. 直播间的后台操作顺滑度：是否所有产品链接可以正常使用、是否在直播过程中弹窗不断、是否即时设置各种活动操作； 3. 公屏区维护频率
直播中	中控台操作	中控台： 1. 产品的弹窗、上下架链接； 2. 直播间活动设置：福袋、优惠券的发放； 3. 官号评论区的回复
	直播中数据记录	1. 直播间大屏、付费账户情况每 30 分钟进行截图保存； 2. 如需测品或考核主播数据情况，可以用第三方软件进行直播间详细数据的跟踪。如没有第三方软件权限，可由中控每 5 分钟针对性记录所需要观察的数据情况
	氛围控场	1. 评论区不要出现长时间无人互动的情况； 2. 评论区出现负面消息及时处理； 3. 数据有大幅上涨或下跌，某商品数据有明显的上升，需要即时同步主播，以实时调整直播间节奏； 4. 时刻观察主播状态及讲品节奏，如果主播走神或明显状态不佳，需要场外人员帮忙协助，将主播"拉"回直播状态
直播后	人货场的全面复盘	1. 针对数据，进行单场数据复盘，数据大屏 + 后台五维四率等维度；将数据进行内部 + 外部对比； 2. 针对录屏，进行状态、配合、节奏复盘； 3. 整体流程复盘，团队或直播流程有无问题； 4. 针对复盘问题，对下一场直播进行复盘问题的优化（重要）

在具体的实操过程中，每一个小点可能都需要付出巨大的精力，例如表 14-1 中提到的选品，"供应链确认价格机制及库存情况""根据账号、品牌、直播间具体情况，选择适合的选品"，就是这么普通的两句话，很多直播间甚至需要以周为单位的工作时间，并且并不是直播发展到竞争如此激烈的今天才如此繁冗，而是在几年前就已经需要精细化的运营规划了。

直播间需要几个人、需要多少工种，则完全取决于所有这些工作，由几个人来完成。

14.1.2 直播间的人员配置

一人直播间如图 14-1 所示。

最低配置：一人直播间（适合博主，商家不推荐）

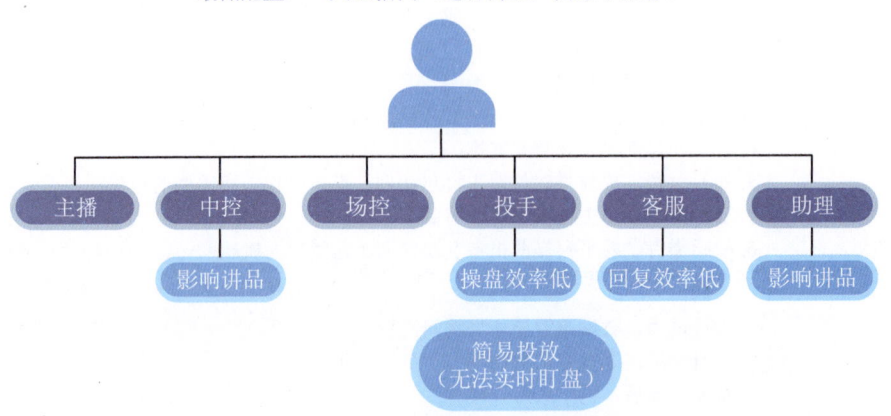

主播 — 中控 — 场控 — 投手 — 客服 — 助理
　　　　影响讲品　　　　操盘效率低　回复效率低　影响讲品
　　　　　　　　　　　简易投放
　　　　　　　　　　（无法实时盯盘）

图 14-1

理论上，一个人也可以完成直播间的所有工作，然而，一人直播最大的问题就是注意力频繁地被分散。除了直播输出产品内容，还需要去做弹链接、商品管理、评论区维护等工作。

一个人并非不能做直播，而是会极大地限制直播间的上限。

两人直播间如图 14-2 所示。

基础配置：两人直播间（日播最低标配）

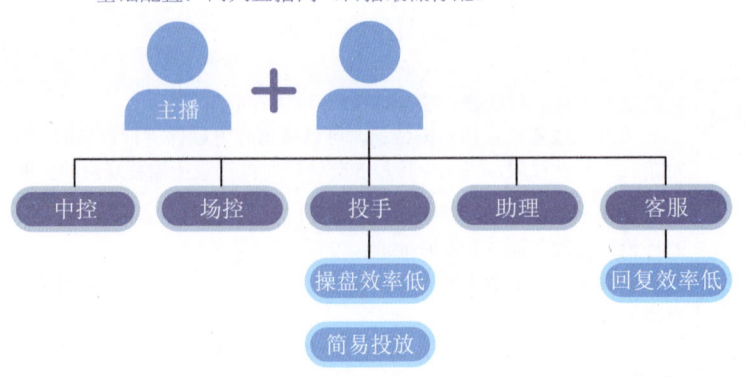

主播 +

中控 — 场控 — 投手 — 助理 — 客服
　　　　　　操盘效率低　　　　回复效率低
　　　　　　简易投放

图 14-2

为什么直播行业长久以来，以"夫妻档"为首的二人组直播模式更能杀出重围，因为两个人可以将直播的最大化优势发挥出来，主播负责产品展示，另一个人负责直播间运营、互动回复和中控台操作，以确保直播流程的顺畅。

这种合作模式使得主播能够更好地集中精力表现，同时另一方的支持也极大地提升了直播的整体效率和质量。

3~5 人直播间如图 14-3 所示。

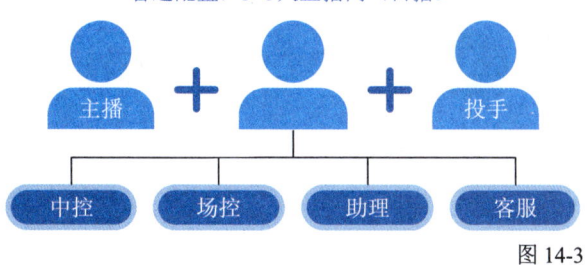

普通配置：3~5人直播间（日播）

主播 ＋ ＋ 投手
中控　场控　助理　客服

图 14-3

3~5 人的团队是大部分直播间的常见配置，通常包括主播、运营人员及投手。

投手岗位负责直播间的付费流量，以提高商业广告的精准性和效果，一个优秀的投手和普通的投手区别是较大的，同主播一样，优秀的投手虽然无法强制用户下单，但是能增加整个账户的付费效率，而不过关的投手有可能使直播间长期处于大量空耗（多指在直播过程中，花钱购买了付费流量，但是没有任何转化）的情况。

在大品牌公司中，一个经验丰富的投手可能同时负责多个账户的流量投放。

此外，为了优化直播间的现场氛围，很多团队也会将中控和场控职责分开。场控专注于现场氛围和主播状态的调整，确保直播互动和气氛达到最佳效果。这种分工有助于实现直播间氛围的最大化，例如很多自然流直播间，主播和场控的配合密度都是极高的。

6 人以上直播间如图 14-4 所示。

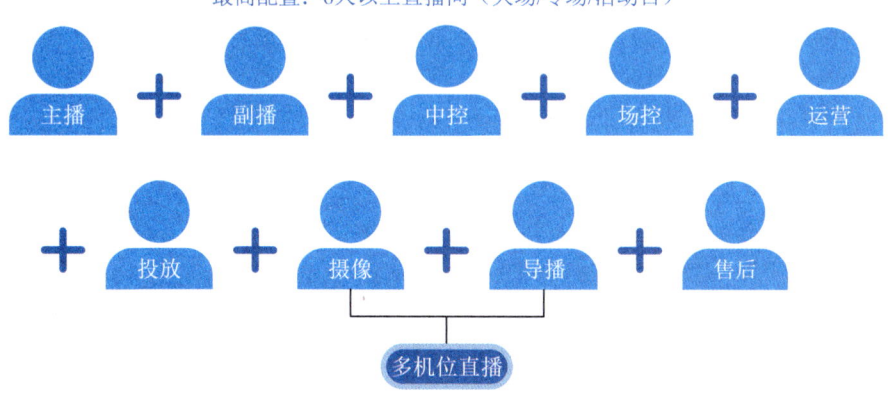

最高配置：6人以上直播间（大场/专场/活动日）

主播 ＋ 副播 ＋ 中控 ＋ 场控 ＋ 运营
＋ 投放 ＋ 摄像 ＋ 导播 ＋ 售后
多机位直播

图 14-4

在一个成熟、大型直播间团队中，通常分为四个主要部门：主播侧、运营侧、内容侧和售后侧。

一般像艺人专场、品牌或博主大场，会需要较为全面的直播团队。

主播侧：负责直播的主要是主播和助播。大型直播间可能设有多名主播以支持长时间直播，例如直播大场中，连播 10 小时以上是非常常见的事情，那么就需要多名助播或进行主播轮替。

运营侧：包括中控和场控、运营、项目 PR、投手等，负责制定直播间的整体战略方向和实时策略，以确保直播效果与达到预定的数据目标。

内容侧：涵盖商品详情页的美工设计和短视频的拍剪编团队，负责制作优质的短视频内容和直播间的视觉搭建，确保直播间在审美和视觉效果上能够达到高质量的展示。

售后侧：主要是客服和店铺运营团队，负责管理店铺中的商品链接、商品装修以及处理发货、换货、退货等售后流程。

14.2 靠谱员工到底如何招聘

靠谱员工如何招聘的问题，只要组建过直播团队，就必然有类似的困扰，踩坑率高达100%。

直播行业与其他行业不同，没办法纯靠经验、学历、外貌去评判一个人的能力，甚至这些点还有可能成为影响判断的因素，例如长相端正的主播，能力极差，怎么练都没办法有逻辑地说话；而看似经验足的，甚至有可能还不如公司的HR了解直播。

直播行业的人员筛选，可以说是异常重要，但又非常容易踩坑的环节了。

那么到底如何进行人员筛选，及对人员进行有效的管理呢？

14.2.1 直播人员面试基础方向

直播行业的人员录用一定要面试，千万不要因为朋友推荐等原因直接录用。

面试主要分为四方面的能力考核，分别为天赋、态度、经验以及匹配程度。

1. 天赋

直播行业非常看重从业者自身的天赋情况，拿我们自己的实际情况来说，曾经面试过无数项目PR、主播、运营、中控等，真正最后能做出成绩的，都是在一开始就显示出了较强的天赋，特别是主播岗位。

于直播行业来说，努力很重要，但是没有天赋的努力，上限非常低。如果在接触阶段就发现学习速度较慢、磨合度较差的员工，要考虑其上限问题，你到底是需要一个"螺丝钉"只是帮助你维持一个项目的正常运转，还是你期望这个岗位的人员需要有突破从而拿到成绩。

"螺丝钉"型员工和能够做出突破性成绩的员工，从一开始就是不同的。

2. 态度

态度主要是指该员工是否能与你的团队氛围相匹配。

非常多的直播团队都是输在团队氛围上，大家"劲儿不往一处使"，作为核心管理者，我们需要做到能够敏锐地发现直播间团队人员之间的问题。

一名运营人员，如果总是责怪主播、责怪他人，而自己又给不出落地的调整方向，那么其对于整个团队的伤害则是致命的。同样，一个总爱抱怨、从不复盘、下播了就走的主播，对整个团队的伤害也是致命的。

3. 经验

曾经在直播行业做出过哪些成绩？这些成绩是否真实？这是最重要的点，如果成绩都不是真实的，后续的一切都是白谈。而直播行业的成绩虚构又非常普遍，所以我们需要通过深度沟通，先去确认其成绩的真实性，有条件做背调的可以做一下背调，但背调不能完全说明问题。

这些成绩与其核心关联度有多少？这些东西是否是你的直播间目前所欠缺的方向？这是需要我们去做判断的。

一个直播间的爆量，必然是多方面因素的共同努力，不存在一个小点，例如想出了某一个运营方式后，直播间就爆量了。但是直播间爆量后，每个环节的参与者又都会觉得是自己的努力造就了这次的成功，主播会觉得是自己播得好，直播间才能爆量；运营会觉得是自己策略规划得好等。能从更加宏观的角度去看待结果的员工不可多得。

4. 匹配程度

求职者的情况与团队的匹配程度如何很重要。

例如做高端设计师款帽子，不可能招一个平时不戴帽子的女大学生来卖；同样卖中低价位美妆产品，也不可能让视觉年龄 30~40 岁的人来卖,主播外形气质整体要和你的品牌搭配。运营等岗位,则需要懂你的牌子,最好是有相关的认知和经验。

14.2.2 人员面试细节

直播行业中,主播岗的面试是最为简单直接的。因为可以通过现场试播去确定其能力的真实性。

这里我们以直播行业最易出现问题但是又非常重要的运营岗为例,详细讲述该类型的岗位如何进行面试考核,详细细节如表 14-2 所示。

表 14-2

考核方向	细节问题参考	考核重点
真实性	• 详细描述上一份工作的起量过程。 • 从 0 到 1 分为几个阶段,每个阶段的难点有哪些? • 取得之前的结果,最重要的因素有哪些?你认为你在其中的作用占主要因素吗?为什么? • 在运营过程中,你做了哪些动作,看到了明显的变化?而又做了哪些动作、尝试是失败的、没有看见结果的呢	1. 对于求职者真实性的考核,不仅仅是询问起量的关键点有哪些,更多是起量背后,有哪些失败的尝试点? 2. 一般真实的经验中,如果最后的结果是取得了成绩,那失败的策略会比成功的策略多得多。 如果运营只能说出做得好的地方,而对于失败经验明显没有办法做到像描述成功点那样事无巨细,就需要考虑这份 "成绩" 的真实性,或者考虑运气等外部因素。
天赋	• 在做直播过程中,你发现自己有哪些和别人明显不一样的地方吗? • 平时最经常看哪类直播、哪些账号,为什么? • 如何看待小杨哥、董宇辉、章小蕙这三人不同的直播风格?(或关于近期直播的热点话题、你的细分赛道的行业问题都可以) • 你觉得自己有卖货天赋吗?曾经做过哪些销售相关的事情,取得了什么样的感悟、成绩	1. 此类问题重点在于判断其潜力,是否从根本上于销售这件事上,有一定天赋。 2. 从侧面了解求职者是否关注直播行业,所谓很多天赋、灵感,就是通过不断观察别人所得出来的经验。如果运营本身对直播行业无感,自己平日里也不看直播,很难做好直播。 3. 重点是观察他于销售本身是否具有灵活多样性,还是只是遵从大众、遵从市场和已有的内容,按部就班。
态度	• 曾经工作中遇到的最大困难及阻力是什么?而你又是如何去解决的呢? • 如何看待运营的职能,你认为一个优秀的运营需要具备哪些因素? • 如果你的策略推进不下去你会怎么办?例如前一天让主播调整话术,第二天发现主播的话术仍然原封不动,你会怎么办? • 作为运营,可能投流端、短视频内容、直播间场景并不是你直接负责的工作内容,但是你会去关注吗?(如果面试者是肯定答案)可以说一个你在之前工作中,关注并正向影响协同部门的案例吗? • 你是一个会为了达到目标,而想尽办法、持续努力的人吗?(如果面试者是肯定答案)可以说一个在你的工作过程中,或者人生过程中,你不达目标誓不罢休的例子吗	1. 于运营而言,执行力至关重要。很多运营 "说" 起来滔滔不绝,但就是不去做。 **没有执行力的运营,即使再多经验、技巧,也无法推进。** 运营也好,项目负责人也好,重点是对结果负责,而不仅仅是发号施令。这点于老板而言,也同样重要。 2. 此类问题的核心在于,判断其完成目标的 "执念" 是否够深;其解决问题的方式是否是以目标和结果为导向。 3. 关于态度方面问题的考核,尽量不通过一个问题得出答案,而是通过连环性的问题去佐证前一个问题的答案。例如问 "你愿意努力帮助团队其他人提升自己吗" 是没有意义的,而是先判断其观点,再让其用以前已经发生过的事情去印证他的回答,看是否能对接上。

续表

考核方向	细节问题参考	考核重点
经验	• 如果让你来负责我们现在的直播间，你会从哪些方面入手做改变？ • 如果你现在要从 0 开始负责整个直播间的运营规划，你会做哪些事情，你觉得其中哪些环节是比较重要的？ • 你觉得目前我们的直播间，最大的问题是什么？你会有哪些落地的方式解决这些问题？ • 你认为自己在运营工作中的擅长项是什么？（根据其擅长项匹配你们团队的情况，重点是如果擅长项不匹配的情况下，求职者是否依然能发挥作用）	1. 其经验是否能条理清晰地呈现出来，一般能清晰地归纳总结的运营，都是会自我思考的运营，是被动接受还是主动思考后再试错，有本质上的区别。没有自我思考只是被动工作的运营，更多是碎片化地呈现，想到什么说什么。 2. 观察求职者之前的经验和你现在的团队的差异性，考察其是否能在现有条件下，依然有发挥空间
匹配程度	• 对我们的产品、赛道有过哪些了解？提前做了哪些功课？ • 我们目前是初创团队，项目不稳定，运营需要扮演的角色很多，你怎么看？/我们目前是成熟团队，项目瓶颈需要突破，你觉得自己需要哪些资源能帮助你达到 XXX 的目标？/我们目前团队竞争激烈，有各种考核制度，是否能接受？ • 你更看重公司的哪些核心因素，为什么？ • 你最不能接受的团队、产品、领导是什么样的？为什么	1. 求职者有多了解你的产品和品牌，也从侧面反映了这个人的某些特质。 2. 这个环节也是彼此双向选择的环节，一定要开诚布公地将真实情况沟通清楚，以免增加后续的试错成本。 3. 一般做直播，如果直接表明非常看重底薪，基本可以判定其没有在直播行业中拿到过较为明显的成绩。一般情况下，有实力的运营或者主播会更加追求好的项目、产品、团队和分成

优秀的运营必须有对结果负责的能力。

直播行业中存在太多"骗子型"运营，这类运营人员往往自称经验丰富，但在实际推动工作进程中，往往进行着"打卡式"的工作，问进展就是各种外部因素和条件局限的说辞。

但另一方面，主理人也不用以招募合伙人的标准去找运营，要求其面面俱到，为公司肝胆涂地，这也是不太可能的；如果真的能遇到有潜力、有能力的运营，再考虑让其成为合伙人是更好的选择。

同时，主理人必须自我学习、紧跟市场，纯交给"专业团队"去拿结果，并不现实。

14.2.3 团队管理细节点

在主播岗位中，主播的能力往往存在较大差异，尤其是在 S 级主播和新人主播之间，他们在各维度的表现都会有显著不同。那么，如何科学地评定主播的能力呢？为此，我们引入了一个主播评级系统，通过周期性考核来评估主播的表现，并根据其评定等级决定相应的薪资梯度。

具体的评级标准如下。
- 88 分及以上：S 级主播。
- 75~88 分：A 级主播。
- 65~75 分：新人主播。
- 65 分以下：根据对应的数据和业务完成度，可能会考虑进行淘汰。

1. 主播端的考核

主播端的考核如表 14-3 所示。

表 14-3

能力项目	权重	项目	权重分值	项目明细	备注
个人能力	60%	形象视觉	20	1. 完美的产品匹配度：18~20 分 拥有鲜明的个人特色，外形条件与产品调性完美匹配，能够通过自身形象、气质突出商品的独特卖点，较之普通人更具展示优势。 2. 较高的产品匹配度：15~18 分 外形条件与产品调性较为契合，视觉上拥有产品信服力，注重个人形象和着装，能够有效吸引观众的注意力。 3. 普通的产品匹配度：12~15 分 没有明显的个人特色，较为大众化。外形与直播间和产品的匹配度一般，虽无法在视觉上给用户留下深刻印象，但也不会产生负面影响。 4. 与产品背道而驰的匹配度：12 分及以下 外形条件与产品调性严重不符，用户在视觉上感到不协调，一定程度上影响直播效果和用户体验	在客观条件的考核上，核心点在于和产品以及直播间调性的匹配度，而不是一味追求主播本身颜值的高或低
		话术能力	20	1. 优秀的逻辑表达：18~20 分 具备完整且灵活的话术逻辑框架，能够根据直播过程中各项数据的变化，主动调整话术和节奏。整体表达生动自然，逻辑严谨，极具说服力。 2. 良好的逻辑表达：15~18 分 在整场直播中保持逻辑清晰，表达流畅，具备一定的数据意识，能够根据直播情境灵活运用话术，而非生搬硬套，有自成体系的话术逻辑。 3. 基础的逻辑表达：12~15 分 能够清晰地讲解产品的基本信息，但话术之间的逻辑衔接较为生硬，难以自然、生动地打动用户。虽然意识到直播间数据的重要性，但在实际操作中显得略为生硬。 4. 生硬的逻辑表达：12 分及以下 话术生搬硬套，背诵和记忆的痕迹较重，表达零散，缺乏连贯性，常出现无意义的重复话术，对直播间数据缺乏基本理解	话术能力更偏向于天赋，完全没有接触过直播的新人，如果原本就是逻辑清晰、有表达能力的人，熟悉直播间话术会非常快
		控场能力	15	1. 优秀的控场能力：13~15 分 深入了解直播间运营方式和平台机制，能够准确判断账号所处阶段，并自主设计营销活动、直播节奏、玩法等。同时，具备协调和执行能力，能够主动配合运营进行直播间的全面优化。 2. 良好的控场能力：11~13 分 具备一定的直播间运营能力，对各项数据和玩法有较清晰的理解。虽然无法独立策划运营动作，但能够有效配合运营团队执行不同阶段的运营策略。 3. 基础控场：9~11 分 虽然缺乏运营经验，对数据波动的应对较为迷茫，但是具备良好的配合能力，愿意学习并有效执行任务。 4. 控场能力弱：9 分及以下 不理解直播间机制，即使在有指导和教学的情况下，也频繁出现违规行为，对直播间的整体运营造成不利影响	控场属于难度较高的深层能力，需要从实战直播中累积经验

续表

能力项目	权重	项目	权重分值	项目明细	备注
个人能力	60%	专业知识及产品认同	15	1. 卓越的专业知识与深度认同：13~15分 提前做足功课，精通所播产品的专业知识，深度接触、了解、喜爱并信赖产品。自己即是该行业或赛道的专家。具备有效的学习方法，能够快速掌握新领域的知识，将所学内容融会贯通，灵活解答粉丝关于产品的所有问题。 2. 扎实的产品知识与高度认可：11~13分 主观上对产品有较高的认可度，提前进行试用，并深入了解公司提供的产品信息和公域平台上的资料。能够熟练讲解产品的细节，对领域知识掌握透彻，不依赖资料即可解答粉丝的常见问题。 3. 基本的产品知识与部分了解：9~11分 对所播产品有一定的专业知识，了解大部分产品信息、卖点和特点。在上播前依赖资料准备，能够解答部分粉丝的问题。 4. 缺乏产品知识与认同感：9分及以下 对所播产品不主动学习和了解专业知识，不熟悉产品，无法解答粉丝问题。对产品没有任何了解、试用或喜爱，无法有效传达产品价值	主播能够以独特的方式表达产品优势，精准击中用户痛点，甚至每次都能触动人心，源于对产品的深入理解与绝对认同。 只有那些真正使用并认可产品的人，才能挖掘出产品的核心价值，并精准定位目标人群的需求与弱点。 在这一环节，我们主要考察主播是否认同产品、是否具备主动学习的能力，以及平时对该产品领域的了解程度。这些因素直接决定了主播表现力的上限
综合能力	30%	心态及身体素质	10	1. 卓越的抗压能力：9~10分 面对直播间流量波动、恶评、团队压力以及不规律作息等直播行业的典型压力，能够保持冷静，不抱怨、不懈怠，情绪稳定，抗压能力极强。同时，具备良好的身体素质，几乎不请假，始终高效投入工作。 2. 良好的抗压能力：7~9分 面对直播间的各种压力，基本能够应对，但偶尔会出现懈怠或抱怨的情况。可能会有迟到、早退或请假的情况，但整体上能够适应直播行业的节奏，且身体素质较好。 3. 中等的抗压能力：6~7分 容易受到直播间流量波动和恶评的影响，内耗严重，心态易受波动。身体素质一般，偶尔因压力问题影响工作表现。 4. 低抗压能力：6分以下 抗压能力差，容易在高压环境下情绪崩溃，无法应对直播行业的高强度工作。身体素质较差，经常因身体或心理问题影响工作	主播需具备强大的心理素质和良好的身体素质

续表

电商主播等级分值体系					
能力项目	权重	项目	权重分值	项目明细	备注
综合能力	30%	提升意识	10	1. 持续自我提升意识：9~10 分 能够主动并定期提升自己的专业能力，对话术、技巧进行持续的自我迭代，始终保持与市场节奏的同步。具备高度的自我驱动力，能够在工作中不断总结并提炼出有效的方法论，推动自身的职业发展。 2. 数据反馈驱动的提升意识：7~9 分 能够在数据出现负面反馈时进行适当的优化和提升，工作表现稳健，虽然不突出，但能够保持基本的工作质量。 3. 有限的提升意识：6~7 分 自我提升意识较弱，工作仅限于执行层面，缺乏主动改进的动力。仅在工作中维持基本操作，少有创新或改进，职业成长停滞不前。 4. 缺乏提升意识：6 分以下 对自我提升持排斥态度，不愿在下播之后花费时间进行学习和改进，出现问题后，也不花时间精力解决	直播行业更新迭代较快，如果主播自己没有提升意识，容易被市场淘汰
		团队能力	10	1. 高度的团队合作与沟通能力：9~10 分 能够与团队成员保持高度的配合，积极进行跨部门沟通，如运营、中控、投手等，确保目标的顺利达成。具备团队意识，当有新人加入时，能够主动分享经验，帮助他们快速融入，并通过有效沟通提升团队整体效能。 2. 良好的合作与反馈意识：7~9 分 能够较好地配合团队工作，当出现摩擦时，能够以建设性的方式处理问题。对于团队目标，能够及时提出自己的建议并愿意配合执行，但在跨部门协作上可能略显不足。 3. 一般的协作与沟通能力：6~7 分 协作意识较为被动，主要依赖他人的指示行事，缺乏主动性。尽管较少发生摩擦，但当问题出现时，往往不会主动反馈或及时沟通，影响团队效率。 4. 欠缺合作与沟通意识：6 分以下 缺乏合作精神，沟通能力薄弱。面对问题和矛盾时，容易与团队成员产生摩擦，影响整体工作进度和团队氛围	大多直播间都需要协同工作，主播和运营会经常性出现摩擦、矛盾，在这种情况下，需要双方都具有一定的沟通能力和团队协作能力

2. 运营端的考核参考

运营端的考核应更加与实际业绩、数据挂钩，运营需对最终运营结果负责，运营端的考核如表 14-4 所示。

表 14-4

运营考核体系						
考核方向	细分方向	详细说明	分值	核算方式	备注	
业绩目标完成情况（50%）	销售额完成度	（实际销售额－确认收货前退款/计划销售额）×100%	20	等比核算	该项注意退款情况，谨防刷单等情况出现	
	利润目标完成度	（产品销售毛利－项目运营成本）/计划利润目标×100%	20	等比核算	该项重点在项目运营成本控制，即不能为了达到销售额目标，盲目增加项目的运营成本	

续表

运营考核体系					
考核方向	细分方向	详细说明	分值	核算方式	备注
业绩目标完成情况（50%）	成本控制	目标投放金额与实际投放金额是否相匹配	5	估值打分	投放端较为灵活多变，ROI目标通常会受到销售额高低的变化而变化，例如爆单的情况下，即可放宽ROI要求，用销量来抵消投放的部分成本，建议进行梯度的投放目标计划
^	^	目标投入产出比（ROI）是否达标	5	估值打分	^
日常工作（50%）	直播间整体运营规划	基于数据目标，制定全面且具备前瞻性的直播间运营规划。规划应涵盖季度和年度目标，包括详细的实施策略。要求不仅能够合理设定目标，还需有效推动规划的落地执行，确保各项目标的实现	10	估值打分	主要核心考核点为是否有团队统筹、运营能力，对于最终目标是否能拆分成可落地的小目标
^	直播间优化提升	针对直播间的商品策略、人员能力及视觉效果，制订相应的优化提升计划。能够有效地督促这些计划的实施，确保各项优化措施得到落实，从而持续提升直播间的整体表现	10	估值打分	主要核心考核点在于实际执行效果
^	数据统计、分析	进行日常数据的记录和分析，定期进行日常数据的记录与分析，并对日、周、月、季、年度数据进行全面复盘。能够通过细致的分析，找出数据中的问题和优势，并据此为直播间及其相关人员提供正向赋能，确保优化建议切实可行且具有实效。进行日、周、月、季、年度的复盘。能够细节分析数据上反馈的问题和优势，从而对直播间以及直播间其他人员进行正向赋能，提供有效的数据反馈意见	10	估值打分	很多运营对于数据只是进行记录，而记录更重要的目的是找到问题和解决问题
^	直播间跟播	在直播前，需全面准备所有直播所需的事务，确保基础操作万无一失。具体包括但不限于产品链接的上下架、平台活动的填报、直播间活动的设置等。在直播过程中，要密切配合团队成员，确保直播间的顺利运行。要求做到不出现任何直播事故，防止因突发情况导致临时断播，并确保账号合规，保证直播过程的顺畅无阻	10	估值打分	主要核心考核点是运营是否能配合团队共同努力，部分运营对于直播中的时段，会认为是主播一个人的工作

续表

运营考核体系					
考核方向	细分方向	详细说明	分值	核算方式	备注
日常工作（50%）	工作态度及团队协作	严格遵守公司各项规章制度，保持良好的出勤记录，积极执行并理解上级指示。充分认识自身的责任和义务，对直播间的最终数据负责。遇到问题时，能迅速提出、沟通，并有效解决。 在团队协作方面，能够主动联动各岗位人员，共同完成工作目标。在面对问题时，能够冷静处理，不激化岗位之间的矛盾，展现出良好的配合能力，并能够有效指引他人顺利完成工作任务	10	估值打分	无

14.2.4 直播提成逻辑

除了绩效，提成也是直播间的重要薪资结构之一。但提成是没有业内统一标准的，因为每个账号的周期不同，目标不同，盈利空间也不同，商家可以根据自己的实际情形去做提成的指定，只要能起到激励团队的作用，并且商家本身能够承担成本，则提成即是合理的。

一般来说，正规的品牌类直播间，提成往往是去除退款后减实际 GMV 的千分之几或百分之几之间，不同类目的提成跨度是非常大的。产品佣金也是如此，走量的低价品、佣金低的只有 5% 以内；而走高溢价高利润的高价品，有些佣金甚至可以到 80%~90%。

部分新起号的商家团队，由于前期并没有销量数据做支撑，也会以目标加奖金的形式给予团队激励。

除了绩效和提成，商家还必须提前与求职者签订肖像权和竞业禁止协议。理论上，未经授权的情况下使用主播的肖像，如视频或图文，主播可对公司提起肖像权侵犯诉讼并索赔。运营人员离职后可能将前公司的数据和经验带到新工作地，未有竞业禁止协议可能导致数据泄露。因此，商家需要事先关注这两方面的法律协议。